Atlas du roman européen
1800-1900

Franco Moretti

Atlas du roman européen
1800-1900

TRADUIT DE L'ITALIEN
PAR JÉRÔME NICOLAS

OUVRAGE TRADUIT AVEC LE SOUTIEN
DU PROGRAMME ARIANE 1999
DE LA COMMISSION EUROPÉENNE

Éditions du Seuil
27 rue Jacob, Paris VIe

Ce livre a été édité par Martine Van Geertruyden,
dans la collection « La Couleur des idées », dirigée par
Jean-Pierre Dupuy, Jean-Luc Giribone et Olivier Mongin

Les Éditions du Seuil et l'auteur remercient
le ministère des Affaires étrangères italien pour son aide.

Titre original : *Atlante del romanzo europeo*

Éditeur original : Giulio Einaudi editore s.p.a., Turin

ISBN original : 88-06-14132-5

ISBN 2-02-038117-6

www.seuil.com

INTRODUCTION

Vers une géographie de la littérature

Vois, mon fils, le temps
ici devient espace.

Wagner, *Parsifal*

1. « Général, au cours d'une campagne... »

Un atlas du roman. Ce titre recouvre en fait une idée très simple : la géographie est un aspect essentiel du développement et de l'invention littéraires ; c'est une force active, concrète, qui imprime sa marque sur les textes, sur les intrigues, sur les systèmes d'attente. Mettre en rapport la géographie et la littérature (autrement dit *dresser une carte géographique de la littérature* : car une carte, c'est justement un *rapport* entre un espace et un phénomène donnés) signifie donc révéler des aspects du champ littéraire qui nous étaient restés jusqu'à présent cachés.

Mais la « géographie de la littérature » peut désigner deux choses très différentes. D'abord, cette expression peut indiquer l'étude *de l'espace dans la littérature* ; ensuite, *de la littérature dans l'espace.* Dans le premier cas, l'objet est dans une large mesure imaginaire : c'est Paris dans *La Comédie humaine*, l'Afrique dans le roman colonial, l'Angleterre de Jane Austen. Dans le second, c'est un espace historique réel : les bibliothèques de la province victorienne ou la diffusion européenne de *Don Quichotte* et des *Buddenbrook*. Bien entendu, il arrive que ces deux espaces se croisent (ce phénomène est d'ailleurs toujours intéressant) ; mais de par leur nature même ils sont différents et nous les traiterons comme tels : l'espace imaginaire dans le premier et le deuxième chapitre de ce livre et l'espace historique dans le troisième.

Cette recherche porte donc sur des objets distincts, mais la méthode est toujours la même et repose sur l'emploi systématique des cartes géographiques. Des cartes, je le précise tout de suite, qui ne sont pas des métaphores et encore moins des ornements du discours, mais des *instruments analytiques* qui démontent l'œuvre d'une façon inhabituelle et imposent de nouvelles tâches à l'intelligence critique. Une bonne carte vaut mieux qu'un long discours, dit un proverbe cher aux cartographes ; c'est vrai, au sens qu'elle *suscite* de longs discours : elle fait naître des doutes, elle inspire des idées et éveille des curiosités. Elle pose de nouvelles questions, nous entraîne vers de nouvelles solutions.

Les cartes géographiques en tant qu'instruments de travail. Comme le disait Charles Sanders Peirce au début du siècle :

> Courage, ô mon lecteur, construisons un diagramme qui illustre le fonctionnement de la pensée en général [...]
> « Et pourquoi donc devrions-nous le faire – telle fut l'objection que soulevèrent une ou deux intelligences supérieures, parmi lesquelles se distinguait un général éminent et couvert de gloire – vu que la pensée même nous est déjà présente ? »
> Ermite que je suis, je n'eus pas l'à-propos d'avancer la contre-objection, qui aurait dû se présenter comme suit : « Général, au cours d'une campagne, vous vous servez de cartes géographiques. Mais pourquoi donc, puisque le pays qu'elles représentent s'étend là, sous vos yeux ? »

Et au terme d'un échange de répliques où le général perd progressivement pied, Peirce conclut :

> En somme, général [...] si je peux résumer l'affaire comme vous le feriez, sur des diagrammes uniformes il est possible de réaliser des expériences exactes ; en gardant bien entendu les yeux grands ouverts sur tous les changements involontaires et inattendus qui sont induits dans le rapport réciproque entre les différentes parties du diagramme. Ces opérations sur les diagrammes [...] équivalent aux expériences sur les choses réelles de la recherche physique et chimique. Les chimistes parlent depuis longtemps de leurs expériences comme de questions posées à la nature. Eh bien, les expériences menées sur les diagrammes sont des questions posées à la nature des rapports en question[1].

1. C.S. Peirce, « Prolegomena to an Apology of Pragmaticism », dans *The Monist*, janvier 1906, p. 492-493.

Des questions posées à la forme-roman et à ses relations internes : voilà une belle manière de définir les cartes qui vont suivre – *les expériences* qui vont suivre, dont je n'arrêtais pas de changer les éléments (quels personnages et combien de personnages représenter ? quels moments du récit ? quels aspects du contexte ?) tant que je n'avais pas l'impression d'avoir trouvé une réponse convaincante. Une réponse : c'est-à-dire une figure, un *pattern*, une trame spatiale qui se prêtât à l'interprétation ; et qui était d'ailleurs d'autant plus claire – je m'en aperçus bien vite – que les données sur lesquelles elle se fondait étaient à la fois plus simples et plus nombreuses. L'expérience réussissait donc si elle reposait sur un travail préliminaire d'*abstraction* et de *quantification* : vastes séries régulières et cohérentes où la *signification d'ensemble* d'une forme donnée est toujours plus que la somme des textes qui la composent. C'est là une des frontières de l'histoire littéraire : le défi de la quantité – de ce 99 % de la littérature qui est tombé dans l'oubli et que personne n'entend revendiquer. Je ne m'attendais pas du tout à ce que la logique de l'analyse géographique m'ouvrît les portes du « territoire de l'historien » ; ce livre ne fait d'ailleurs qu'une brève incursion dans cette direction. Mais c'est un vrai grand problème et j'y reviendrai un jour prochain.

En attendant, que nous montrent donc les cartes littéraires ? Deux choses, dirais-je. D'abord, elles démontrent la nature *ortgebunden*, « liée-au-lieu », de la littérature[2] : chaque forme a sa géographie, ses frontières, ses tabous spatiaux et ses flux de mouvement. Ensuite, les cartes mettent en lumière la logique interne de la narration : l'espace sémiotique, d'intrigue, autour duquel la narration s'auto-organise. La forme littéraire apparaîtra ainsi comme la résultante de deux forces contraires et d'importance égale : l'une interne, l'autre externe. C'est l'éternel problème et, au fond, le seul vrai problème de l'histoire littéraire : la rencontre de la société et de la rhétorique.

2. L'expression est de Reiner Hausherr, « Kunstgeographie – Aufgaben, Grenzen, Möglichkeiten », dans *Rheinische Vierteljahrsblätter*, XXXIV (1970), p. 158.

Je m'en tiens là pour l'instant car les prémisses théoriques m'ennuient mortellement (en tant que prémisses, pas en tant qu'elles sont théoriques). Dans ce livre, c'est évident, tout est question de méthode[3]. Et c'est bien pour cette raison qu'il faut vraiment mettre la méthode à l'épreuve, dans *toute* la recherche : dans sa capacité – à supposer que cette capacité elle l'ait – de changer l'articulation interne du champ littéraire et la nature des problèmes d'interprétation. Et, comme d'habitude, le lecteur est seul juge.

2. « ... *nous n'avons pas d'atlas artistiques* »

L'idée de cette recherche m'est venue par hasard : au cours d'un long voyage en voiture pendant l'été 1991, je ne cessais de repenser à un passage de *La Méditerranée* de Braudel[4] : nous n'avons pas d'atlas artistiques, nous n'avons pas d'atlas artistiques, nous n'avons pas d'atlas *littéraires*... Et alors, pourquoi ne pas essayer d'en faire un ?

3. Au cours de cette recherche, on m'a souvent demandé pourquoi donc je voulais *faire* des cartes géographiques, au lieu d'analyser celles qui existaient déjà. Était-il donc possible que je ne comprenne pas qu'une carte est un texte comme un autre, et que c'est comme un texte qu'il fallait la traiter ? Et puis, ne me rendais-je pas compte que c'était ça qui était « à la mode » chez les critiques littéraires ? Je comprenais, je me rendais compte ; je lisais même avec intérêt ces études qui prenaient les cartes géographiques comme objet d'analyse : J. Gillies sur Shakespeare (*Shakespeare and the Geography of Difference*, Cambridge U.P., 1994), J. Hillis Miller sur Hardy (*Topographies*, Stanford U.P., 1995), A. McClintock sur *Les Mines du roi Salomon* (*Imperial Leather*, Londres, Routledge, 1995), L. Lipking sur Milton (« The Genius of the Shore : Lycidas, Ademastor, and the Poetic of Nationalism », dans *PMLA*, 1996). Mais qu'y faire ? Les cartes géographiques ne m'intéressent pas comme objets « à lire », comme un roman : *mais comme des instruments d'analyse qui changent ma manière de lire*. Pour moi, le vrai défi, c'est la méthode.

4. « Le filet lancé au loin par le baroque fut sans doute plus dense, plus serré, plus continu que celui de la Renaissance. Le baroque fut le fruit de civilisations impériales massives : Rome ou l'Espagne. Mais comment l'établir, et comment suivre leur expansion, leur vie extérieure tumultueuse, sans posséder les documents indispensables, manquants ? Nous avons des catalogues de musées, nous n'avons pas d'atlas artistiques », F. Braudel, *La Méditerranée et le monde méditerranéen à l'époque de Philippe II*. [*NdT :* Ce passage ayant été supprimé des dernières éditions françaises du livre, nous citons d'après l'édition italienne : F. Braudel, *Civiltà e imperi del Mediterraneo nell'età di Filippo II*, Turin, Einaudi, 1986, vol. II, p. 885.]

Je consacrai le plus clair de mon temps à ce projet dans les deux années qui suivirent. Je me remis à étudier la géographie ; je dirigeai des séminaires expérimentaux de doctorat à Columbia ; je convainquis une vingtaine d'historiens de la littérature de former un comité de rédaction qui se réunit pour deux journées de discussions intenses en décembre 1992 – grâce à l'hospitalité de Maristella Lorch et de l'Italian Academy for Advanced Studies in the United States – ; enfin, je rédigeai un projet de recherche, long et détaillé. Mais, que dire ? Je ne suis pas fait pour ce genre d'activité, ceux qui pouvaient financer l'entreprise ne furent pas convaincus, la rédaction se sépara, l'Atlas tomba à l'eau. Pourtant, l'idée continuait à me plaire et je décidai de continuer seul. Je réduisis le domaine de recherche au sujet que je connaissais le mieux, le roman européen du XIXe siècle (avec une brève incursion en arrière, vers l'Espagne du picaresque), et ce livre en est le résultat. Il tient à la fois du manifeste méthodologique et de l'exemple concret ; intéressant, j'espère qu'il l'est ; en tout cas, j'ai pris plaisir à y travailler. Et je nourris l'espoir qu'il puisse servir de point de départ à une entreprise plus vaste, à un Atlas historique de la littérature.

Entre-temps, j'ai également découvert (salutaire désillusion !) que je ne suis ni le premier ni le seul à avoir eu cette belle idée. Ainsi, dans un article de 1970[5], Carlo Dionisotti – l'auteur de *Geografia e storia della letteratura italiana* (Turin, Einaudi, 1967) – avait déjà formulé le projet d'un « atlas historico-littéraire de l'Italie ». À y regarder de plus près, il existait même déjà plusieurs de ces atlas : le *Literary and Historical Atlas of Europe* de J.G. Bartholomew remontait même à 1910 ; en 1964 était sorti un *Guide littéraire de la France* ; en 1973, le *Literary Atlas and Gazeteer of the British Isles* de Michael Hardwick ; en 1979, le *Literary Landscapes of the British Isles : A Narrative Atlas* de David Daiches ; puis l'*Atlas zur deutschen Literatur*, en 1983, sous la direction de Horst Dieter Schlosser ; et encore le *Grand atlas des littératures*, en 1990, sous la direction de Gilles Quinsat et Bernard Cerquiglini ;

5. C. Dionisotti, « Culture regionali e letteratura nazionale in Italia », dans *Lettere Italiane*, avril-juin 1970, p. 134.

enfin, en 1996, l'*Atlas of Literature*, sous la direction de Malcolm Bradbury[6]. Des ouvrages très différents, tous écrits (ce qu'on a un peu de peine à croire) comme si aucun de ces auteurs n'était au courant du travail des autres ; mais tous avec un point commun : les cartes géographiques y jouent un rôle somme toute décoratif. Accessoire. Il y en a, bien entendu, en particulier dans les plus récents de ces ouvrages : mais ce sont des appendices colorés plus que des instruments de travail. Les cartes n'interviennent pas dans le raisonnement, elles ne l'orientent pas ; souvent, elles sont même placées à la fin du texte, quand tout a déjà été dit.

On l'aura certainement compris, je crois qu'il s'agit d'une erreur. « Situer » un phénomène littéraire dans son espace propre n'est pas la conclusion du travail géographique, ce n'en est que le début. C'est même à ce stade que commence la plus belle partie de l'affaire (et la plus difficile) : on regarde la carte géographique *et on réfléchit dessus.* En essayant de comprendre de quelle manière une disposition spatiale spécifique – ces routes qui descendent toutes vers le sud de l'Espagne ; ces montagnes, si loin de Londres ; ces femmes qui vivent sur l'autre rive de la Seine –, de quelle manière tout cela peut se transformer en une histoire passionnante. Comment *la géographie réussit à engendrer le roman de l'Europe moderne.*

Les cartes littéraires que vous verrez plus loin sont pour moi comme autant de piliers sur lesquels se fondent les réflexions et les (nombreuses) légendes de ce livre, qui suggèrent à leur tour de nouveaux parcours possibles : vers une œuvre, une hypothèse critique ou une idée historiographique. Il n'a pas été facile de coordonner ces raisonnements qui se croisent et s'interrompent une ou deux fois par page ; et je crains que le résultat n'en soit un rythme heurté,

6. J.G. Bartholomew, *A Library and Historical Atlas of Europe*, Londres, Dent, 1910 (réimprimé plusieurs fois jusqu'en 1936) ; ouvrage collectif, *Guide littéraire de la France*, Paris, Hachette, 1964 ; M. Hardwick, *A Literary Atlas and Gazeteer of the British Isles*, Detroit, Gale Research Co, 1973 ; D. Daiches, *Literary Landscapes of the British Isles : A Narrative Atlas*, New York, Paddington Press, 1979 ; *Atlas zur deutschen Literatur*, Munich, dtv, 1983 ; *Grand atlas des littératures*, Paris, Encyclopædia Universalis, 1990 ; *The Atlas of Literature*, Londres, De Agostini, 1996. On a également publié récemment un *Atlas of Western Art History*, sous la direction de J. Steer et A. White, New York, Facts on File, 1994.

dur (surtout au début, quand la nature de l'entreprise devait être encore entièrement définie). Mais j'aime à croire que même ainsi – et même, je le reconnais, avec les erreurs qui ne manqueront certainement pas – il s'agit d'un livre *utile* : adjectif que je n'aurais jamais cru pouvoir associer à mon travail et dont je suis maintenant plutôt fier.

Et si ce livre se révèle utile, le mérite en revient surtout à Serge Bonin. Après avoir dirigé un ouvrage qui est un vrai miracle de complexité et de rigueur – l'*Atlas de la Révolution française* –, Bonin a eu la patience et l'amabilité d'aider le dilettante que je suis ; il a discuté en détail chaque carte du livre ; il a proposé des améliorations, des alternatives, des solutions auxquelles je n'aurais jamais pensé (et auxquelles j'ai presque toujours essayé de me conformer). C'est Serge Bonin qui m'a appris à raisonner avec les instruments cartographiques ; pour moi, ce fut une expérience fantastique, comme apprendre une autre langue. Et c'est encore Serge Bonin qui m'a convaincu de renoncer aux plaisirs faciles de la couleur pour l'intelligence un peu janséniste du noir et blanc. Dire que je le remercie est un colossal *understatement.*

Je voudrais aussi exprimer ma reconnaissance à David Kastan et à Martin Meisel qui me firent obtenir en 1992 des fonds de la Columbia University sans lesquels ce travail n'aurait peut-être jamais commencé ; de même qu'il n'aurait certainement guère progressé sans l'aide généreuse et intelligente des bibliothécaires de Colombia, NYU, de la Map Division de la New York Public Library et de la Società Geografica Italiana. Puis, ces dernières années, j'ai présenté quelques aperçus de cette recherche dans plusieurs universités américaines ; à Cambridge ; à Londres ; à Copenhague ; en Italie, aux séminaires de la Malatesta à Santarcangelo et à la Scuola Holden de Turin. Je remercie chaleureusement toutes les personnes qui se sont entretenues avec moi en ces occasions et pendant mes cours à Columbia ; et avec eux, Irene Babboni, John Brenkman, Keith Clarke, Joe Cleary, Margaret Cohen, Robert Darnton, Ernesto Franco, David Lipscomb, Sharon Marcus, Michael Matin, D.A. Miller, Christopher Prendergast et James

Raven. Et encore, les personnes avec qui j'ai discuté tout le long du projet : Perry Anderson, avec sa passion de penser en grand et le profond sérieux qui lui est propre ; Carlo Ginzburg, qui s'est moqué gentiment de moi pendant des années, comme ces entraîneurs au cinéma qui doivent secouer un boxeur un peu paresseux ; Francis Mulhern, qui m'a expliqué en long et en large ce qui marchait et ce qui ne marchait pas ; Beniamino Placido, qui m'a parlé de livres et de recherches dont je n'aurais jamais soupçonné l'existence ; et Teri Reynolds, qui chaque jour m'ouvre les yeux sur les mille étranges possibilités qui font la beauté de l'étude et de la vie.

J'ai parlé plus haut de l'influence de Fernand Braudel sur la genèse de ce livre ; mais bien d'autres lectures m'avaient préparé à recevoir l'impact de ce passage de *La Méditerranée.* Je pense au livre de Kristin Ross sur Rimbaud, *The Emergence of Social Space*, avec ses réflexions sur le rapport entre la géographie et l'imagination littéraire ; et au travail de Fredric Jameson, qui « voit » depuis toujours la culture sous une forme spatiale – que ce soit la double intrigue des *Fiancés* de Manzoni ou Los Angeles dans les romans de Raymond Chandler, la *Geopolitical Aesthetics*, la « cartographie cognitive » post-moderne, le carré sémiotique de Greimas, le roman au Japon… Plus loin dans le temps, je me souviens de Marco D'Eramo me montrant les cartes de Pierre Bourdieu sur *L'Éducation sentimentale* : elles m'impressionnent beaucoup (mais je ne sais trop quoi en faire). Il y a encore plus longtemps, un été à Londres, au milieu des années soixante-dix, je passe toute une nuit à lire les *Réflexions sur le marxisme occidental* de Perry Anderson : et dans les toutes premières pages, qui décrivent la distribution spatiale des théoriciens marxistes, j'ai brusquement l'intuition que la géographie peut expliquer l'histoire de la culture (mais je mettrai encore vingt ans pour comprendre ce que cela veut dire). Enfin, je revois une scène bien plus ancienne et plus importante que toutes les autres. Elle doit s'être déroulée un dimanche matin, vers la fin des années cinquante : quatre grandes cartes géographiques de la Méditerranée, en marbre, murées dans l'enceinte qui clôt le Forum romain, sur la via dei Fori Imperiali ; et mon père qui m'explique ce qu'elles signifient. Ce livre a débuté ce jour-là.

CHAPITRE UN

Roman et État-nation

Figure 1. L'Angleterre de Jane Austen

△ Lieu de début du récit
○ Fin du récit

1. *Northanger Abbey*
2. *Raison et sensibilité*
3. *Orgueil et préjugés*
4. *Mansfield Park*
5. *Emma*
6. *Persuasion*

Chez Jane Austen, les voisins ne sont jamais les personnes qui vivent effectivement dans un lieu voisin ; ce sont ceux qui vivent un peu plus loin mais à qui on peut rendre visite, dans une sorte de reconnaissance sociale mutuelle. Ce que voit Jane Austen, c'est un réseau de maisons, de domaines et de familles, et dans ses mailles serrées la plupart des gens disparaissent tout bonnement. Dans son monde, se rencontrer signifie appartenir à la même classe [...] La campagne [...] ne devient réelle que grâce aux maisons qui constituent ses repères fondamentaux.

RAYMOND WILLIAMS, *The Country and the City*

1. « Home-land »

Commençons par une carte de livres célèbres : la figure 1, qui indique les lieux où débutent et se terminent les romans de Jane Austen. *Northanger Abbey*, par exemple, commence à Fullerton et se conclut à Woodston ; *Raison et sensibilité*, à Norland Park et à Delaford ; et ainsi de suite pour tous les autres livres (sauf *Persuasion*, dont on ne sait pas bien où il s'achève). Consacrons quelques instants à cette figure, car elle résume en fin de compte toute la géographie littéraire : on choisit un aspect du texte (dans le cas présent, le début et la fin), on cherche les données, on les met noir sur blanc. Puis on les observe, dans l'espoir que la carte représente plus que la somme de ses parties : qu'il en sorte un motif, un *pattern* qui ajoute quelque chose à ce que l'on savait déjà.

Et ici un motif émerge, fondé d'abord sur des exclusions : pas d'Irlande ; pas d'Écosse ; pas de pays de Galles ; pas de Cornouailles. Pas de « périphérie celtique », comme l'a appelée Michael Hechter[1] ; rien que l'Angleterre : un espace bien plus petit que le Royaume-Uni. Et même pas toute l'Angleterre ; il manque le Lancashire, le Nord : la révolution industrielle. L'Angleterre de Jane Austen est plus ancienne, c'est un pays fondé sur la grande propriété agricole : une Angleterre de domaines et de parcs et de *country houses*, célébrée depuis des générations par les *estate poems* de la tradition topographique (fig. 2). Voilà un premier exemple de ce que peut nous montrer la géographie littéraire : ce qui pourrait se trouver dans un roman, et ce qui s'y trouve effectivement. D'un côté, la « Grande »-Bretagne qui a annexé les régions limitrophes et s'est engagée sur la

1. M. Hechter, *Internal Colonialism. The Celtic Fringe in British National Development, 1836-1966*, Berkeley-Los Angeles, University of California Press, 1975.

Figure 2. *Estate poems* anglais, 1650-1850

L'*estate poem* est une composition poétique qui décrit et célèbre un domaine de campagne. C'est dans les comtés du sud de l'Angleterre que cette forme est la plus fréquente, c'est-à-dire dans cette même région où se déroulent les romans de Jane Austen ; quant à la « périphérie celtique » – l'Écosse, le pays de Galles et l'Irlande –, elle est ici aussi presque complètement absente.

voie de la révolution industrielle ; de l'autre, l'Angleterre rurale des romans de Jane Austen, petite et homogène.

Une Angleterre plus petite que le Royaume-Uni ; et petite pour nous, aujourd'hui. Mais un peu moins du temps de Jane Austen, quand les lieux indiqués sur la carte étaient séparés par une ou deux journées d'un voyage pénible. Et comme ces lieux coïncident avec la maison de l'héroïne (le début) et de son fiancé (la fin), la distance qui les sépare nous dit que l'intrigue de Jane Austen réunit – elle fait « se marier » – des personnes qui appartiennent à des comtés différents. C'est un fait nouveau et significatif car il suggère que l'auteur essaie de représenter ce que les historiens de l'Angleterre moderne ont l'habitude d'appeler le *national marriage market*. Le marché national du mariage : un mécanisme qui prend forme au cours du XVIIIe siècle et qui exige des êtres humains (et surtout des femmes) une mobilité toute nouvelle : de type physique, naturellement, mais encore plus de type spirituel[2]. Car il est clair qu'un marché national du mariage ne peut fonctionner que si les êtres humains (et surtout les femmes) apprennent à se sentir « à la maison », « chez eux » – plusieurs lieux de la figure 1 sont précisément des maisons –, si une femme peut se sentir chez elle non seulement là où elle est née, *mais dans un territoire plus vaste*. En somme, si la nation devient vraiment pour elle une « *home*-land », une grande demeure. Peut-être pas toute la nation, mais au moins sa « *core* area » : la région centrale, riche, peuplée (et sûre : pour qu'une jeune fille puisse la traverser sans crainte). *Northanger Abbey* :

> Aussi charmantes que fussent les œuvres de Mrs Radcliffe, aussi charmantes même que fussent les œuvres de ses imitateurs, on n'y trouvait peut-être pas cette peinture fidèle de la nature humaine que l'on pouvait attendre. Ce que l'on y disait ne correspondait en tout cas pas aux habitants des comtés du centre de l'Angleterre. Peut-être ces romans décrivaient-ils fidèlement les Alpes et les Pyrénées, avec leurs sapins et leurs vices, peut-être l'Italie, la Suisse et le sud de la France étaient-ils aussi féconds en crimes qu'on le prétendait dans ces livres, mais Cathe-

2. Bien entendu, l'espace de Jane Austen est trop explicitement *anglais* pour représenter vraiment la nation britannique. Sur ce plan, *L'Absentéiste* (1812) de Maria Edgeworth, ou *Mariage* (1818) de Susan Ferrier – qui parlent de l'Irlande et de l'Écosse, en plus de l'Angleterre – fonctionnent mieux que les romans de Jane Austen (même si Edgeworth et Ferrier découpent à leur tour une nation dans la nation, abandonnant une Angleterre irrémédiablement corrompue pour l'Irlande et l'Écosse). Le fait est que l'Angleterre a toujours eu une position ambiguë à l'intérieur de la Grande-Bretagne, *partie* du Royaume-Uni (comme l'Écosse, l'Irlande et le pays de Galles), mais partie *dominante*, qui s'arroge le droit de « représenter » la nation dans son ensemble. Le système géographico-narratif de Jane Austen est une des formes les plus réussies et influentes de cette superposition ambiguë de l'Angleterre et de la Grande-Bretagne.

> rine n'osait pas douter de son propre pays. Vraiment acculée, elle eût cédé sur l'extrême Nord et l'extrême Ouest, mais dans le centre de l'Angleterre, les lois du pays, jointes aux mœurs de l'époque, protégeaient assurément l'existence d'une femme, même si elle était mal aimée[3].

But in the central part of England... On ne saurait trouver un meilleur titre pour la carte des romans de Jane Austen. Quant à Mrs Radcliffe et à ses imitateurs, la figure 3 confirme l'écart entre le monde du gothique et celui de Catherine Morland.

La sociologie de la littérature a beaucoup insisté sur les rapports entre roman et capitalisme. Mais la trame spatiale de Jane Austen suggère qu'il existe aussi une affinité étroite entre le roman et l'État-nation – ce qu'avait déjà remarqué Benedict Anderson dans *Communautés imaginées*. L'État-nation est un phénomène moderne qui a eu une énorme importance pour l'existence humaine : mais curieusement il est difficile de le visualiser. Car les êtres humains réussissent à appréhender de façon directe nombre de leurs habitats : on embrasse d'un coup d'œil un village, une vallée, ainsi que la cour ou la ville (surtout au début, quand elle est petite et entourée de remparts). Même l'univers – un ciel étoilé en est une excellente image, en fin de compte. Mais l'État-nation ? « Où » se trouve-t-il ? Quel aspect a-t-il ? Comment faire pour le voir ? Et puis le village, la cour, la ville, la vallée, l'univers peuvent tous être représentés sous une forme visuelle, dans un tableau, par exemple. Mais l'État-nation ? Eh bien, l'État-nation... a trouvé le roman. Et vice versa : le roman a trouvé l'État-nation. Et comme le roman est la seule forme symbolique capable de le représenter, il a fini par devenir une partie essentielle de notre culture.

Bien entendu, certains États-nations, dont la France et l'Angleterre/Grande-Bretagne, existaient déjà bien avant l'essor du roman au XVIIIe siècle, mais comme États en puissance, dirais-je, plutôt que comme des « États » de fait. Ils avaient une cour, une dynastie, une marine, une forme de fiscalité – mais ce n'étaient pas encore des systèmes pleinement intégrés : ils étaient divisés en mille circuits

3. Jane Austen, *Northanger Abbey*, trad. Josette Salesse-Lavergne, Paris, C. Bourgois, 1980, p. 218.

Figure 3. Récits gothiques anglais, 1770-1840

Dans ce corpus d'environ soixante textes, c'est dans le triangle compris entre le Rhin, la Forêt-Noire et le Harz (la région du pacte avec le diable) que l'on trouve la plus grande concentration de textes gothiques : cette distribution géographique est probablement influencée par le très grand nombre de textes gothiques écrits en allemand (et aujourd'hui oubliés). En général, le gothique est initialement situé en Italie (et en France) ; puis il émigre au nord, en Allemagne, vers 1800 ; enfin, encore plus au nord, en Écosse, vers 1820. À part un récit situé dans le Londres de la Renaissance, aucune autre histoire gothique ne se déroule dans l'espace de l'Angleterre de Jane Austen.

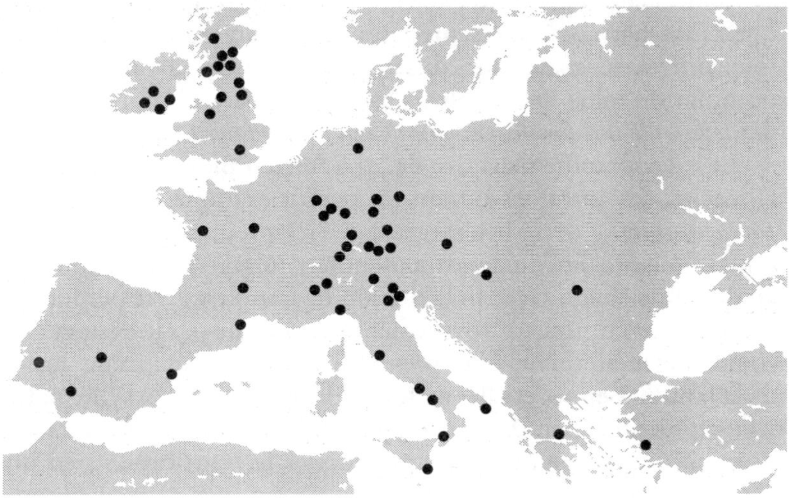

Hors carte :

- Liban
- Ceylan

● Lieu du récit

> Reginald, le seul survivant de l'illustre maison des Di Venoni, se signala dès sa plus tendre enfance par une bizarrerie violente et presque frénétique [...] Il résidait dans un château mélancolique, en Souabe, sur la frontière de la Forêt-Noire. C'était un bâtiment sauvage et solitaire, construit selon le goût de l'époque dans le style gothique le plus sinistre. Non loin s'élevaient les ruines du château de Rudstein, autrefois célèbre...
>
> ANONYME, *La Prophétie de l'astrologue, ou le Destin du fou* [1826]

locaux sans que l'élément proprement national n'influence encore l'existence quotidienne. Mais, à la fin du XVIIIe siècle, un ensemble de processus de nature différente (l'achèvement des clôtures agricoles ; l'essor industriel ; l'amélioration des voies de communication ; l'unification du marché national ; la conscription de masse) se prêtent main forte pour arracher les êtres humains à la dimension locale et les jeter dans un espace plus vaste. Charles Tilly parle d'une valeur nouvelle – la « loyauté nationale » – que l'État tente d'imposer au-dessus et contre les anciennes « loyautés locales »[4]. Il a raison, et ce conflit de vieilles et de nouvelles loyautés montre aussi que l'État-nation a représenté à ses débuts un véritable *problème* : une contrainte inattendue, différente du vieux pouvoir local ; une domination plus vaste, plus abstraite, plus indéchiffrable – *à laquelle seule une forme symbolique nouvelle pouvait attribuer un sens.*

Et la géographie narrative de Jane Austen montre ici toute son efficacité. Ses intrigues offrent un parfait exemple de la vocation *problem-solving* de la littérature car elles prennent en compte la douloureuse réalité du déracinement territorial – en règle générale, au début de chaque roman la maison de famille va être perdue – et la réécrivent comme un voyage heureux : suscité par le désir et couronné par le bonheur. Elles prennent la *gentry* provinciale, locale, de la famille Bennet et elles en font l'alliée naturelle de l'élite nationale représentée par Darcy et ses pairs[5]. Elles prennent l'étrange, la dure nouveauté de l'État-nation, et elles la transforment en une spacieuse et élégante demeure.

2. *L'envers de l'Angleterre*

Le marché national du mariage. Comme tout marché, celui-ci doit bien se dérouler concrètement quelque part et la figure 4 nous dit où. À Londres, à Bath, dans quelques localités au bord de la mer : c'est là que les gens se réunissent pour discuter du contrat.

4. C. Tilly, *Coercion, Capital, and European States*, Cambridge-Oxford, Blackwell, 1990, p. 107.

5. Sur les deux *gentries* (locale et nationale), voir L. Stone et J.C. Fawtier Stone, *An Open Elite ? England 1540-1880*, Oxford U.P., 1986, *passim.*

Figure 4. L'Angleterre de Jane Austen

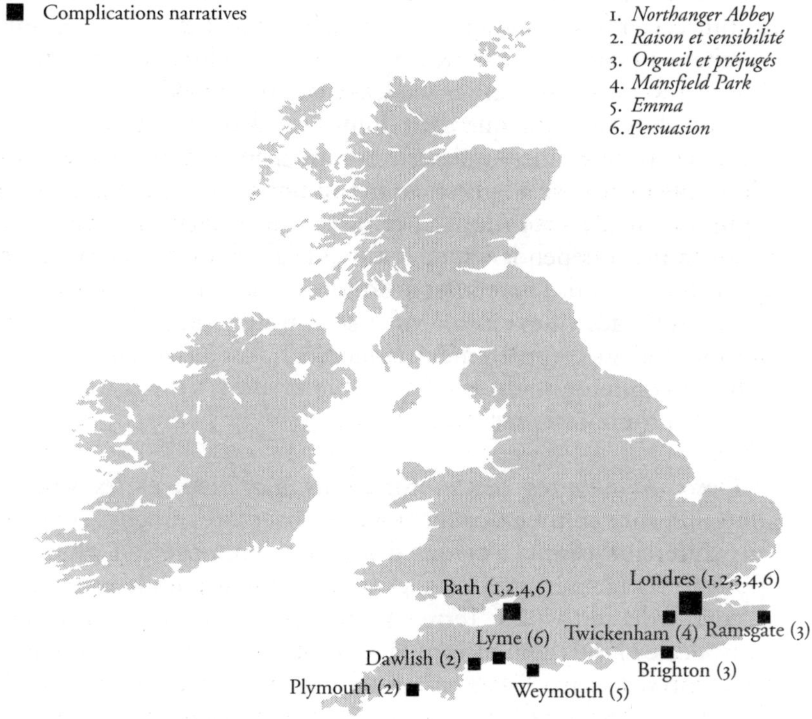

Il y a un an environ, je la [Georgiana] retirai de pension et l'installai à Londres. Quand vint l'été elle partit pour Ramsgate avec sa dame de compagnie. À Ramsgate se rendit aussi Mr Wickham, et certainement à dessein, car on découvrit ensuite qu'il avait des relations antérieures avec Mrs Younge, la dame de compagnie, sur l'honorabilité de laquelle nous avions été indignement trompés. Grâce à sa connivence et à son aide, il arriva si bien à toucher Georgiana, dont l'âme affectueuse avait gardé un bon souvenir de son grand camarade d'enfance, qu'elle finit par se croire éprise au point d'accepter de s'enfuir avec lui. Son âge, quinze ans à peine, est sa meilleure excuse...

JANE AUSTEN, *Orgueil et préjugés*, XXXV

C'est là aussi que surgissent tous les problèmes du monde de Jane Austen : commérages, tocades, scandales, séductions, adultères... Et tout cela a lieu parce que le marché du mariage – comme tout marché – a produit sa propre engeance de parents sans scrupules, d'arrivistes, de nobles ruinés, de spéculateurs, de séducteurs...

Il est donc logique que cette figure soit l'envers de la figure 1. Celle-ci montrait une Angleterre rurale, introvertie : une île dans l'île. Celle-là s'ouvre à la mer, au grand brassage de Bath, à la ville la plus peuplée du monde. La première Angleterre était constituée de domaines indépendants, disséminés ; l'autre est une ellipse bien serrée dont l'un des foyers est à Londres et l'autre à Bath. Ici, des maisons ; là, des villes : et ces villes sont toutes vraies alors que les maisons étaient complètement inventées : c'est l'asymétrie du réel et de l'imaginaire – de la géographie et de la littérature – qui traversera toute cette recherche[6].

Deux Angleterres où les fonctions narratives et les valeurs contraires sont comme « collées » à des espaces très proches et pourtant différents (fig. 5) : et qui des deux l'emportera ? L'élite qui apprécie ses racines rurales et locales, ou l'élite mobile et urbanisée des séducteurs ? La Terre ou l'Argent, comme on disait au XVIIIe siècle ? Nous connaissons la réponse : la Terre (si possible avec beaucoup d'Argent). Mais ce qui est plus significatif encore que le choix final, c'est cette réalité préliminaire : l'Angleterre de Jane Austen *n'est pas « une »*. Le roman en tant que forme symbolique de l'État-nation, ai-je dit plus haut : et une forme qui (contrairement à un hymne ou à un drapeau) ne dissimule pas les discordes intestines de son pays d'appartenance, *et qui est même capable de transformer ces discordes en récit.* Je pense aux deux Angleterres de la figure 5 : un

6. Le mélange de lieux réels et de lieux imaginaires qui est si typique du roman moderne répond-il à une logique ? Peut-être les uns et les autres remplissent-ils une fonction narrative *spécifique* ? C'est-à-dire y a-t-il des événements qui tendent à se produire dans les lieux réels et d'autres dans les lieux imaginaires ? Il est trop tôt pour répondre, mais l'œuvre de Jane Austen suggère sans aucun doute que les lieux imaginaires sont particulièrement adaptés au *happy end*, avec sa fonction de rassurer symboliquement. À l'opposé, combien plus pessimistes sont les conclusions du roman, tant les espaces imaginaires y deviennent rares, ou même inexistants (Balzac, Zola).

Figure 5. L'Angleterre de Jane Austen

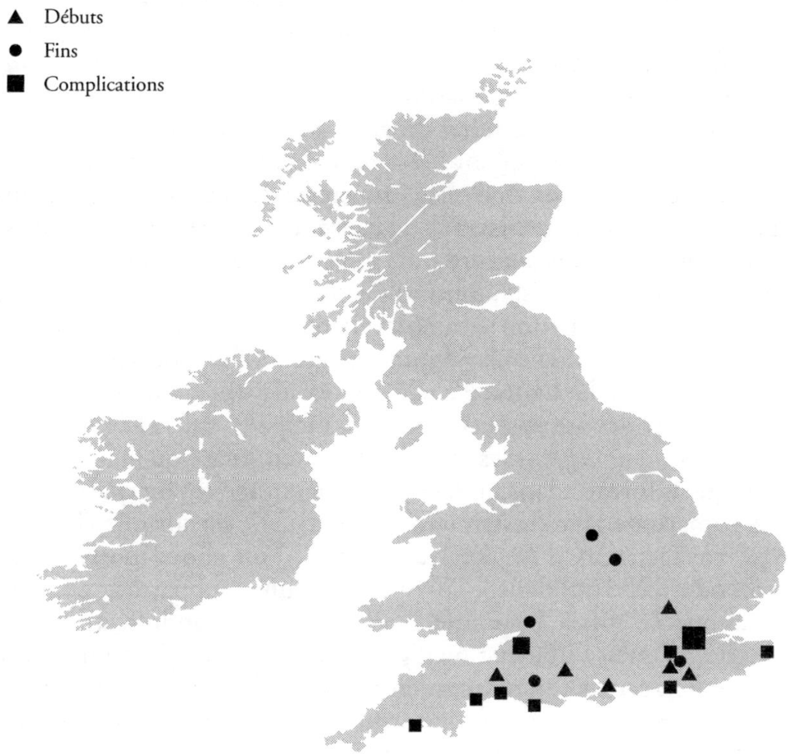

Tous les moralistes de la fin du XVIIIe préfèrent la campagne à la ville, mais Fanny Price, dans *Mansfield Park*, le fait au nom de valeurs typiquement conservatrices : parce que la campagne est une communauté où les individus ont des devoirs clairement définis à l'égard du groupe [...] La vie urbaine, par contre, a enseigné à Mary Crawford à se conduire de manière égoïste – comme lorsqu'elle se moque des paysans qui ne veulent pas lui prêter une charrette pour sa harpe...

MARILYN BUTLER, *Jane Austen and the War of Ideas*

champ de forces en tension, dont l'antagonisme toujours recommencé fait percevoir la nation comme une sorte de grand système narratif, *comme l'ensemble de toutes les histoires qui peuvent s'y produire* : Londres, le centre des douloureuses complications de la vie ; la campagne, le lieu du repos final ; la mer, et les émotions interdites, dangereuses ; l'Écosse, la destination des amants secrets ; l'Irlande et les Highlands, qui sait, les terres du gothique...

Grande invention que cette Angleterre de Jane Austen ; et j'emploie ce mot en connaissance de cause, car si sa trame spatiale ne nous surprend plus aujourd'hui, à l'époque elle n'avait rien d'évident. Le besoin se faisait sentir d'une forme symbolique qui donne un sens à l'État-nation ; on en avait besoin, certes – mais, avant Jane Austen, personne n'avait proposé grand-chose de convaincant.

Observons la figure 6 : elle représente les déplacements de l'héroïne et des autres personnages principaux dans *Adeline Mowbray* d'Amelie Opie. L'espace est tellement dilaté qu'il en devient presque informe : dans un seul texte, on voyage autant que dans les six romans de Jane Austen réunis (fig. 7), et c'est surtout l'héroïne qui voyage, hors d'Angleterre : il s'agit d'un choix motivé, bien entendu (celle qui défie la morale commune sera partout persécutée : que ce soit à Lisbonne, à Perpignan, à Londres, à la campagne...), mais l'État-nation n'y apparaît vraiment pas comme une demeure accueillante. Considérons aussi « l'excellente histoire de *Manœuvres* » de Maria Edgeworth, dont Walter Scott fait l'éloge dans la préface d'*Ivanhoé* (fig. 8). Elle présente un espace symétrique à celui d'Amelie Opie : les deux héroïnes de Maria Edgeworth

---

Figures 6-8. L'Angleterre et le monde

Dans le roman sentimental du début du XIXe, l'espace supra-national a des caractéristiques « atlantiques » marquées, et il prend en général la forme de longs récits rétrospectifs qui privilégient la part « masculine » (et secondaire) de l'intrigue : guerres sur mer, commerce à longue distance, *nabob* du Bengale, *planter* des Indes occidentales... Contrairement à ses contemporaines, Jane Austen accentue considérablement l'importance de l'axe central (et « anglais ») de l'intrigue et réduit par conséquent le rôle du *subplot* international.

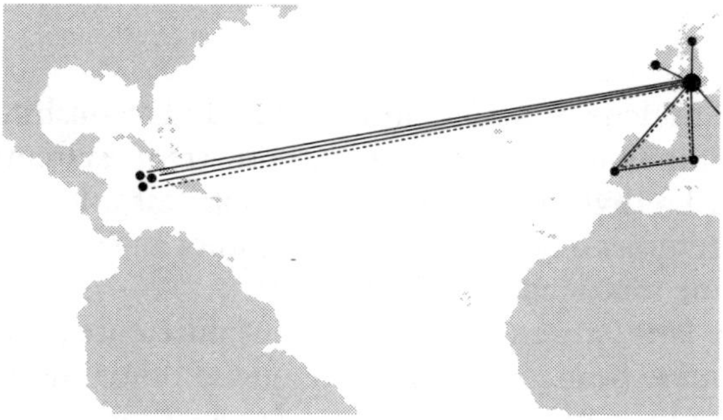

6)

AMELIE OPIE
Adeline Mowbray, 1805

Personnages :
······ féminins
—— masculins

Hors carte : • Inde

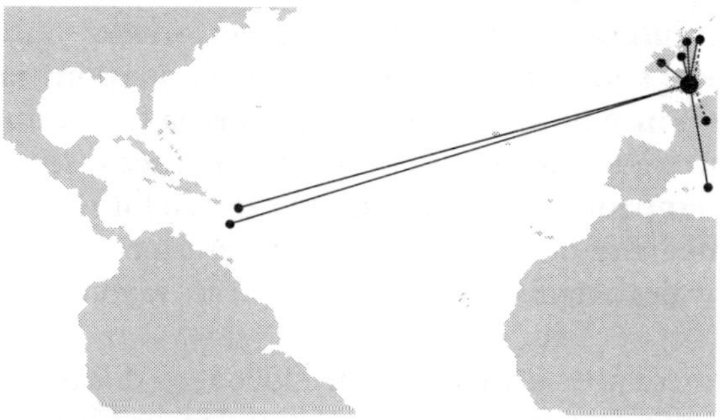

7)

JANE AUSTEN
Tous les romans, 1803-1818

Personnages :
······ féminins
—— masculins

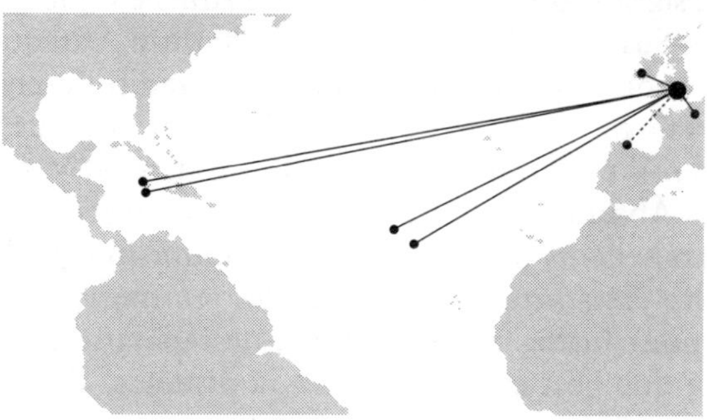

8)

MARIA EDGEWORTH
Manœuvres, 1809

Personnages :
······ féminins
—— masculins

H.M.S. l'Ambuscade

Mes estimés parents,

Je vous écris cette lettre en pleine mer – latitude N.44.15, longitude O.9.45, vent nord-nord-est – pour vous communiquer que vous ne me reverrez pas aussi vite que je vous l'annonçais dans ma lettre du 16 dernier. Hier, à deux heures de l'après-midi, notre capitaine a reçu des dépêches qui changeront notre destination dans la journée de demain, si le temps et le vent le permettent. Je ne suis pas en mesure de vous communiquer la nature de ces informations [...] Quant à moi, j'ai hâte d'engager la bataille contre les Français...

MARIA EDGEWORTH, *Manœuvres*

restent immobiles dans deux domaines limitrophes du Devonshire – tandis que leurs hommes courent le monde, combattent les Français et font fortune. La division de l'univers narratif est à la fois simple et claire : les femmes à la maison et les hommes à l'étranger (et on perd encore une fois de vue l'État-nation).

La géographie de Jane Austen est radicalement différente : *c'est un monde intermédiaire*, beaucoup plus vaste que le domaine de Maria Edgeworth et plus petit que l'Europe d'Amelie Opie. C'est l'espace typiquement intermédiaire de l'État-nation : « assez vaste pour survivre et effrayer ses ennemis ; mais assez petit pour pouvoir être contrôlé par un centre unique », pour reprendre la définition de Kiernan[7]. Un espace contingent, de compromis (« assez vaste... assez petit... ») : et c'est peut-être aussi parce qu'elle a eu l'intuition de cet espace intermédiaire qu'on lit encore Jane Austen aujourd'hui alors que ses rivales prennent la poussière sur les rayonnages des bibliothèques.

Un monde intermédiaire ; un monde où l'idée de « distance » prend à son tour une signification différente. Chez Amelie Opie ou Maria Edgeworth (ou Susannah Gunning, Mary Charlton, Barbara Hofland, Selina Davenport : en réalité, dans toute la tradition sentimentale), la distance est une catégorie absolue, ontologique : l'autre est Ici, ou bien il est Loin. À la Maison, ou dans le Vaste Monde ; Présent, ou Absent (et probablement Mort). C'est une atmosphère de roman hellénistique : l'espace est comme une puissance mythique et les êtres humains (surtout les femmes) n'ont qu'une seule arme pour lutter contre sa force de séparation : la constance. Rester ce que l'on est en dépit de la distance. Rester patientes, confiantes – *fidèles*.

Par opposition à cette véritable idéologie de l'espace, au cours de leurs fréquents déplacements dans les comtés du centre de l'Angleterre, les héroïnes de Jane Austen découvrent la nature relative et concrète de toute distance. Willoughby, Darcy, sont à vingt, quarante, soixante milles : de même que Londres ou Portsmouth. Peut-être s'y rencontrera-t-on et peut-être pas, car un déplacement

7. V.G. Kiernan, « State and Nation in Western Europe », dans *Past and Present*, juillet 1965, p. 35.

de quarante milles demande du temps et bien des efforts. Mais cette incertitude modérée – « réaliste » – nous dit que la distance se concrétise : elle peut être calculée, comprise ; elle n'est plus liée au Sort mais aux sentiments dont elle devient même une sorte de thermomètre ultra-sensible. C'est encore une autre façon de donner un sens à l'État-nation, en « projetant » littéralement des émotions sur son territoire. Quand Darcy, qui est censé être à Londres, réapparaît du côté de Longbourn, « la couleur qui avait quitté son visage [d'Elizabeth] y reparut plus ardente, et ses yeux brillèrent de joie » (*Orgueil et préjugés*, 53, p. 271). S'il est venu jusqu'ici…

3. « Les quelques pertes récentes dans les domaines des Antilles… »

L'Angleterre, la Grande-Bretagne, le marché national du mariage, Londres, Bath, la périphérie celtique… Et les colonies ? Edward Said, *Culture and Imperialism* :

> Dans *Mansfield Park* […], on trouve un peu partout des références aux propriétés d'outre-mer de Sir Thomas Bertram ; celles-ci sont la base de sa richesse, elles l'obligent à voyager, elles déterminent son statut social dans sa patrie et à l'étranger et elles rendent possibles ses valeurs idéales. Ce qui soutient matériellement la vie [de Mansfield Park] c'est le domaine de Bertram à Antigua […] Tout isolée qu'elle soit, la résidence anglaise a besoin de ce soutien au-delà de l'Atlantique […] La famille Bertram n'aurait pas été possible sans la traite des esclaves, le sucre de canne et les plantations coloniales[8].

La famille Bertram n'aurait pas été possible… J'aime ce que cette affirmation a de tranché ; mais je ne suis pas d'accord. Sans aucun doute les colonies anglaises étaient très lucratives, et gouvernées en règle générale de façon impitoyable ; mais je ne crois pas que la classe dominante anglaise « n'aurait pas été possible » sans elles. Edward Said suggère que, sans Antigua, Mansfield Park disparaîtrait : plus de « richesse », de « statut social », de « valeurs idéales », de « soutien matériel ». Mais en est-il vraiment ainsi ?

8. E. Said, *Culture and Imperialism*, New York, Knopf, 1993, p. 62, 85, 89, 94.

Il faut tenir compte des deux aspects de la question : le rôle économique des colonies – et leur représentation narrative. Sur le premier point – qui est fort éloigné de mes compétences –, je peux seulement dire que j'ai été convaincu par ces historiens qui affirment que les colonies jouèrent un rôle significatif mais pas *indispensable* dans la vie économique anglaise[9]. Et cela vaut tout

9. La question de fond (qui ne concerne pas directement *Mansfield Park*) est de savoir si les profits coloniaux ont ou non financé la révolution industrielle, et donc si le développement même du capitalisme européen aurait été possible en l'absence de possessions coloniales. Sur ce point, les raisonnements qui m'ont paru les plus convaincants sont ceux de P.K. O'Brien (« The Costs and Benefits of British Imperialism », dans *Past and Present*, nº 120, 1988) ; V.G. Kiernan (*Imperialism and its Contradictions*, New York-Londres, Routledge, 1995) et P. Bairoch (*Economics and World History*, Chicago U.P., 1993) ; même si, à la fin de la lecture, *The Making of New World Slavery. From the Baroque to the Modern* de Robin Blackburn (Londres, Verso, 1997) a un peu ébranlé mes convictions.

Kiernan (qui, soit dit entre parenthèses, est un critique féroce du colonialisme anglais) soutient par exemple que « le butin du Bengale [...] *pourrait* être filtré par des voies détournées jusqu'aux ateliers du Lancashire, mais pas assez rapidement [pour mettre en mouvement la révolution industrielle] » ; et il ajoute que les entrepreneurs de la fin du XVIIIe « n'avaient pas accès aux circuits de la haute finance ; mais d'autre part [vu les exigences financières modestes du démarrage industriel] ils n'en avaient même pas vraiment besoin » (*Imperialism and its Contradictions*, *op. cit.*, p. 54-55). Pour Bairoch, l'idée que la révolution industrielle ait été financée par l'exploitation coloniale est un véritable « mythe » de l'histoire économique, qu'il faudrait complètement renverser : « Pendant les XVIIIe et XIXe siècles, la colonisation fut essentiellement *un résultat du développement industriel et non le contraire* » (*Economics and World History*, *op. cit.*, p. 107 ; c'est moi qui souligne). Mais comme Bairoch lui-même l'explique longuement, ce mythe est très répandu parce que « si l'Occident n'a pas gagné grand-chose au colonialisme, cela ne signifie pas que le tiers monde n'y ait pas beaucoup perdu » (*ibid.*, p. 114) ; en d'autres termes, même si le tiers monde n'a guère contribué à la révolution industrielle, celle-ci a en revanche eu des effets catastrophiques sur le tiers monde – comme pour la désindustrialisation, à laquelle Bairoch consacre tout le chapitre 8 de son livre.

Blackburn, quant à lui, démontre de façon détaillée la rentabilité extraordinaire des plantations esclavagistes des Antilles et il résume sa position de la manière suivante : « Nous avons vu que le rythme de l'industrialisation capitaliste britannique fut notablement accéléré par le succès obtenu en créant un régime d'accumulation primitive prolongée, fondé sur la surexploitation des esclaves des Amériques. Cette conclusion n'implique nullement que l'accumulation anglaise ait suivi un parcours modèle [...] et n'implique pas non plus que l'esclavage du Nouveau Monde ait produit le capitalisme. Ce que démontre notre recherche, c'est que les échanges avec les plantations esclavagistes aidèrent le capitalisme britannique à atteindre le développement industriel et une économie de type global en avance sur ses rivaux » (*The Making of New World Slavery*, *op. cit.*, p. 572).

particulièrement pour le comté de *Mansfield Park* (le Northamptonshire) où, entre 1600 et 1800, la *gentry* à laquelle appartiennent les Bertram s'est liée au monde des affaires (et des investissements coloniaux) dans une proportion qui, d'après Stone et Stone, *ne dépassa jamais un ou deux pour cent du total* :

> Dans les élites foncières locales – affirment ces deux auteurs –, les hommes enrichis grâce aux affaires, de quelque type que ce soit, constituèrent toujours une minorité négligeable [...] Jusqu'en 1879, les traces d'interaction, de mariage, d'infiltration et tout autre type de mélange restent plutôt rares[10].

Voilà pour l'histoire économique. Si nous passons maintenant à *Mansfield Park*, la thèse d'Edward Said devient encore plus contestable. Au début du roman, les dettes de jeu de l'aîné de la famille Bertram ont « dépouillé Edmond [le deuxième enfant] pour dix, vingt, trente ans, peut-être pour la vie, de plus de la moitié du revenu qui aurait dû être le sien » (*Mansfield Park*, 3, Paris, C. Bourgois, 1982, p. 28, trad. Denise Getzler). Par contre, les « quelques pertes récentes dans ses [de Sir Thomas] domaines des Antilles », qui sont mentionnées quelques lignes plus loin (p. 28-29), ne laissent pas de traces dans la vie des Bertram : qu'il y ait eu pertes ou non, on a tôt fait d'y remédier et elles n'ont aucune conséquence. Qui sait, ce domaine n'était peut-être pas si indispensable que ça. Voici d'ailleurs Bertram à son retour d'Antigua :

> Il fut sur pied toute la matinée. Les propos qu'il échangea avec chacun d'entre eux [les membres de la famille] n'occupèrent qu'une infime partie de son temps. Il lui fallait se rétablir dans ses fonctions de maître de Mansfield, voir son intendant et son régisseur, examiner et évaluer, et dans l'intervalle que lui laissaient ses affaires, visiter ses écuries, ses jardins et ses plus proches futaies.
>
> *Mansfield Park*, 20, p. 203-204 (éd. C. Bourgois)

Examiner, évaluer, visiter les écuries, les jardins et les futaies, discuter avec le *steward* (l'intendant) et le *bailiff* (le régisseur) qui s'occupent de la gestion du domaine, encaissent les loyers et se

10. L. Stone et J.-C. Fawtier Stone, *An Open Elite ?*, *op. cit.*, p. 141, 189. Voir aussi le graphique p. 141.

Figure 9. Fortunes coloniales dans le roman sentimental anglais

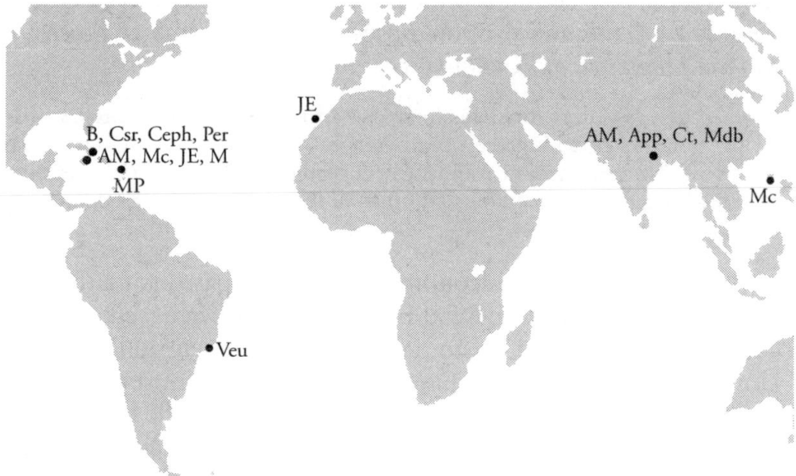

La carte comprend les romans suivants :

AM Amelie Opie, *Adeline Mowbray*
App Amelie Opie, *Les apparences étaient contre elles*
B Maria Edgeworth, *Belinda*
Ceph Anonyme, *Cephisa*
Csr Anonyme, *Le Château sur la roche*
Ct Susannah Gunning, *La Comtesse tzigane*
JE Charlotte Brontë, *Jane Eyre*
M Maria Edgeworth, *Manœuvres*
Mc Emily Eden, *La Maison en commun*
Mdb Mrs Ross, *La Mesure du bien-être*
MP Jane Austen, *Mansfield Park*
Per Jane Austen, *Persuasion*
Veu Barbara Hofland, *La Veuve du marchand*

« J'ai reçu une lettre [...] de mon beau-père, à la Jamaïque, qui m'autorise à encaisser 900 livres à sa banque, et qui me demande de le rejoindre là-bas ; il sent que ses forces commencent à décliner et veut que je prenne soin de son domaine et de mon fils, qui héritera de toute sa fortune ; et de la protection de ses intérêts dont il pense, à juste titre, qu'elle sera particulièrement sûre entre les mains d'un père. »

AMELIE OPIE, *Adeline Mowbray*

chargent de toutes les autres questions financières... Toute une série d'indices de vastes intérêts économiques *dans le pays*, et probablement juste aux alentours de Mansfield Park. Le troisième chapitre du roman assignait aux profits coloniaux un rôle des plus modestes ; ici, les profits obtenus sur le sol britannique font l'objet de beaucoup plus d'attention : en somme, c'est exactement l'opposé de la thèse d'Edward Said.

Mais il reste un problème. En fin de compte, Bertram va réellement à Antigua et il reste très longtemps absent. Si Antigua n'est pas indispensable à sa position sociale – pourquoi diable part-il ?

Il part, non pas parce qu'il a besoin d'argent, mais parce que Jane Austen doit l'écarter de la scène. Bertram exerce un fort ascendant sur tous les autres personnages, il les effraie et il risque donc d'étouffer le récit : pour que l'intrigue soit sauve, il doit disparaître. C'est la différence, diraient les formalistes russes, entre la « fonction » et la « motivation » d'un épisode narratif : c'est-à-dire la différence entre les conséquences du voyage de Bertram (le théâtre, le flirt entre Edmond et Mary, l'adultère de Maria : en somme, *presque tout ce qui se passe à Mansfield Park*) et ses prémisses – qui ont beaucoup moins d'importance parce qu'une « raison » (comme dans la « rationalisation » freudienne, qui est une notion très proche de la « motivation » des formalistes) peut toujours en remplacer une autre sans la moindre difficulté.

En somme : Bertram va à Antigua non pas parce que c'est *précisément là* qu'il doit aller, mais parce qu'il doit *quitter Mansfield Park*. D'accord. Mais c'est quand même à Antigua que l'envoie Jane Austen et il faut bien expliquer la destination spécifique qu'elle a choisie pour motiver l'intrigue. Et puis les colonies sont omniprésentes dans la littérature sentimentale de l'époque : deux livres sur trois en parlent et, l'un dans l'autre, les richesses d'outre-mer s'élèvent à au moins un tiers de l'argent qui circule dans tous ces romans (fig. 9). Comment expliquer une telle insistance ? Est-ce là un trait « réaliste » du roman du début du XIXe, comme l'affirme précisément Edward Said à propos de Jane Austen ?

C'est possible. Mais, franchement, je soupçonne pour ma part que si les fortunes coloniales sont tellement répandues dans les romans de l'époque, c'est bien moins par respect pour la réalité économique que pour des raisons strictement symboliques. Parce que la Jamaïque ou le Bengale *éloignent* la production de la richesse, en la situant dans des mondes lointains et flous dont la connaissance effective est pour les lecteurs de l'époque, comme pour les filles Bertram, « dénuée du moindre intérêt » (*Mansfield Park*, 21, p. 211)[11]. La manière dont la fortune coloniale est présentée est d'ailleurs révélatrice de la réalité des faits : quelques vagues allusions lâchées en passant. Quant aux colonies, *aucun des treize romans de la figure 9 n'en donne une représentation directe* : tout au plus trouve-t-on un récit rétrospectif (et un peu suspect) comme celui de Rochester dans *Jane Eyre*. C'est une géographie mythique : *pecunia ex machina* : une richesse qui n'est pas vraiment produite (rien n'est jamais dit du travail aux colonies) mais magiquement « trouvée » au-delà de l'océan chaque fois qu'un roman en éprouve le besoin. Entre autres, il devient ainsi possible d'occulter le lien entre le bien-être de la classe dominante britannique et la *multitude of labouring poor* de l'Angleterre contemporaine : l'élite a la conscience tranquille, elle est absoute. Ce qui ne peut que satisfaire au plus haut point une héroïne qui aspire justement à être accueillie dans les rangs de cette classe dominante ; et la lui rendre encore plus désirable pendant les décennies du plus dur conflit de classes qu'ait connu l'histoire anglaise moderne.

Dénégation : telle est la véritable signification de la figure 9. Ce n'est pas l'histoire économique qui l'explique mais l'idéologie : une idéologie qui *projette*, à la lettre, une réalité embarrassante loin de l'Angleterre. Et en effet…

4. Géographie des idées

… en effet, outre les richesses, il y a quelque chose d'autre que le roman anglais aime associer à l'étranger : le *villain* (fig. 10). Mais avec un horizon différent de celui de la carte précédente ; ce ne sont

11. Vers 1800, *The Lady's Magazine* consacre au monde colonial des centaines de pages de récits et d'« anecdotes », *mais guère plus qu'une ou deux vraies nouvelles* (voir plus loin, figures 23-25).

Figure 10. Le *villain* et l'Europe

La carte indique la provenance ou la destination du *villain* dans le roman anglais du XIXe siècle, ainsi que les lieux où se produisent des événements particulièrement catastrophiques. Bien que la France soit clairement le centre des maux qui affligent le monde, la carte sous-estime en réalité son rôle narratif, en partie parce que ce pays n'est pas toujours mentionné explicitement (comme dans le cas du « pays étranger » où est exilée Maria Bertram), et en partie parce que les sentiments anti-français sont souvent exprimés d'une autre manière – par le biais de la physiognomonie, par exemple, ou du langage (les *villains* adorent le français : Carker, dans *Dombey et fils*, « parle français comme un ange »).
On notera également avec intérêt que tous les « mauvais » choix érotiques du roman de formation anglais concernent une femme de nationalité française (Céline Varens dans *Jane Eyre*, Laure dans *Middlemarch*) ou qui a en tout cas reçu une éducation française (Flora Mc Ivor, Blanche Amory, Dora Spenlow, Estelle). Résister à la séduction de Paris devient un rite de passage fondamental de la jeunesse anglaise.

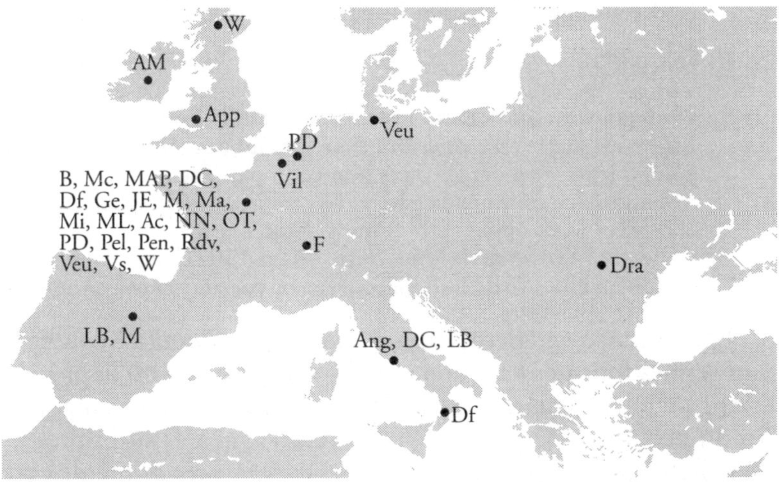

Hors carte : • Goa : App • Antilles : B • Jamaïque : AM, JE

La carte comprend les romans suivants :

Ac Charles Dickens, *L'Ami commun*
AM Amelie Opie, *Adeline Mowbray*
Ang Lord Normanby, *Les Anglais en Italie*
App Amelie Opie, *Les apparences étaient contre elle*
B Maria Edgeworth, *Belinda*
DC Charles Dickens, *David Copperfield*
Df Charles Dickens, *Dombey et fils*
Dra Bram Stoker, *Dracula*
F Mary Shelley, *Frankenstein*
Ge Charles Dickens, *Les Grandes Espérances*
JE Charlotte Brontë, *Jane Eyre*
LB Georgiana Fullerton, *Lady-Bird*
M Maria Edgeworth, *Manœuvres*
Ma Susan Ferrier, *Mariage*
MAP Charles Dickens, *La Maison d'Âpre-Vent*
Mc Emily Eden, *La Maison en commun*
Mi George Eliot, *Middlemarch*
ML G.P. Reynolds, *Les Mystères de Londres*
NN Charles Dickens, *Nicholas Nickleby*
OT Charles Dickens, *Oliver Twist*
PD Charles Dickens, *La Petite Dorrit*
Pel Edward Bulwer-Lytton, *Pelham*
Pen William Thackeray, *Pendennis*
Rdv Charles Dickens, *Récit de deux villes*
Veu Barbara Hofland, *La Veuve du marchand*
Vil Charlotte Brontë, *Villette*
Vs Lady Blessington, *Les Victimes de la société*
W Walter Scott, *Waverley*

plus les Antilles ou le Bengale mais la France, c'est-à-dire un ennemi proche, visible, et donc d'autant plus efficace du point de vue symbolique. C'est l'aspect proprement national*iste* du roman entre le XVIIIe et le XIXe siècle.

Perry Anderson :

> Le sentiment de communauté nationale, systématiquement orchestré par l'État, a eu probablement plus de poids à l'époque napoléonienne qu'à tout autre moment du siècle précédent [...] L'arme principale de l'arsenal idéologique [de l'Ancien Régime britannique], après vingt ans de guerres victorieuses contre la Révolution française et les régimes qui en découlaient, fut le nationalisme contre-révolutionnaire[12].

Et Linda Colley, dans *Britons* :

> Nous pouvons considérer à juste titre la Grande-Bretagne comme une nation inventée et superposée, même si ce fut pour une brève période, à des fidélités et à des alliances beaucoup plus anciennes. Ce fut une invention due surtout à la guerre. Décennie après décennie, la guerre contre la France opposa les « Britons » – qu'ils proviennent du pays de Galles, de l'Écosse ou de l'Angleterre – à un Autre clairement hostile et elle les amena à se définir collectivement par antithèse à cet Autre[13].

Une menace extérieure comme source de l'identité collective. Ces termes font penser à une autre forme littéraire où la présence étrangère joue aussi un grand rôle : le « roman d'idées » russe de la fin du XIXe siècle. Ou plutôt – comme le suggère la surimpression de la figure 11 – le roman russe *d'idées européennes*, et même européennes-occidentales. Sciences naturelles, théorie politique, philosophie de l'histoire, utilitarisme économique : comme dans l'article de Raskolnikov de *Crime et châtiment* qui mêle Napoléon, Hegel et Carlyle, la culture moderne est ici l'œuvre de trois pays seulement : la France, l'Allemagne et l'Angleterre[14]. De ces trois pays, de

12. P. Anderson, *Arguments Within British Marxism*, Londres, Verso, 1980, p. 37-38.

13. L. Colley, *Britons. Forging the Nation 1707-1837*, Yale U.P., 1992, p. 5.

14. Plus exactement, cette figure révèle une sorte de division du travail intellectuel à l'échelle européenne, qui rappelle la thèse célèbre sur les trois sources du marxisme : l'économie politique provient de l'Angleterre, avec ses impitoyables conséquences (a)morales ; l'utopie radicale de la France, ainsi que la violence qui l'accompagne

Figure II. La géographie des idées dans le roman russe

La carte comprend les romans suivants :

A	Alexandre Herzen, *À qui est la faute ?*	K	Fedor Dostoïevski, *Les Frères Karamazov*
Cc	Fedor Dostoïevski, *Crime et châtiment*	Pf	Ivan Tourgueniev, *Pères et fils*
D	Fedor Dostoïevski, *Les Démons*	Que	Nikolaï Tchernychevski, *Que faire ?*
I	Fedor Dostoïevski, *L'Idiot*		

> Le XVIIIe siècle avait commencé en affirmant dans un but démonstratif que le nouvel éducateur de la terre russe devrait aller en pèlerinage en Occident, il avait en somme commencé à l'enseigne du « Grand Tour » de Pierre Ier. Plus tard, le voyage à Paris des nobles russes du XVIIIe siècle se caractérisa comme un sorte de voyage aux lieux saints. Ce n'est pas un hasard si les adversaires des occidentalistes considèrent ces voyages comme la source principale de tous les maux. Pour les uns l'initiation à la culture, pour les autres le *petimetrstvo* (l'imitation de la mode française) s'obtiennent par un simple déplacement dans l'espace.
>
> IOURI LOTMAN et BORIS OUSPENSKI,
> *Le Rôle des modèles duels dans la dynamique de la culture russe (jusqu'à la fin du XVIIIe siècle)*

---

souvent ; l'athéisme philosophico-scientifique de l'Allemagne. La seule vraie exception est la parabole du Grand Inquisiteur, dans *Les Frères Karamazov*, qui est située à Séville (mais qui fut probablement inspirée par *Don Carlos* de Schiller).

l'Europe « avancée », les idées passent ensuite en Orient, où elles se font plus téméraires, plus intransigeantes, comme si elles prenaient de la vitesse en cours de route : « ce qui n'est encore qu'une hypothèse en Europe », déclare Ivan dans *Les Frères Karamazov* (V, 3), « devient un axiome pour tout jeune Russe » ; et Porphiri, dans *Crime et châtiment* : « Mon cher monsieur, là c'est des songes livresques, un cœur irrité par une théorie » (VI, 2, Arles, Actes Sud, « Babel », 1996, p. 313, trad. André Marcovich).

Un assassinat produit par des « songes livresques »... En Russie, les idées européennes ne sont plus seulement des idées : ce sont des forces vives qui incitent à l'action, et au crime. Comme les *villains* du roman anglais, ces idées sont souvent traitées comme de véritables ennemis qui menacent tout ce qui est le plus typiquement et profondément russe : la foi – et la folie – religieuse de la marge orientale du pays, qui se prolonge encore plus à l'est avec la « renaissance » de Raskolnikov sur les rives de l'Irtych. Pourtant, malgré tout, aucun de ces livres ne se détache de l'Europe ; même pas Dostoïevski, qui est pourtant très tenté de le faire. Dans les idées occidentales résonne en effet le cynisme de la modernité, mais c'est aussi sa grandeur qui s'y fait entendre : ce sont des fenêtres grandes ouvertes sur la réalité, dont les porte-parole – Bazarov, Raskolnikov, Ivan Karamazov – sont parmi les plus grandes figures du siècle. Grandes et divisées : parce que le conflit entre la Russie et l'Europe a pénétré leur âme, qu'il s'exprime dans chacune de leurs paroles nerveuses, dans chacune de leurs actions imprévisibles (et dans les mille « pourquoi ? » qu'ils lancent derrière elles, en essayant d'appréhender leur sens). C'est le « dialogisme » de Mikhaïl Bakhtine : chaque question ouvre sur des points de vue opposés et extrêmes. Et c'est aussi un exemple de la manière dont la géographie peut, sinon vraiment déterminer, en tout cas *orienter l'évolution formelle* : car seul un pays qui était à la fois « dans » et « hors » d'Europe – *c'est-à-dire seule la Russie* – pouvait vraiment « remettre en question » la culture de l'Europe moderne et même la soumettre (avec Dostoïevski) à de véritables « expériences ». Et seule la Russie sut d'ailleurs mener à bien l'immense entreprise du roman d'idées.

5. Loin du centre

Le roman sentimental. Le roman d'idées. Et maintenant, le genre littéraire le plus répandu du siècle : le roman historique. La figure 12 mêle des classiques célèbres et des textes oubliés depuis longtemps et elle montre les zones géographiques où se concentre l'action[15].

Nous appelons ce type d'histoires romans « historiques » : en soulignant, à juste titre, leur situation temporelle particulière. Mais la figure 12 suggère que leur composante spatiale est au moins aussi particulière et importante. De façon négative, pour commencer : car cette forme semble donner le meilleur d'elle-même *loin du centre.* Songeons au monde de Jane Austen : concentré à l'intérieur d'un petit cercle, à une journée, une journée et demie de Londres. Dans le roman historique, c'est le contraire qui se passe : comme si la force de gravité venait à lui manquer, le récit s'échappe, s'échappe aussi loin que possible de la capitale. Le jeune héros de *La Fille du capitaine*, qui rêve d'aller à Saint-Pétersbourg, est promptement expédié dans la direction opposée, à la périphérie asiatique de l'Empire tsariste. Dans *Waverley*, pour suivre un cas symétrique, Charles Stewart n'arrive jamais au terme de sa marche sur Londres : il touche terre dans le nord-ouest de l'Écosse, dresse l'étendard de la révolte au cœur des Highlands, franchit la frontière des Highlands, entre à

15. Les zones géographiques où se concentre l'action... Prémisse différente de celle employée pour Jane Austen (où je faisais une distinction nette entre le début, le milieu et la fin), ou pour le roman dialogique (où je travaillais sur l'opposition paradigmatique entre les idées russes et européennes). Mais des formes différentes ont des dominantes narratives différentes, et les ressorts qui sont décisifs dans le roman sentimental – *et donc aussi dans sa représentation cartographique* – ne le sont pas dans le roman historique, ou dans le picaresque, ou dans le policier. Du reste, une carte géographique ne peut jamais tout comprendre : il faut choisir pour que la représentation ait un sens, et se limiter à un nombre fini de facteurs. Au cours de ma recherche, j'ai donc essayé d'élaborer (géographiquement) les éléments (narratifs) qui me semblaient les plus caractéristiques de la forme en question ; en somme, ma géographie est inséparable d'une morphologie.

Figure 12. Le roman historique en Europe

Contrairement au roman sentimental (mais aussi au roman picaresque et au roman de formation, voir plus loin les figures 17 et 31), le roman historique est situé en général à proximité d'obstacles naturels considérables : des forêts (*Les Chouans*), des côtes difficilement accessibles (*Le Cours de la Boyne, Loukis Laras*), d'immenses étendues de territoire (*La Fille du capitaine*), mais surtout des montagnes (*La Rose de Disentis, L'Âge d'or de la Transylvanie, Le Maître de Bembibre, Waverley*). Ces lieux « dont l'histoire est de ne pas avoir d'histoire, de rester en marge des grands courants civilisateurs » (Braudel), les montagnes, permettent ainsi au roman historique de faire de gigantesques sauts temporels vers un lointain passé.

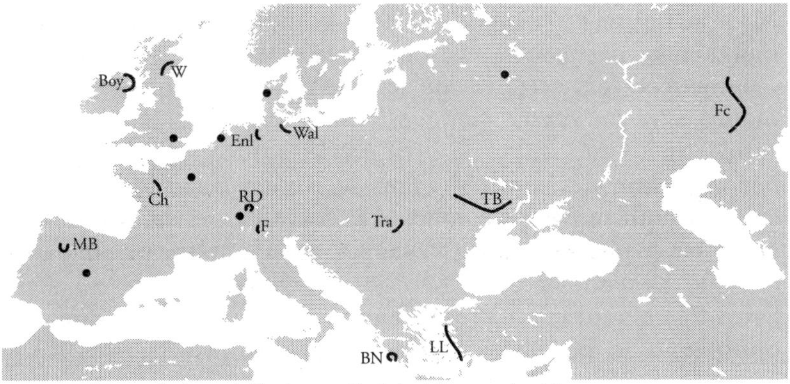

— Lieux principaux de l'action • Capitales à l'époque du récit

La carte comprend les romans suivants :

BN Henry Moke, *La Bataille de Navarin*
Boy John et Michael Banim, *Le Cours de la Boyne*
Ch Honoré de Balzac, *Les Chouans*
Enl Jakob van Lennep, *Un enlèvement au XVIIe siècle*
F Alessandro Manzoni, *Les Fiancés*
Fc Alexandre Pouchkine, *La Fille du capitaine*
LL Demetrius Bikelos, *Loukis Laras*
MB Enrique Gil y Carrasco, *Le Maître de Bembibre*
RD Heinrich Zschoschke, *La Rose de Disentis*
TB Nicolas Gogol, *Tarass Boulba*
Tra Mór Jókai, *L'Âge d'or de la Transylvanie*
W Walter Scott, *Waverley*
Wal B.S. Ingemann, *Waldemar*

Édimbourg, traverse la frontière anglo-écossaise, atteint le Derbyshire, et s'arrête. Il s'arrête, en somme, exactement *là où commence l'Angleterre de Jane Austen* (Pemberley, la pointe septentrionale de son œuvre, se trouve aussi dans le Derbyshire). Et si le monde de Walter Scott finit exactement là où commence celui de Jane Austen, et si celui de Jane Austen finit exactement là où commence celui de Scott… naturellement, il ne s'agit que d'une simple – mais magnifique – coïncidence. Mais cette coïncidence cache un fait réel : *des formes différentes habitent des espaces différents.* Paul Zumthor :

> Les divers genres narratifs attestés entre le XIe et le XIVe siècle ne concrétisent pas de manière identique ces caractères. Chacun d'eux possède son *espace poétique* propre, et semble orienter le regard vers un horizon bien à lui. L'aimable fabliau français se confine dans un *ici* (la maison, la ville) dont il inspecte en riant (et parfois en grinçant des dents) les zones d'ombre ; le roman, en France et en Allemagne, progresse au contraire au-devant du *là-bas* d'une action incertaine. Les épopées que chantent encore, à travers l'Occident, des interprètes spécialisés ne cessent d'opposer, dans le fracas des armes, Chrétienté salutaire et « Païenie », tracées sur le sol avec le contour des royaumes[16].

Et Mikhaïl Bakhtine, en termes plus généraux :

> En littérature, le chronotope a une importance capitale pour les *genres.* On peut affirmer que ceux-ci, avec leur hétéromorphisme, sont déterminés par le chronotope[17].

Chaque genre possède son espace spécifique… Et réciproquement : chaque espace possède « son » genre qui peut être identifié par une trame spatiale, par une géographie : *par une carte* qui lui est propre. Et qui nous dit, dans le cas du roman historique : loin du centre. Et, par conséquent, près de la frontière : entre la

16. P. Zumthor, *La Mesure du monde. La représentation de l'espace au Moyen Âge*, Paris, Le Seuil, 1993, IV, 18, p. 382.

17. M. Bakhtine, « Les formes du temps et du chronotope dans le roman » (1937-1938), dans *Esthétique et théorie du roman*, Paris, Gallimard, « Tel », 1978, p. 238.

République hollandaise et les villes libres allemandes (*Un enlèvement au* XVIIe *siècle*) ; entre le royaume du Danemark et le Saint Empire romain (*Waldemar*) ; les Russes et les Cosaques (*La Fille du capitaine*) ; les Hongrois et l'Empire ottoman (*L'Âge d'or de la Transylvanie*) ; les Grecs et les Turcs (*Loukis Laras, La Bataille de Navarin*) ; les protestants et les catholiques (*Le Cours de la Boyne*). Loin d'être le fruit du hasard, cette constante géographique du roman historique est à mon avis une des raisons essentielles de son succès impressionnant car elle offre à l'Europe du XIXe siècle une véritable *phénoménologie de la frontière.* Invention géniale, à une époque de durcissement de la réalité géopolitique de la frontière – en même temps que les différentes poussées nationalistes dénoncent maintes frontières concrètes comme « innaturelles » (fig. 13). En somme, à une époque où la nécessité de représenter les divisions territoriales du continent européen se fait soudain plus forte.

Des frontières, donc. Extérieures, entre État et État ; et intérieures à chaque État. Dans le premier cas, la frontière est le lieu de l'aventure : on la traverse et l'on se retrouve face à l'inconnu, à l'ennemi. C'est ce qui se produit dans les romans les moins connus de la figure 12 : dans *Un enlèvement au* XVIIe *siècle*, qui fait appel à tous les ressorts narratifs de la poursuite ; ou dans *Loukis Laras*, qui utilise ceux de la fuite et de la persécution. Dans *Waldemar*, la ville de Schwerin dans le Mecklembourg est conquise et reconquise une demi-douzaine de fois ; le village de *La Rose de Disentis* que se disputent les Suisses, les Français et les Autrichiens connaît le même sort. On trouve des cavaliers mystérieux dans *L'Âge d'or de la Transylvanie* ; dans *La Bataille de Navarin*, de mystérieux prisonniers. Et ainsi de suite.

En somme, les frontières extérieures sont productrices de récit – mais d'un récit très élémentaire : elles prennent deux camps adverses et les dressent l'un contre l'autre. Les frontières intérieures travaillent différemment, elles mettent en relief un thème qui est beaucoup moins spectaculaire que l'aventure, mais aussi beaucoup plus inquiétant : la *trahison.* Waverley ; le fils cadet de Tarass Boulba ; les héros de Pouchkine et de Balzac ; Alvaro de Bembibre,

Figure 13. La formation des frontières européennes

a) Il y a plus de 400 ans. *b)* Il y a 200-400 ans. *c)* Il y a moins de 200 ans.

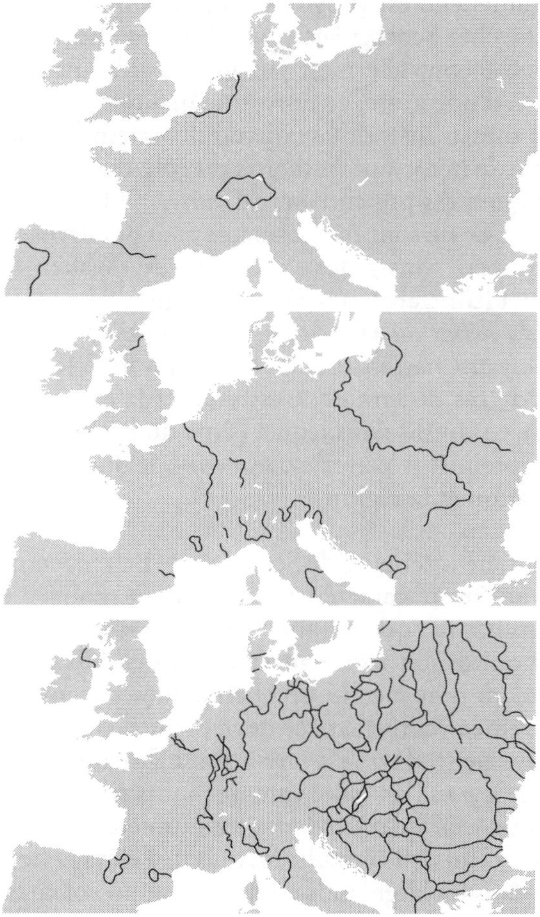

a) *b)* *c)*

L'idée de nation, avec l'idéologie qui en découle, le nationalisme, est née de la stabilisation de l'État à l'intérieur de frontières rigoureusement définies, lesquelles, alors, ont été revendiquées en tant que telles [...]. Une souveraineté absolue et, en principe, sans conditions, est exercée sur ce territoire délimité.

JULIEN FREUND, *L'Ennemi et le tiers de l'État*

Renzo dans *Les Fiancés* de Manzoni : tous des traîtres, qui ont bien sûr leurs bonnes raisons. Et puis la trahison est souvent involontaire, ou alors elle est provoquée par des questions personnelles (la curiosité chez Scott et Manzoni ; l'amour chez Balzac et Gogol), et de toute façon, elle n'est jamais impardonnable. Mais d'une manière ou d'une autre, ce ressort ne manque jamais dans les classiques du roman historique : quand il a atteint la zone opaque de la frontière, le héros finit toujours du côté du rebelle, du tumulte, des hérétiques, du prétendant, du *gars*... Par esprit de révolte ? Je ne crois pas, ce ne sont pas des héros énergiques, ils sont peut-être même un peu « insipides », comme dit Walter Scott de son Waverley, et leur trahison révèle plutôt que *l'identité nationale dans l'Europe du début du* XIXe *est encore bien faible.* Une lutte entre la nouvelle loyauté nationale et les vieilles loyautés locales, disait Tilly à propos de ces décennies : c'est vrai, et la trahison montre bien l'âpreté de ce conflit dans lequel l'âme du héros ne sait longtemps quel parti prendre – Waverley, *wavering*, le fluctuant, l'ondoyant – entre la nation et la région[18].

La frontière intérieure de Scott (ou de Balzac, ou de Pouchkine) a encore une autre caractéristique : il s'agit moins d'une frontière politico-militaire que d'une réalité *anthropologique.* Quand Waverley quitte son régiment et se rend en visite au domaine de Tully-Veolan, puis à celui de Glennaquoich dans les Highlands, son mouvement dans l'espace devient aussi – et en réalité surtout – le mouvement *dans le temps* qui est visualisé à la figure 14. Il voyage *vers le passé*, en traversant à rebours tous les stades du développement social qu'ont décrits les Lumières écossaises : l'âge du commerce, celui de l'agriculture, puis de l'élevage (le prétexte pour se rendre dans les Highlands est justement un vol de bétail) et enfin

18. Le thème de la double loyauté se fixe mémorablement dans le personnage du Noble Traître, avec son équilibre précaire entre substantif et adjectif. Je veux dire par là que, d'un côté, Fergus, ou Montauran, ou Alvaro de Bembibre sont tous des ennemis du nouveau pouvoir d'État : et le roman, obéissant, les condamne à mort. Mais, de l'autre, il les présente comme des personnages généreux, jeunes, courageux, amoureux, nobles en somme : et il concède ainsi l'honneur des armes à la vieille classe dominante locale.

Figure 14. Walter Scott, *Waverley*

▪ ▪ ▪ ▪ Frontière des Highlands

—— Frontière anglo-écossaise

Il n'est pas de nation en Europe qui, dans le cours d'un demi-siècle ou guère plus, ait éprouvé un changement aussi complet que le royaume d'Écosse. On doit compter parmi les causes premières de ces innovations les effets de l'insurrection de 1745, l'abolition de la puissance patriarcale des chefs de clan et de la juridiction féodale des barons et de la noblesse des basses-terres; enfin l'entière extinction du parti jacobite, qui ne voulant ni se confondre avec les Anglais, ni adopter leurs usages, se fit longtemps un point d'honneur de conserver les mœurs et les antiques coutumes écossaises. L'accroissement progressif des richesses et l'extension du commerce ont depuis contribué à rendre les Écossais de nos jours aussi différents de leurs ancêtres que les Anglais actuels diffèrent de ceux qui vivaient sous la reine Élisabeth.

WALTER SCOTT, *Postface* à *Waverley*

de la chasse (dont la ritualisation élaborée exprime l'essence même de la culture des Highlands, au chapitre XXIV)[19].

Bakhtine a écrit que Scott savait « voir le temps dans l'espace »[20] et la carte de *Waverley* lui donne pleinement raison. Mais avec une précision : l'espace-temps de Walter Scott ne se matérialise ni dans un lieu quelconque, ni de façon diffuse, mais *seulement près de la frontière intérieure.* C'est là et là seulement qu'il devient possible d'imaginer un véritable voyage dans le passé – *et donc de concevoir la forme même du roman historique, qui est à son tour un voyage dans le passé.* Le thème « historique » apparaissait d'ailleurs déjà dans la première version de *Waverley*, en 1805 (ainsi que dans de nombreux romans du XVIIIe siècle) ; mais seul, sans l'élément spatial, il ne fonctionnait pas : et comme l'écrit Scott dans la *Préface générale*, « je mis donc de côté l'ouvrage commencé, sans réplique et sans regret » (*Préface générale*, p. VI). Dix ans plus tard, Walter Scott se fait géographe, il envoie son jeune héros dans les Highlands – et il invente le genre-clef du XIXe siècle.

La géographie comme fondement de la forme narrative ; la frontière intérieure comme véritable « enclencheur » du roman historique. Ce qui est logique, puisque c'est le lieu où la « contemporanéité du non-contemporain » de tout pays européen (et surtout de ceux où le commerce et l'industrie ont le plus progressé, comme la France et la Grande-Bretagne) se donne clairement, spectaculairement à voir : quelques milles de route et les rapports sociaux changent du tout au tout (et avec eux les valeurs idéales, les habitudes quotidiennes, la langue). En somme, la frontière intérieure montre que les États modernes sont des réalités compo-

19. Le premier chapitre de *L'Âge d'or de la Transylvanie* s'intitule à son tour « Une partie de chasse en l'an 1666 ». Ailleurs, la régression anthropologique est indiquée, métonymiquement, par les vêtements : dans *Les Chouans*, Marche-à-Terre est couvert de poils de chèvre et d'écorce d'arbre ; à sa première apparition dans *La Fille du capitaine*, Pougatchev vient tout juste de perdre son manteau de mouton ; et quand le protagoniste de *La Rose de Disentis*, Florian Prevost, décide de reprendre son identité de montagnard suisse, la première chose qu'il fait est de s'habiller de chamois. Le héros de James Fenimore Cooper, naturellement, est lui aussi un chasseur, surnommé Bas-de-Cuir.

20. M. Bakhtine, « Le roman d'apprentissage », dans *Esthétique de la création verbale*, Paris, Gallimard, NRF, 1984, p. 261.

sites, formées de multiples strates temporelles : que ce sont des États « historiques » et qu'ils ont donc besoin de romans eux aussi historiques.

Mais à quelle fin en ont-ils besoin ? Pour représenter, pour prendre acte de leur hétérogénéité ; et puis, pour *l'abolir*. Ces romans sont des histoires de la frontière, mais surtout de sa destruction, et de l'annexion de la périphérie intérieure à la partie centrale de l'État-nation : un processus qui mêle la contrainte et le consensus – l'Amour et la Guerre –, comme l'explique David Lipscomb à propos des trois espaces des romans de Walter Scott (fig. 15). L'amour entre l'homme qui vient de l'Angleterre et la femme des Lowlands : parfaite miniature d'une unité nationale qui se fonde sur l'accord et même sur le désir réciproque des espaces les plus « civilisés » du pays. Mais aussi la guerre (sans prisonniers) contre l'espace encore « sauvage » pour que l'État obtienne enfin le « monopole de la violence légitime » cher à Max Weber et en finisse une fois pour toutes avec Pougatchev et Bonnie Prince Charlie, avec Don Rodrigo et la Signora et l'*Innominato*, avec les Chouans et les Cosaques et les Templiers. La construction de l'État exige un *nivellement*, nous dit le roman historique : abolir les frontières régionales et raser les châteaux gothiques des vieux pouvoirs féodaux. Dans *Les Fiancés*, grâce à la splendide trouvaille du dédoublement de l'intrigue, Manzoni fait suivre à son lecteur les deux processus, vers l'avenir et vers le passé : tandis que Renzo se met en chemin, tout curieux (et un peu effrayé), vers la révolte urbaine et la production proto-industrielle au-delà de la frontière de l'Adda, Lucia suit un itinéraire plus court qui l'emmène dans les couvents et les forteresses des vieux privilèges locaux, dont elle est la dernière prisonnière, mais en fin de compte la prisonnière victorieuse (fig. 16).

6. Interlude théorique : I. Espace et style

Avant d'abandonner le roman historique, une question de méthode. Lorsque j'ai commencé cette recherche, je voyais dans la géographie un instrument très prometteur pour l'étude de l'intrigue narrative ; mais uniquement pour cela et certainement

Figure 15. L'incorporation des Lowlands écossais dans *Waverley* et *Rob Roy*

Dans les romans de Scott [...] il existe une discontinuité temporelle distribuée le long de trois domaines : un domaine « civilisé », en Angleterre, un domaine « semi-civilisé », dans les Lowlands, aux pieds d'« une formidable barrière topographique », et enfin un domaine pleinement féodal, dans les Highlands, qui est l'espace de Fergus, Burley ou Rob Roy [...] Le mariage final entre le protagoniste (qui est lié au régime hanovrien) et l'Héritière jacobite ne franchit jamais la barrière topographique instituée par le roman [...] On ne comprend jamais vraiment ce qui arrive à l'espace des Highlands, mais il ne fait pas de doute qu'il a perdu les aspects menaçants qui avaient frappé le protagoniste au début [...] La culture écossaise est incorporée dans la nation britannique par l'intermédiaire du domaine des Lowlands, alors que le nationalisme politique écossais est relégué dans le passé, par-delà la barrière topographique.

DAVID LIPSCOMB, *Geographies of Progress*

Figure 16. L'espace des *Fiancés*

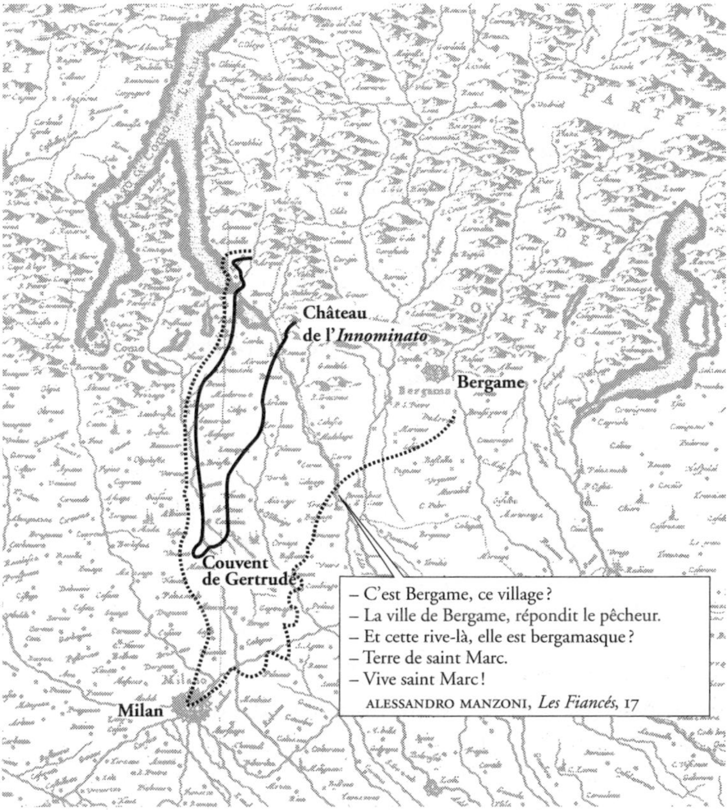

Dans *Les Fiancés*, la séparation des amants permet à Manzoni de suivre deux lignes narratives très différentes, qui peuvent être interprétées comme deux genres littéraires distincts. Le destin de Lucia, par exemple, offre le matériau d'un roman gothique où l'héroïne n'échappe à un piège que pour tomber dans un autre encore pire, affrontant des *villains* de plus en plus odieux, et développant un champ sémantique dominé par le mal et par la rédemption, à l'intérieur d'une réflexion de nature religieuse et psychologique sur le destin de l'âme humaine. Pendant ce temps, Renzo erre dans la *grosse Welt* de l'histoire…

FREDERIC JAMESON, *Les Narrations magiques*

pas pour l'analyse stylistique. Toutefois, tandis que je travaillais sur le roman historique, j'ai commencé à avoir des doutes. Des doutes qui me sont venus en lisant l'essai d'Enrica Villari, qui souligne à juste titre la fréquence de personnages comiques et tragico-sublimes chez Walter Scott[21] (et pas seulement chez Scott, d'ailleurs). Ce phénomène a lui aussi une forte composante spatiale : ces personnages ne sont pas distribués au hasard ; on les rencontre *beaucoup plus fréquemment près de la frontière*[22]. Mais si les éléments comiques et tragiques augmentent près de la frontière, cela signifie alors que chez Walter Scott, ou chez Pouchkine, *les choix stylistiques sont liés à la position géographique* : que l'espace agit sur le style, en provoquant une double déviation – vers le comique et vers le tragique, vers le bas et vers le haut –, par rapport à ce registre moyen, « sérieux » et « réaliste », typique du XIXe siècle. Ou, pour reprendre les termes de Francesco Orlando : bien que le roman, en tant que forme, ait en général un taux de figures extrêmement bas, près de la frontière *le taux de figures augmente*[23]. L'espace et les figures s'entremêlent : j'ajouterais même que les figures dépendent de l'espace. Nous le constatons jusque dans les noms propres, qui perdent sur la frontière leur nature arbitraire et acquièrent une très forte intensité sémantique : le Fils de Jean le Grand, l'Exterminateur de Cerfs, l'*Innominato*, Sang Mort, le Jardin du Diable, le Grand Serpent… Il ne faut pas s'étonner si, dans *Les Chouans*, le centralisme rationaliste du Paris révolutionnaire essaie de déraciner par la force l'usage des surnoms bretons.

21. E. Villari, « La resistanza alla storia nei romanzi giacobiti di Walter Scott », dans l'ouvrage collectif *Storie su storie. Indagine sui romanzi storici (1818-1840)*, Vérone, Neri Pozza, 1985, en particulier les pages 16-30.

22. Et ils tendent aussi à apparaître dans le même ordre : avant la frontière le personnage comique, et au-delà le personnage tragique. Aussitôt après les Highlands, Cosmo Bradwardine ; à l'intérieur, Fergus. Avant, Pougatchev sous l'aspect d'un vieux paysan ridicule ; puis Pougatchev comme rebelle sanguinaire. Sur le parvis de Notre-Dame, Quasimodo, le roi des fous ; dans la cathédrale, Claude Frollo, le perfide seigneur féodal. Les personnages comiques sont en général liés à ces espaces géographico-sociaux qui se soumettent au nouveau pouvoir central sans trop de résistance ; les personnages tragico-sublimes, aux espaces qui refusent de se plier et qui seront donc complètement détruits.

23. F. Orlando, *Per una teoria freudiana della letteratura*, Turin, Einaudi, 1973.

Un continuum spatio-figuré. Voici ce qui arrive aux descriptions de Walter Scott – d'habitude interminablement analytique – quand Waverley s'approche des Highlands :

> La lumière [...] provenait d'un grand feu ; mais Édouard ne pouvait discerner s'il était allumé sur une île ou sur la terre ferme. Cet orbe d'une rougeur étincelante, de la manière dont il le voyait alors, paraissait reposer sur la surface même du lac, et ressemblait au char de feu sur lequel le mauvais génie d'un conte oriental traverse la terre et les mers [...] La barque touchait au bord, et Waverley vit que ce grand feu était amplement entretenu avec des branches résineuses de pin par deux hommes qui dans les reflets de la lumière rougeâtre ressemblaient à deux démons.
>
> *Waverley*, 17 (trad. Defauconpret, Paris, Furne-Pagnerre-Perrotin, 1857, p. 110-111)

La lumière était clairement, *plainly*, un feu... Mais Scott abandonne ensuite ce style simple : orbe d'une rougeur étincelante, char de feu, mauvais génie, démons. L'impact avec la frontière a produit un brusque déferlement de figures (comme les « monstres » des anciens cartographes, qui proliféraient aux frontières de l'inconnu)[24]. Mais dès que la frontière a été franchie :

> L'intérieur de la caverne, très élevée dans cet endroit, était éclairé par des torches de bois de pin, qui donnaient une lumière vive et pétillante, et dont l'odeur, quoique forte, n'avait rien de désagréable ; à cette clarté se mêlait la lueur rougeâtre d'un grand feu de charbon de bois, autour

24. Deux autres exemples, tirés de *Notre-Dame de Paris*, le roman historique urbain de Victor Hugo (comme nous le verrons, les villes aussi ont leurs frontières) : « Le pauvre poète jeta les yeux autour de lui. Il était en effet dans cette redoutable cour des Miracles, où jamais honnête homme n'avait pénétré à pareille heure ; cercle magique [...] hideuse verrue à la face de Paris ; égout d'où s'échappait chaque matin, et où revenait croupir chaque nuit ce ruisseau de vices, de mendicité et de vagabondage toujours débordé dans les rues de la capitale ; ruche monstrueuse où rentraient le soir avec leur butin tous les frelons de l'ordre social ; hôpital menteur [...] » (*Notre-Dame de Paris*, II, 6). Et plus loin, au pôle opposé de Paris : « Il est certain encore que l'archidiacre s'était épris d'une passion singulière pour le portail symbolique de Notre-Dame, cette page de grimoire écrite en pierre [...] pour sa signification, pour son mythe, pour le sens qu'elle renferme, pour le symbole épars sous les sculptures de sa façade comme le premier texte sous le second dans un palimpseste ; en un mot, pour l'énigme qu'elle propose éternellement à l'intelligence » (*Notre-Dame de Paris*, IV, 4).

> duquel étaient assis cinq ou six montagnards armés : d'autres qu'on ne voyait qu'indistinctement, étaient couchés enveloppés de leurs plaids, dans des recoins plus éloignés de la caverne.
>
> *Waverley*, 17 (*ibid.*, p. 111)

Des torches : et l'on nous dit aussitôt de quels matériaux elles sont faites ; quel type de lumière elles projettent (qualifiée par deux adjectifs distincts) ; quel type d'odeur (elle aussi qualifiée par un adjectif, lui-même qualifié à son tour). Dans cette séquence méticuleuse de causes et d'effets, la condensation métaphorique du passage précédent a fait place à une représentation purement analytique. Pas « objective », que cela soit clair, aucune description ne l'est, mais *intérieure* : plutôt que l'impact émotif avec une réalité inconnue, son découpage détaillé, méthodique.

C'est un exemple de ce qu'Ernest Gellner a (métaphoriquement) appelé *common intellectual currency*, monnaie intellectuelle commune :

> Par le terme de monnaie intellectuelle commune, ou unique, je veux dire que tous les faits sont placés à l'intérieur d'un espace logique unique et dépourvu de solutions de continuité [...] de sorte qu'en principe, le monde peut être décrit par un seul langage, intérieurement unitaire, sans qu'il existe de phénomènes ou d'espaces privilégiés tels qu'ils ne puissent être contaminés ou contredits par d'autres [...] Mais telle était précisément la caractéristique des conceptions pré-modernes et pré-rationnelles : la coexistence de multiples sous-mondes qui n'étaient pas à proprement parler liés, mais plutôt ordonnés selon une hiérarchie ; et l'existence à l'intérieur de ces sous-mondes de faits spéciaux, sacralisés et soustraits à la critique[25].

Un espace logique continu : comme dans la deuxième description de *Waverley*, qui est analytique. Remarquons la métaphore qu'emploie Gellner : la société comme un système d'espaces discursifs – et des espaces que la modernité tend à uniformiser. Comme je le disais plus haut, la construction de l'État exige un nivellement : nivellement des barrières physiques, comme des mille jargons et dialectes locaux qui sont réduits à un seul langage, de façon graduelle mais irréversible. Et la langue du roman – infor-

25. E. Gellner, *Nations and Nationalism*, Ithaca, Cornell U.P., 1983, p. 21.

melle, impersonnelle, « commune » – contribua sans doute plus que toute autre à cette entreprise. En cela aussi, le roman est vraiment la forme symbolique de l'État-nation[26].

À l'approche de la frontière, le taux de figures de style augmente. Une fois la frontière franchie, elle diminue. L'hypothèse de départ a été confirmée : dans le roman historique, la géographie influe vraiment sur le style, elle provoque des écarts spectaculaires. Et dans les autres romans ?

Dans les autres romans, oui et non. Oui, car là aussi le style change avec l'espace. Mais non, parce qu'il change lors du changement d'*espace* – pas de la géographie. Bien que les métaphores continuent à se bousculer près de la frontière, celle-ci appartient en général à une échelle spatiale à propos de laquelle parler de géographie serait tout à fait inapproprié. L'escalier du gothique, la fenêtre des *Hauts de Hurlevent*, le seuil de Dostoïevski, le puits de *Germinal* : voilà des barrières, des « frontières » d'une grande intensité métaphorique – mais aucune n'est de nature géographique.

Et cela m'inspire une autre réflexion. De même que le style est lié à l'espace, *l'espace est à son tour lié à l'intrigue* : la traversée de la frontière constitue en règle générale (depuis Propp jusqu'à Lotman) un moment essentiel du récit : le début de l'histoire ou son tournant décisif. Le rapport, donc, est de nature triangulaire : figure de style, espace, intrigue. Et le triangle amène encore une autre question. Les figures, les métaphores augmentent près de la frontière, c'est entendu. Mais pourquoi ? Quelle est la raison de ce changement de rythme dans le langage du texte ?

On ne trouvera pas facilement une réponse à ces questions dans les théories de la métaphore (pour essayer de circonscrire le terrain),

26. C'est-à-dire : en général, la forme romanesque n'a pas intensifié la polyphonie sociale (comme le voudrait la thèse de Bakhtine), mais elle l'a réduite (comme j'ai essayé de le démontrer à plusieurs reprises dans *Romanzo di formazione*, Milan, Garzanti, 1986, et dans *Opere Mondo*, Turin, Einaudi, 1994). La polyphonie (indéniable) du roman dialogique russe constitue, en somme, l'exception et non la règle de l'évolution romanesque : comme on l'a vu, ce n'est pas un hasard si celle-ci se fonde sur une configuration intellectuelle *européenne* plutôt que nationale.

car ces théories se demandent en général « ce qu'est » une métaphore – alors que ce qui m'intéresse surtout, c'est le moment et l'endroit où celle-ci apparaît. Toutefois, vers la fin de *La Métaphore vive*, dans un chapitre intitulé « L'intersection des domaines de discours » (une autre métaphore spatiale), Paul Ricœur définit les termes essentiels de la question. Les métaphores sont indispensables, écrit-il, quand il s'agit « d'explorer un champ référentiel qui n'est pas directement accessible ». Et il ajoute :

> Quant à la signification seconde [...] elle est relative à un champ de référence pour lequel il n'est pas de caractérisation directe, pour lequel, par conséquent, on ne peut procéder à une description identifiante au moyen de prédicats appropriés.
> Faute de pouvoir recourir au va-et-vient entre référence et prédication, la visée sémantique a recours à un réseau de prédicats qui fonctionnent déjà dans un champ de référence familier. C'est ce sens déjà constitué qui est délié de son ancrage dans un champ de référence premier et projeté dans le nouveau champ de référence dont il contribue dès lors à faire apparaître la configuration[27].

Un *réseau* de prédicats *désancré* et *projeté* dans un *champ* référentiel... Comme Waverley ou Pierre Gringoire, Ricœur se trouve ici en territoire inexploré et il recourt donc à une suite de métaphores (dont la splendide métaphore de Novalis – « les théories sont des filets : seuls pêchent ceux qui les lancent » – que Popper a mise en exergue de la *Logique de la découverte scientifique*). En effet, telle est la question : dans un espace inconnu, il faut tracer au plus vite une « esquisse sémantique préliminaire » (encore Paul Ricœur), *et seules les métaphores sont en mesure d'y réussir*. Seules les métaphores sont capables à la fois d'*exprimer* l'inconnu qui s'ouvre devant nous et de *le contenir*. De l'exprimer, de « le dire », avec l'étrangeté de leur prédication – char de feu, mauvais génie, démons, cour des miracles, palimpseste de pierre – qui résonne comme une véritable sonnette d'alarme (attention ! ici, il y a quelque chose d'étrange). Mais aussi de le contenir, parce que la métaphore se sert justement d'« un champ sémantique qui nous est

27. P. Ricœur, *La Métaphore vive*, Paris, Le Seuil, 1975, p. 378-379.

familier » et qui *donne forme* ainsi à l'inconnu : elle l'explique, le réduit, elle le contrôle dans une certaine mesure[28].

Voilà donc pourquoi les métaphores sont si fréquentes au passage de la frontière – et, vice-versa, si rares une fois que celle-ci a été franchie. Au-delà de la frontière, elles ne sont plus indispensables : comme dans le deuxième passage de *Waverley*, on peut les remplacer par des prédicats « appropriés », analytiques, qui commencent à mettre en place l'« articulation intérieure » du nouvel espace. Et comme la plupart des romans passent l'essentiel de leur temps « à l'intérieur » de tel espace ou de tel autre et non sur leur frontière, on comprend aussi pourquoi les métaphores jouent dans le roman un rôle si sporadique et au fond marginal. Un ami qui avait fait ses études à Cambridge me racontait un jour qu'on leur apprenait à lire les romans en tournant les pages et en attendant ces maudites métaphores. Qui n'arrivaient jamais.

7. Sur la grand-route

Jane Austen et la région centrale de la Grande-Bretagne. Le roman historique et la frontière. Dans le chapitre suivant, le roman urbain (et dans le prochain livre, pourquoi pas, le roman régional). Roman et État-nation, tel est le titre de ce chapitre : c'est comme assembler un grand puzzle, en ordonnant des espaces différents. Et cette fois-ci, les routes (fig. 17).

28. À la suite de Ricœur, je me suis limité ici au rôle cognitif de la métaphore ; mais il est clair que sa fonction émotive est au moins aussi importante (après tout, décrire des hommes comme des démons, ou une place comme un égout, est une « esquisse sémantique » rien moins que dépourvue de passion). La question est formulée de façon admirable dans la *Logique de Port-Royal* : « Car cela vient de ce que les expressions figurées signifient outre la chose principale, le mouvement & la passion de celui qui parle, & impriment ainsi l'une & l'autre idée dans l'esprit, au lieu que l'expression simple ne marque que la vérité toute nue » (A. Arnaud et P. Nicole, *La Logique ou l'Art de penser*, 1662-1683 ; Paris, Flammarion, 1970, I, 14, p. 131). La fonction émotive de la métaphore, soit dit entre parenthèses, est liée à son tour à l'espace de la frontière : face à l'inconnu, notre « esquisse sémantique » doit nous suggérer non seulement ce qu'« est » l'inconnu, mais ce qu'il est *pour nous.* « Nous jugeons les choses non par ce qu'elles sont en elles-mêmes ; mais par ce qu'elles sont à notre égard ; & la vérité & l'utilité sont pour nous une seule et même chose », écrivent encore Arnaud et Nicole (*ibid.*, III, 20, p. 324).

Figure 17. Romans picaresques espagnols, XVIe-XVIIe siècles

Les traits plus ou moins accentués correspondent à la fréquence avec laquelle les protagonistes voyagent sur la route. Cette carte indique aussi les voyages de Don Quichotte, lequel part toutefois en quête d'aventures et se tient donc bien à l'écart des routes du picaresque, prosaïques et encombrées. *La pícara Justina*, le seul de ces romans qui ait une femme pour protagoniste, est également le seul qui soit enfermé dans un espace étroit et très isolé : une configuration qui rappelle le voyage de Lucia dans *Les Fiancés* (fig. 16), et que l'on retrouvera dans le roman de formation du milieu du XIXe (fig. 31).

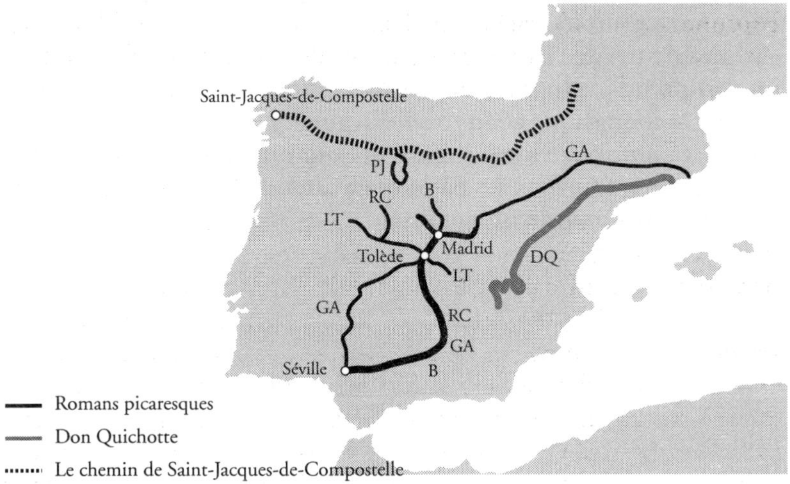

La carte comprend les romans suivants :

B	Francisco de Quevedo, *El Buscón*	LT	Anonyme, *Lazarillo de Tormes*
DQ	Miguel de Cervantes, *Don Quichotte*	PJ	López de Úbeda, *La pícara Justina*
GA	Mateo Alemán, *Guzmán de Alfarache*	RC	Miguel de Cervantes, *Rinconete y Cortadillo*

Dans le roman, les rencontres se font, habituellement, « en route », lieu de choix des contacts fortuits. Sur « la grande route » se croisent au même point d'intersection spatio-temporel les voies d'une quantité de personnes appartenant à toutes les classes, situations, religions, nationalités et âges. Là peuvent se rencontrer par hasard des gens normalement séparés par une hiérarchie sociale, ou par l'espace, et peuvent naître toutes sortes de contrastes, se heurter ou s'emmêler diverses destinées.

MIKHAÏL BAKHTINE, *Les Formes du temps et du chronotope dans le roman*

Tout glissait vers le sud, a écrit Pierre Chaunu à propos de la fin du XVIe siècle espagnol, et ce n'est pas le picaresque qui le démentira. La Castille y fonctionne comme une sorte de grand entonnoir : entre Salamanque à l'ouest et Alcalà de Henares à l'est, elle réunit tous les héros et les canalise vers Madrid, Tolède ou Séville (alors que les figurants dessinent une Espagne plus périphérique : le Léon, les Asturies, la Biscaye, l'Aragon...). C'est un pays qui a tourné le dos aux pèlerins de Saint-Jacques-de-Compostelle ; une Espagne surpeuplée, riche, une Espagne de routes et de villes – mais surtout de routes. « La victoire du mulet, au XVIe siècle, n'est pas contestable »[29], remarque Braudel dans *La Méditerranée* ; c'est vrai, et particulièrement vrai pour ces romans où quelque chose va changer à jamais avec l'entrée en scène de cette bête humble et têtue – qui est, ne l'oublions pas, le compagnon de Sancho Pança. Le mulet, si je puis dire, déloge le bateau (et le destrier du chevalier) : fini le sublime de la pleine mer, ses aventures merveilleuses, ses événements extraordinaires ; le mulet, c'est une progression lente et régulière, quotidienne, poussiéreuse, à la limite du banal. *Mais tel est justement le secret du roman moderne* (du « réalisme », si l'on veut) : des épisodes modestes, à faible valeur narrative – faible, mais jamais inexistante. Au début de *Guzmán de Alfarache*, en quinze milles de route, il y a trois auberges, deux interventions des gardes, deux rencontres le long du chemin (un muletier et deux prêtres), un quiproquo sur l'identité du héros et trois petites escroqueries. En quinze milles...

Sur les routes, des mulets ; et le long des routes, des tavernes. Car la route du picaresque n'est pas seulement un moyen de communication, c'est un monde en soi : un monde où l'on trouve du travail, du sexe, du jeu, de la nourriture, des marchandises, de la religion, du spectacle. Le réseau routier de la péninsule (ou tout au moins de sa région centrale) devient une sorte de grand échiquier segmenté par les quinze ou vingt milles d'une journée de voyage et peuplé d'une ou deux douzaines de types humains. Toutes les

29. F. Braudel, *La Méditerranée et le monde méditerranéen à l'époque de Philippe II*, Paris, Plon, tome I, V, 1, p. 261.

régions de l'Espagne finissent par se ressembler (on trouve partout des muletiers, des taverniers, des gardes, des prêtres, des putains, des fils de bonne famille, des tricheurs…), tout en étant légèrement différentes car les combinaisons varient chaque jour – ce qui fait que le roman peut continuer sans jamais perdre de son intérêt. Puis, les récits que l'on écoute en chemin et les escroqueries dans chaque nouvelle auberge viennent animer la régularité du rythme spatio-narratif. L'imprévisibilité des contacts humains dissipe l'ennui de la route terrestre, dans un système narratif qui n'a pas besoin de beaucoup de carburant pour rester en mouvement. C'est la formule du succès moderne : des coûts modérés et une production régulière.

Une nation de routes : où les inconnus se rencontrent et avancent de conserve, se racontent leur vie, boivent, partagent leur paillasse… C'est un grand chronotope que cette route, une grande image de la nation moderne que ce lieu où l'étranger n'est jamais complètement étranger – en tout cas, il ne le reste pas longtemps. Dans *Gil Blas*, le long tour d'Espagne du héros devient une sorte de course de relais infinie où les personnages se rencontrent puis se séparent, se retrouvent, se perdent à nouveau – mais sans émotions fortes (fig. 18). Contrairement aux scènes de reconnaissance finale des textes classiques, leurs retrouvailles ne sont jamais poignantes : elles ne mettent pas en scène un vieux père ou une fille perdue au berceau – mais de simples amis, des compagnons de voyage ou des amants d'une nuit. Réseau d'épisodes aimables et tranquilles qui donne une forme à la nation en tant qu'espace de la « familiarité » : un espace où l'on se connaît et se reconnaît comme membres d'un même vaste ensemble humain. Avec sérénité, sans faire de drames.

Les drames, ceux qui se produisent ailleurs : dans la figure 19 qui montre les récits que Lesage insère progressivement dans son roman. Beaucoup d'Espagne ici aussi, bien sûr : mais une Espagne qui penche plutôt vers la côte (et le Portugal) ; et vers la Méditerranée, l'Afrique du Nord, l'Italie, la Grèce, trois ou quatre îles, une dizaine de ports… C'est un décor plus vaste où sont encore en vigueur – au bout de quinze siècles ! – les conventions du roman hellénistique (fig. 20) : un monde liquide, avec ses tempêtes

Figure 18. *Gil Blas*

Comme on le voit sur cette figure, la plupart des premières rencontres se produisent sur la route ou dans de petites villes, alors que les personnages se retrouvent ensuite presque toujours dans un certain nombre de grandes villes – Madrid, Grenade, Valence – qui apparaissent par conséquent comme de véritables concentrés de la nation espagnole. Comme un certain temps s'écoule toujours entre la première et la deuxième rencontre et que le simple fait de se revoir amène de longs récits sur les années qui se sont écoulées entre un épisode et l'autre, cette carte confirme l'intuition de Benedict Anderson, selon qui le roman peut être vu comme « une glose complexe de l'expression *entre-temps* ».

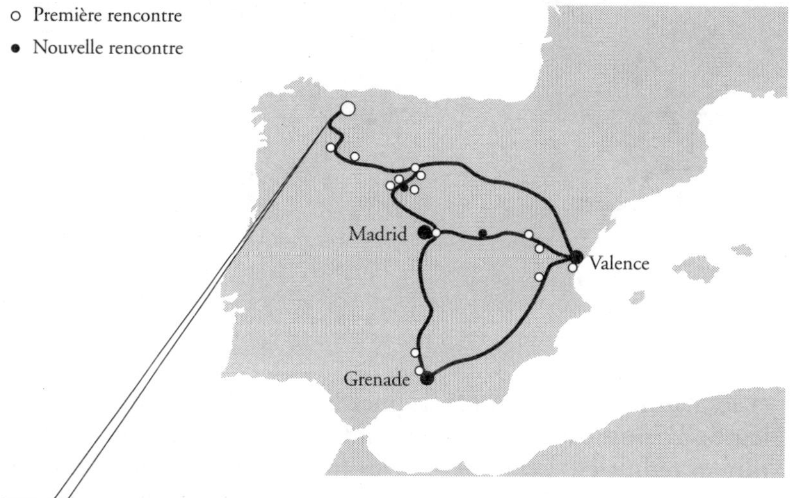

Me voici donc hors d'Oviedo, sur le chemin de Peñaflor, au milieu de la campagne, maître de mes actions, d'une mauvaise mule et de quarante bons ducats, sans compter quelques réaux que j'avais volés à mon très honoré oncle. La première chose que je fis fut de laisser ma mule aller à discrétion, c'est-à-dire au petit pas.

ALAIN-RENÉ LESAGE, *Gil Blas*, I, 2

Figure 19. La Méditerranée de Lesage

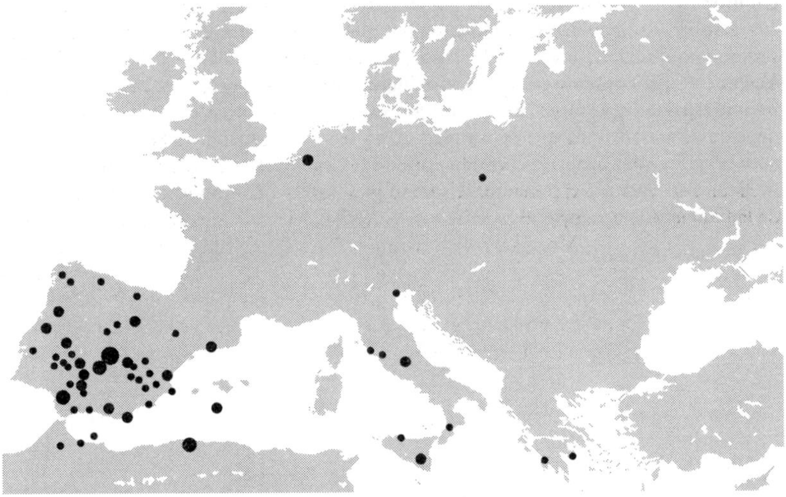

● Localisation des récits interpolés

et ses naufrages ; un monde de guerres, de trahisons, de morts violentes. Et puis c'est surtout le monde de l'insécurité : on y est capturé et réduit en esclavage – et les forces du passé étouffent cette liberté des petits choix si caractéristique du picaresque.

Roman et État-nation. Soit. Mais les interpolations « méditerranéennes » de *Gil Blas* nous font également comprendre que leur rencontre n'avait rien d'inévitable. Le roman a dû tout d'abord « reconnaître » la nation, puis la distinguer et l'isoler d'autres matrices géographiques qui étaient tout aussi capables de produire du récit – et qui continuèrent d'ailleurs à se faire la guerre pendant tout le XVIIIe siècle. D'un côté, des formes philosophiques supranationales, comme les robinsonnades et les contes philosophiques ; de l'autre, des idylles locales comme *Pamela* ou *Werther*; et dans une position intermédiaire, nationale / cosmopolite, la plupart des autres romans – y compris, par exemple, *Moll Flanders*, *Manon*

Figure 20. Les lieux de l'action du roman hellénistique

Comme l'explique Thomas Häag dans *The Novel in Antiquity*, cette carte de la Méditerranée orientale, qui montre les itinéraires des protagonistes du *Récit d'Éphèse* de Xénophon, « ne peut que rappeler les cartes des voyages de saint Paul. La ligne continue (——) indique le voyage qu'accomplissent ensemble le héros et l'héroïne, qui partent d'Éphèse, touchent Samos et Rhodes avant d'être attaqués par les pirates alors qu'ils sont en haute mer, dans un lieu non précisé de la Méditerranée. Du quartier général des pirates, qui est à Tyr, l'héroïne (ligne pointillée ......) est ensuite amenée à Antioche et vendue à des marchands d'esclaves ; après un naufrage au large de la côte de la Cilicie, elle échappe au dernier moment au mariage (à Tarsos), puis elle est amenée à Alexandrie, à Memphis, à la frontière avec l'Éthiopie, puis de nouveau à Alexandrie et enfin au-delà de la mer, dans un bordel de Tarente. Pendant ce temps, le héros (ligne discontinue - - - -) la cherche partout désespérément : tantôt il se retrouve tout près d'elle, tantôt il fait tout à fait fausse route. Les deux personnages se retrouvent finalement à Rhodes et rentrent ensemble à Éphèse ».

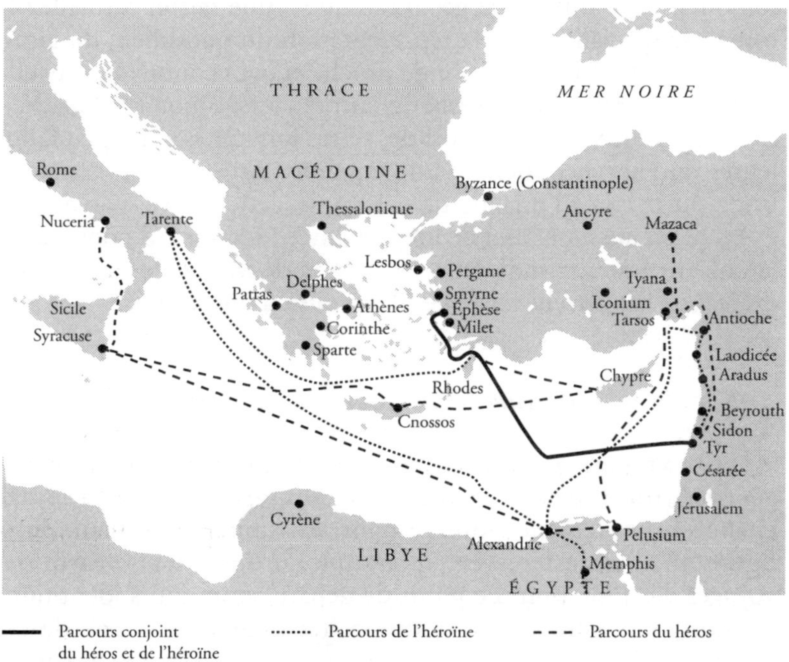

—— Parcours conjoint du héros et de l'héroïne ······· Parcours de l'héroïne - - - Parcours du héros

Lescaut, *Wilhelm Meister* et *Gil Blas*. Selon les données d'Angus Martin sur le roman français, les différentes options géographiques sont longtemps restées à peu près équivalentes et il a fallu attendre la fin du XIXe siècle pour que la lente contraction de l'espace romanesque devienne clairement perceptible (fig. 21 *a-e*).

Perceptible, oui, mais dans le roman. Car le récit court reste comme indifférent à la nouvelle géographie imaginaire et l'asymétrie spatiale que nous avions déjà observée chez Lesage (roman « espagnol » et récits « méditerranéens ») réapparaît dans les pages d'un célèbre mensuel anglais de la fin du XVIIIe siècle, *The Lady's Magazine* : les romans se déroulent presque entièrement en Europe (Grande-Bretagne, France, Allemagne, Italie, Hongrie) – alors que les nouvelles et les « anecdotes » sont très souvent situées au Moyen-Orient, en Inde, en Chine, aux Amériques (fig. 22-24). Comme toujours, cette différence géographique a une raison formelle : le roman se spécialise dans la représentation du quotidien, du familier, et il préfère donc un monde proche et bien connu ; la nouvelle exige au contraire des événements surprenants, « inouïs » (Goethe), et elle les situe volontiers dans des terres lointaines et un peu fabuleuses où l'absence totale d'informations réelles (fig. 25) laisse la bride sur le cou à l'imagination. Et puis, cette dérive spatiale vers l'Orient est aussi un effet de longue durée, une sorte d'hommage à la culture arabe et indienne et à la grande influence que celle-ci exerça sur la nouvelle européenne. Nous en reparlerons.

8. « *Un énorme fleuve, pareil à un immense serpent déroulé*... »

Le picaresque : des routes qui se croisent, se dédoublent, convergent vers Tolède ou Séville. Mais hors d'Europe, la forme du voyage change brusquement, comme dans les romans coloniaux de la figure 26. Figure familière, pour un Européen : une carte des voyages d'exploration. Le point de départ est toujours identique : un port, une garnison, un comptoir commercial – une de ces « colonies côtières », en somme, d'où partit historiquement l'avancée européenne. Et identique est le point d'arrivée : un lieu de l'intérieur, difficile d'accès ; en territoire inconnu (le *blank space* de

Figure 21 *a-e.* Localisation des romans, 1750-1800

Dans la seconde moitié du XVIIIe siècle, le poids narratif de la France et du reste de l'Europe reste plus ou moins constant, celui de la Grande-Bretagne redouble et celui des pays non européens diminue légèrement. Le changement le plus radical concerne toutefois les localités imaginaires et utopiques, qui descendent de 13 à 2 % en cinquante ans. Considérées ensemble, les histoires situées en France et en Grande-Bretagne passent de 45 % (dans la période 1750-1760) à 58 % (1790-1800), tandis que celles qui sont situées en Europe passent de 68 à 85 % : deux signes du resserrement progressif de la géographie romanesque.

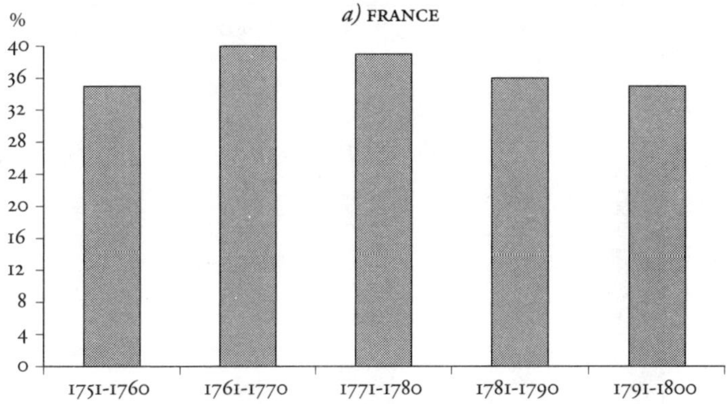

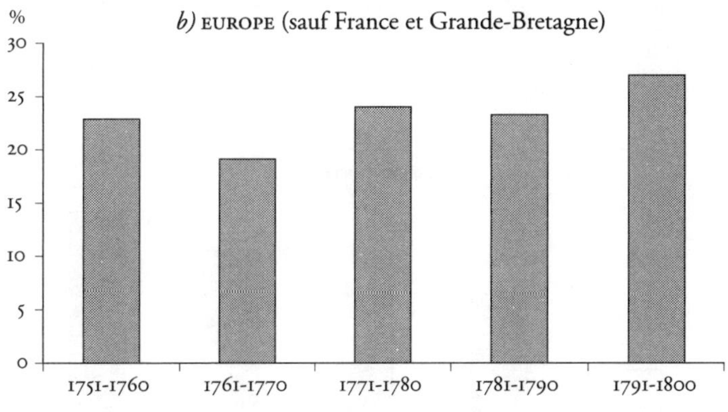

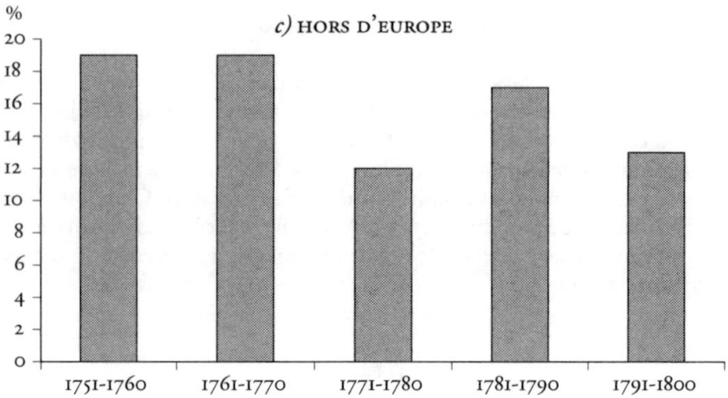
%
c) HORS D'EUROPE
20
18
16
14
12
10
8
6
4
2
0
1751-1760
1761-1770
1771-1780
1781-1790
1791-1800

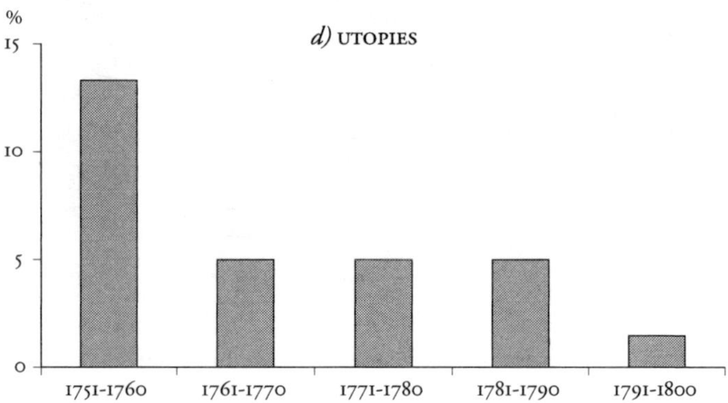
%
d) UTOPIES
15
10
5
0
1751-1760
1761-1770
1771-1780
1781-1790
1791-1800

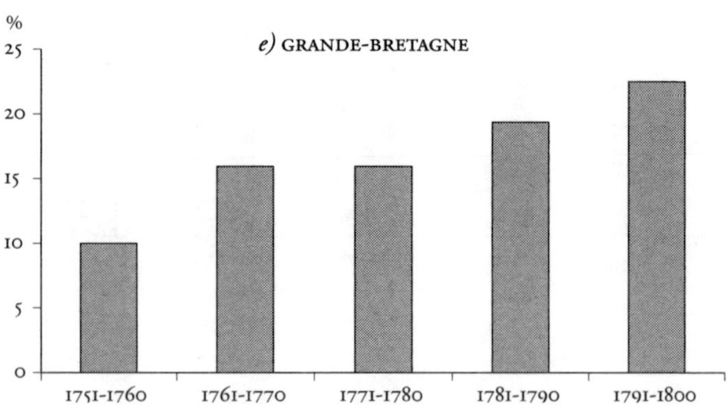
%
e) GRANDE-BRETAGNE
25
20
15
10
5
0
1751-1760
1761-1770
1771-1780
1781-1790
1791-1800

Figure 22. *The Lady's Magazine*, 1798-1802. Romans à épisodes

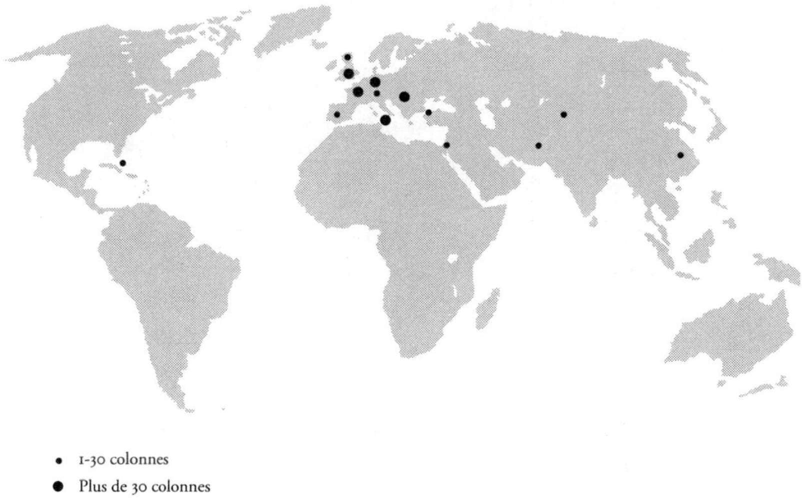

Figure 23. *The Lady's Magazine*, 1798-1802. Nouvelles

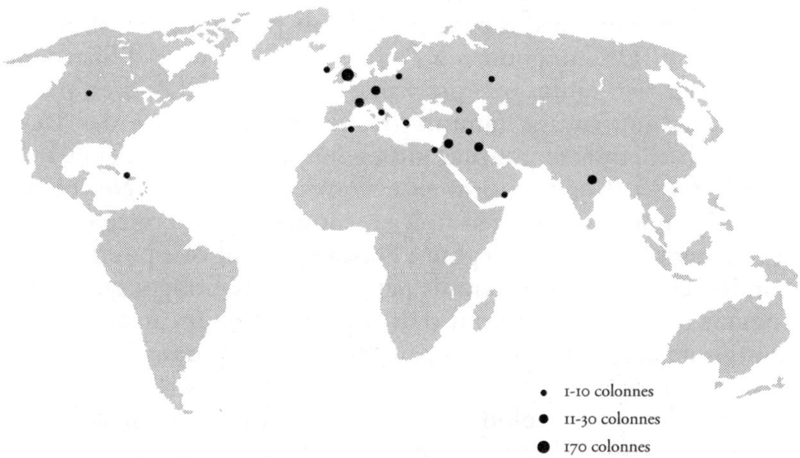

Figure 24. *The Lady's Magazine*, 1798-1802. Anecdotes

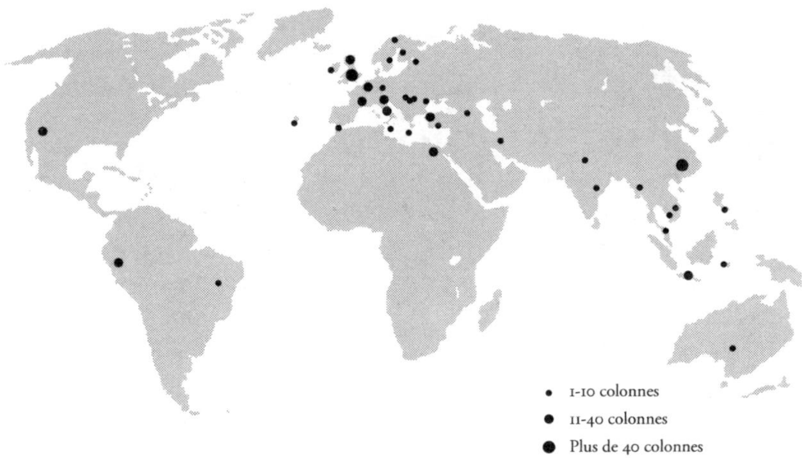

Joseph Conrad) ou à l'orée de terres inhabitées (la forêt, le désert). Enfin, identique est la forme du voyage : la ligne isolée, unidimensionnelle, qui est le signe graphique du voyage d'exploration dans tous les atlas de l'époque.

Une ligne isolée, sans déviations ni bifurcations... Aucun des romans dont nous avons parlé jusqu'ici ne pourrait être représenté de la sorte. De Longbourn à Pemberley, l'itinéraire d'Elizabeth Bennet est rien moins que prévisible : il passe par Londres, par le Kent, par un voyage (annulé d'ailleurs) au district des lacs ; Elizabeth elle-même pourrait glisser sur la branche « latérale » de l'intrigue – à Brighton, puis en exil avec Wickham à Newcastle. Waverley pourrait très bien finir en compagnie de Prince Charlie (qui est enterré dans une église à Frascati), et Gil Blas pourrait disparaître en mer comme tant de personnages de Lesage ; quant aux romans urbains, ils ont pour trait constitutif, pour caractéristique commune la multiplicité des parcours possibles, des croisements, des carrefours.

Dans le roman colonial, il n'y a ni carrefours, ni auberges accueillantes, ni brillants officiers, ni châteaux pittoresques qui méritent le détour. Dans ces histoires – comme dans leur image archétypale : la caravane qui s'étire lentement, en file indienne, vers l'horizon –, il n'y a qu'un seul type de mouvement : en avant ou en arrière. Aucun développement latéral n'est prévu ; aucune *alternative* au chemin prescrit, mais seulement des obstacles – donc des adversaires. Des amis et des ennemis. D'un côté, les Blancs, le guide, la technologie occidentale, une vieille carte un peu passée. De l'autre…

De l'autre, les lions, la chaleur, les lianes, les éléphants, les mosquées, la pluie, les maladies – et les indigènes. Ils sont tous mis sur le même plan par leur fonction narrative d'obstacles, tous pareillement inconnaissables et dangereux. Violent mélange du naturel et de l'humain qui donne son sens ultime au roman colonial : les

---

Figure 25. *The Lady's Magazine*, 1798-1802. Nouvelles de l'étranger

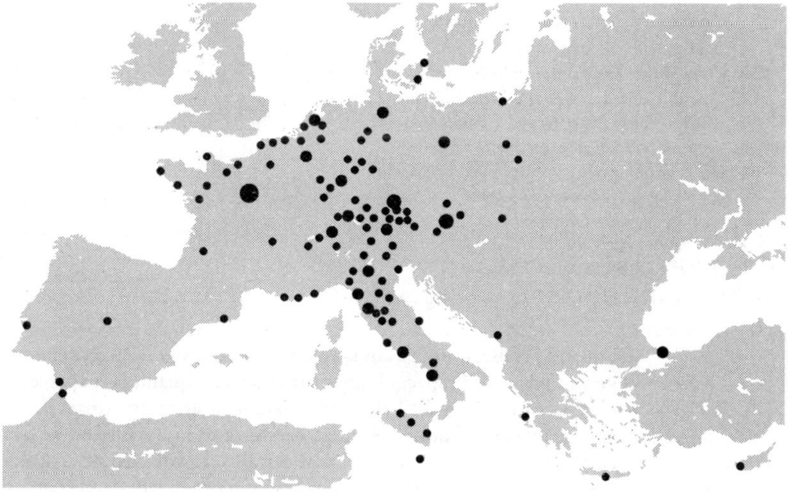

Hors carte :
- Alexandrie
- Stockholm
- Saint-Domingue
- Égypte
- Saint-Pétersbourg
- Philadelphie

Mentions :
- 1-5
- 6-20
- 21-40
- 82

Figure 26. Romans coloniaux

······· Romans anglais
—— Romans français

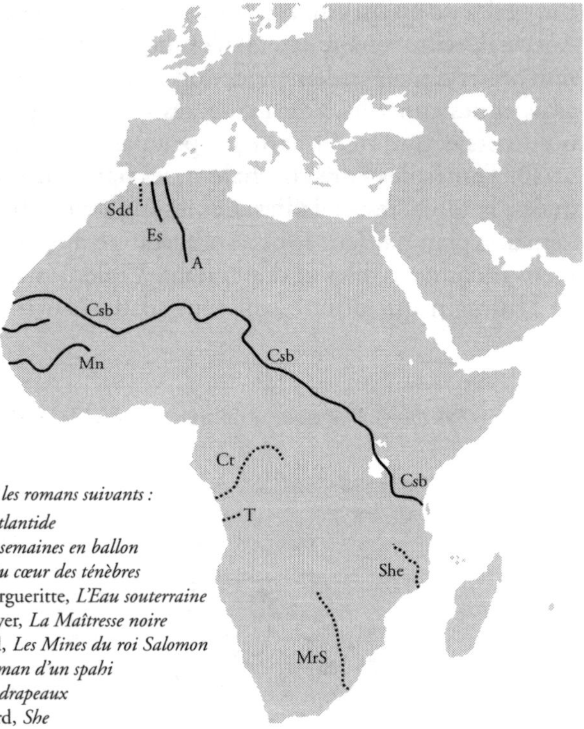

La carte comprend les romans suivants :

A Pierre Benoit, *L'Atlantide*
Csb Jules Verne, *Cinq semaines en ballon*
Ct Joseph Conrad, *Au cœur des ténèbres*
Es Paul et Victor Margueritte, *L'Eau souterraine*
Mn Louis-Charles Royer, *La Maîtresse noire*
MrS H. Rider Haggard, *Les Mines du roi Salomon*
Rs Pierre Loti, *Le Roman d'un spahi*
Sdd Ouida, *Sous deux drapeaux*
She H. Ridder Haggard, *She*
T Edgar Rice Burroughs, *Tarzan*

> Or quand j'étais gamin, j'avais la passion des cartes [...] À cette époque, il y avait pas mal d'espaces blancs sur la terre et quand j'en apercevais un sur la carte qui avait l'air particulièrement attrayant (mais ils ont tous cet air-là !), je posais le doigt dessus et disais : « Quand je serai grand, j'irai là. » [...] Je suis allé voir certains d'entre eux, et... – mais ce n'est pas de cela qu'il s'agit. Il y en avait un cependant, le plus grand, le plus « blanc » si j'ose dire qui entre tous m'attirait [...]
> Il y avait là notamment un fleuve, un énorme fleuve qu'on distinguait sur la carte, pareil à un immense serpent déroulé, la tête dans la mer, son corps au repos s'étendant au loin au travers d'une vaste contrée, la queue perdue dans les profondeurs de l'intérieur [...]
>
> JOSEPH CONRAD, *Au cœur des ténèbres*

Africains sont des animaux. Le texte n'aurait pas besoin de le dire clairement (même s'il résiste rarement à la tentation de les comparer à des singes) : l'intrigue linéaire est une modélisation de l'espace tellement forte que le lecteur ne peut pas ne pas « voir » dans ces êtres humains une race d'animaux dangereux. L'idéologie et la matrice narrative sont vraiment ici une seule et même chose.

Un récit linéaire. Mais comment en est-on arrivé là ? Les trois diagrammes de la figure 27 nous suggèrent une réponse. L'expérience

Figure 27. Séquence idéale-typique de développement du système de transports coloniaux

a) Ports non reliés entre eux. *b)* Concentration côtière et lignes de pénétration vers l'intérieur. *c)* Développement de branches latérales.

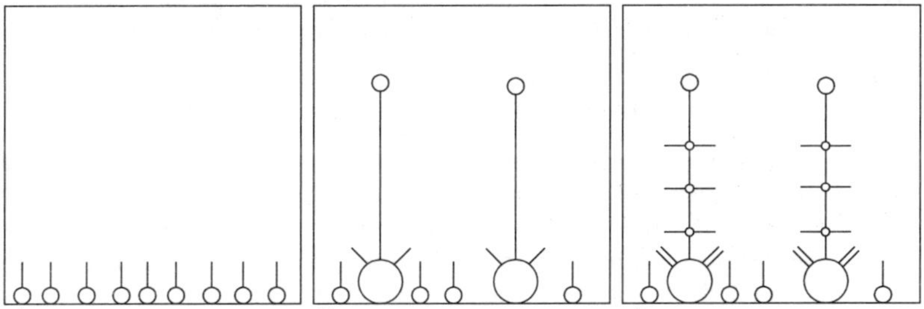

a) *b)* *c)*

> Parfois nous rencontrions une station, au bord du fleuve, accrochée à la lisière de l'inconnu, et les blancs qui se précipitaient vers nous du fond d'un hangar croulant avaient un air étrange, l'apparence de gens qu'une sorte de charme eût retenus captifs. Le mot ivoire passait dans l'air pendant un moment, et puis nous repartions dans le silence, par les étendues vides, au long des coudes paisibles, entre les hautes murailles de notre route sinueuse dont les échos multipliaient le battement sourd de notre roue unique [...] Quelquefois, la nuit, un roulement de tam-tams, derrière le rideau des arbres, parvenait jusqu'au fleuve et y persistait faiblement...
>
> JOSEPH CONRAD, *Au cœur des ténèbres*

européenne de l'espace africain commence avec les colonies côtières de la phase *a*, qui sont ensuite reliées (phase *b*) aux régions de l'intérieur où se trouvent les matières premières (y compris les êtres humains) qui intéressent la puissance coloniale. Voilà en gros l'essentiel. En régime colonial, on pourra arriver à la phase *c* (développement de courts « affluents » de la ligne principale), mais guère plus. Le but du colonialisme est de ré-orienter l'économie africaine *vers l'extérieur* : vers la mer, la métropole, le marché mondial. Il n'a que faire d'une bonne distribution intérieure.

Eh bien, c'est peut-être pour cela que dans le roman colonial le mouvement narratif est si rigide, unidimensionnel. Ce n'est pas que l'Afrique manque de routes : au contraire, il existe depuis des siècles un réseau routier africain, même s'il n'est pas aussi dense que le réseau européen (fig. 28) ; mais il ne fait pas partie des intérêts européens et donc pas non plus de la *perception* européenne de l'Afrique. Pis encore. Avant 1800, écrivent Knox et Agnew, il existe en Afrique « une structure spatiale précoloniale [...] de réseaux commerciaux interrégionaux ». Mais après cette date, et davantage encore après 1880 :

> Ces réseaux sont démembrés à mesure que la pénétration capitaliste provenant de la côte réoriente les économies régionales vers l'extérieur et vers le commerce à longue distance. La création forcée et *ex novo* de nouvelles frontières politiques et la construction de liaisons ferroviaires avec les plantations, les mines et les autres domaines coloniaux entraînèrent la disparition des vieux réseaux interrégionaux[30].

Pénétrer ; prendre ; s'en aller (et, le cas échéant, détruire). C'est la logique spatiale du colonialisme : reflétée et « naturalisée » par l'intrigue linéaire. Mais quand nous arrivons au terme du voyage (à l'exception d'*Au cœur des ténèbres*), nous ne trouvons pas de matières premières, ni d'ivoire, ni d'indigènes à réduire en esclavage. Rien d'aussi banal ; mais plutôt cette étrange créature – le « trésor » – où le profit sanglant de l'aventure coloniale est sublimé en un objet esthétique qui est quasiment une fin en soi : des pierres

30. P. Knox et J. Agnew, *The Geography of the World Economy* (1989), Londres-New York, Edward Arnold, 1994, p. 84-85.

Figure 28. Voies de communication transsahariennes

Remarquons que ce système de communication enchevêtré ne trouve aucun reflet dans les romans coloniaux de la figure 26 situés dans la même région : *L'Eau souterraine, L'Atlantide, Sous deux drapeaux.*

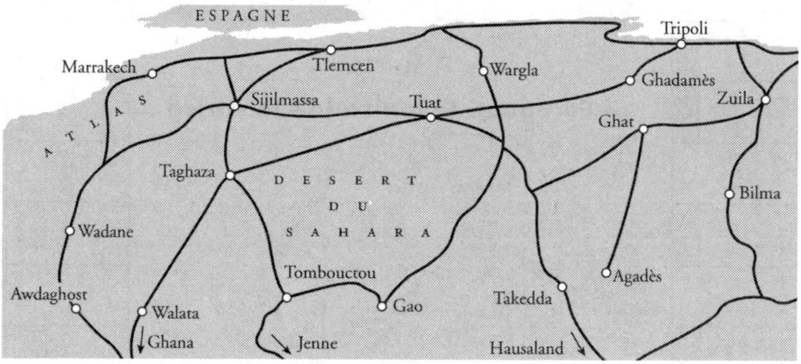

> Marchands et voyageurs traversent régulièrement le Sahara, en caravanes de chameaux qui faisaient ce voyage dangereux entre les centres commerciaux situés sur les limites opposées du désert, comme Sijilmassa, au Maroc, au sud de la chaîne de l'Atlas, et Walata, au Mali. Ce commerce plein d'imprévus amenait dans les régions africaines au sud du Sahara des marchandises de luxe (puis des armes à feu), et du sel – un ingrédient essentiel pour l'alimentation tropicale. L'or, le cuir et les esclaves voyageaient en sens inverse, vers le nord.
>
> JEOFFREY BARRACLOUGH (sous la dir. de), *The Times Atlas of World History*

resplendissantes, *propres*; des diamants, si possible (comme dans *Les Mines du roi Salomon*). Ou bien une femme énigmatique et envoûtante ; une sorte de Dracula équatorial qui est effectivement une créature surnaturelle au sens strict du terme dans *She* et *L'Atlantide.* Enfin, et surtout, à la fin du voyage apparaît le personnage de l'Européen prisonnier qui justifie rétrospectivement

Figure 29. Jouer l'Afrique

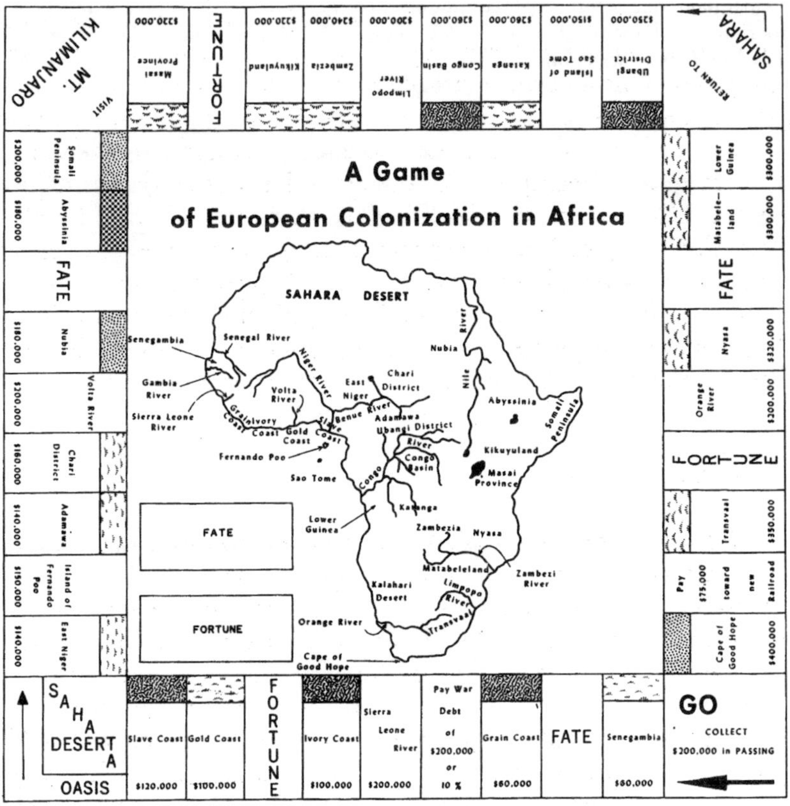

toute l'histoire comme une sorte de cas de légitime défense. Le Congo, le Hoggar, l'Afrique centrale, la terre des Zoulous, les avant-postes sahariens : comme l'Afrique entière est pleine de Blancs réduits en douloureuse captivité, on peut réécrire sa conquête comme s'il s'agissait d'une croisade libératrice, avec un retournement des rôles (une « rhétorique de l'innocence », comme je l'ai appelée ailleurs) qui est peut-être l'aspect le plus typique de l'imagination coloniale[31]. Et l'innocence – c'est-à-dire : le désir coupable d'apparaître innocents – est bien le mot qui vient à l'esprit lorsqu'on regarde la figure 29. Je l'ai trouvée par hasard dans un numéro du *Journal of Geography* de 1974 (mille neuf cent soixante-quatorze), dans un article intitulé « Un jeu de la colonisation européenne de l'Afrique ». Comme vous pouvez le constater, c'est une sorte de « Monopoly » où les cinq joueurs (« l'Angleterre, la France, l'Allemagne, la Belgique et le Portugal ») lancent les dés, se déplacent, achètent en passant les différents territoires africains (le plus cher, c'est le cap de Bonne-Espérance) et tirent, selon les hasards du jeu, les cartes « Accidents » et « Chances » (la pire, une « révolte indigène » ; la meilleure, la donation d'un « philanthrope américain »). Et j'ajouterai simplement ceci : pour gagner, il faut construire non pas des maisons et des hôtels, mais des écoles et des hôpitaux.

9. Aller en ville

Villes et routes dans le picaresque ; villes et routes dans le roman de formation. Mais le centre de gravité s'est déplacé. Dans l'Espagne de Lazarillo et de ses compagnons, l'accent porte sur la route, avec sa vie toujours recommencée à chaque nouvelle journée, alors qu'en ville on se retrouve en général au service d'un maître, et à jeun. Par contre, dans le développement du *Bildungsroman* de Goethe jusqu'à Flaubert, la route disparaît peu à peu et ce sont les grandes capitales qui occupent le devant de la scène – Londres, Paris, Saint-Pétersbourg, Madrid… (fig. 31). Fais attention, mon fils, dit en guise d'avertissement la mère du héros, effrayée, au début d'*Une histoire banale* de Gontcharov, « maintenant que tu vas aller dans un pays étranger… » Et le jeune homme de répliquer : « Mère, mais de quel pays étranger veux-tu parler ? Je vais à Saint-

31. *Opere mondo, op. cit.* On m'a fait observer que le thème de l'Européen perdu fut probablement inspiré par l'histoire de Stanley et Livingstone : qu'il existait en somme dans la réalité avant même d'exister dans l'imaginaire. C'est vrai. Pourtant, je soupçonne que le personnage de Livingstone doit à son tour son extraordinaire fascination à un stéréotype de fable – « l'emprisonnement dans le royaume ennemi » cher à Propp – qui est comme « réveillé » (puis déplacé en terre africaine) par sa réalité biographique.

Pétersbourg ! » Voilà, le roman de formation leur donne à tous deux raison : il sait bien que la grande ville est presque un autre monde par rapport au reste du pays, mais en même temps il la « lie » une fois pour toutes à la province puisqu'il en fait la destination naturelle de tout jeune homme de talent. Et autour des capitales, dont nous parlerons longuement plus loin, s'ouvre un décor plus vaste, plus cosmopolite, où la *Bildung* moderne – Lydgate qui va étudier la pathologie dans le pays du grand Bichat – se mêle à la géographie esthétique du « Grand Tour » cher au XVIIIe siècle : Londres, Paris, la Suisse, Rome, le Rhin, les Pays-Bas… (fig. 32).

C'est une nouvelle articulation de l'espace, dont le diagramme suivant (fig. 30) essaie de fixer quelques éléments. Les inégalités créées par l'âge, tout d'abord : les vieux du village et les jeunes gens de la ville. Cette asymétrie est fondée sur les faits, naturellement (ce sont les jeunes qui alimentent les villes du XIXe siècle), et c'est sur elle que s'appuie le *Bildungsroman* pour redéfinir (en polémique implicite avec le roman historique) la « contemporanéité du non-contemporain » des nations européennes comme un fait désormais « physiologique » : une pure et simple différence de *générations*. Entre Angoulême et Paris, ou Rochester et Londres, il n'y a plus de conflit de civilisation mais seulement une différence de *modes* (et de prix) : la mode, cette grande trouvaille métropolitaine à la mesure de la jeunesse, ce moteur qui ne s'éteint jamais et qui fait sentir la province toujours un peu vieille, toujours un peu en retard, un peu vilaine – et qui l'entraîne ainsi irrésistiblement dans sa danse euphorique.

Figure 30. Les trois espaces du roman de formation européen

Village	*Province*	*Capitale*
vieux	—	jeunes
famille	—	inconnus
—	écoles, commerce emploi public	loi, politique, finance, littérature, théâtre, art, journalisme
cinq personnages importants	six personnages	quinze personnages

Puis, sur l'antithèse vieux / jeune se greffe le couple famille / inconnus. Non seulement il y a toujours une figure maternelle dans le village d'origine (la mère elle-même, d'habitude), mais tous les autres rapports prennent à leur tour la forme d'un lien familial : les premiers amours sont presque des sœurs (Little Emily, Laura dans *Pendennis*, Biddy, Pisana, Anna, Laure chez Flaubert) et les grands amis sont autant de frères aînés (Werner, Fouqué, David Séchard, Deslauriers). Mais dès qu'ils arrivent en ville, les héros du *Bildungsroman* cessent brusquement d'être des « enfants » : ils deviennent des « jeunes gens » avec des liens affectifs qui ne sont plus verticaux, d'une génération à l'autre, mais horizontaux, à l'intérieur de leur propre génération. Vers ces visages inconnus, dotés cependant d'une ressemblance secrète, qu'ils rencontrent dans les jardins ou au théâtre ; de futurs amis, ou des rivaux, ou les deux à la fois, qui se scrutent par-dessus leur journal ou qui se passent la carafe de vin chez Flicoteaux, qui est le plus bel endroit du monde.

C'est le monde de la « socialisation secondaire » ; du travail, sommairement résumé à la troisième ligne du tableau (fig. 30). En province, on peut être précepteur (Julien Sorel), commerçant (Wilhelm Meister, Carlo Altoviti), employé communal (encore Carlo ; Henri le Vert). En ville, à part l'emploi caractéristique de l'Ancien Régime qu'occupe Julien Sorel (secrétaire du marquis de La Mole), il y a la haute finance (Frédéric Moreau), la politique (Frédéric encore ; Pendennis), le droit (Pip, David Copperfield), le théâtre (Wilhelm Meister), la peinture (Henri le Vert) et naturellement le journalisme et la littérature (Federico dans *L'École du grand monde*, Lucien de Rubempré, David Copperfield, Pendennis, le docteur Faustino)[32]. Au fond, Balzac a déjà tout dit dans *Illusions perdues* : à la province échoit la dure besogne de fabriquer le papier ; à la ville, de couvrir ces belles feuilles blanches d'idées fascinantes

32. Les *alter ego* du protagoniste accentuent l'opposition indiquée ici : beaucoup de commerçants en province et d'intellectuels en ville. D'autre part, il est significatif que le travail manuel soit absent de ces deux espaces : une admission tacite du fait que dans une société capitaliste, le travail manuel ne mène pas à la *formation* d'une individualité pleinement développée, mais plutôt à sa désagrégation – comme le démontrera, à la fin du siècle, *Jude l'obscur*.

(et d'étincelantes sottises). La division intellectuelle du travail, que seule la métropole peut se permettre, donne des ailes à l'imagination et encourage une audace dans l'invention qui touche même les carrières bourgeoises et qui s'exprime ensuite à pleine voix dans la passion de la jeunesse urbaine pour la discussion : Wilhelm et l'analyse d'*Hamlet*, les « leçons de journalisme » de Lucien, les stratégies artistiques d'Henri, la politique de Pendennis...

Discussions : à plusieurs voix et s'adressant à cette sphère publique – surpeuplée même – avec laquelle le héros du *Bildungsroman* doit se mesurer. C'est la question abordée dans la dernière ligne du tableau, qui indique combien de personnages significatifs sont présents en moyenne dans les différents espaces du roman ; et qu'on y prenne garde, ici la différence entre cinq et quinze personnages n'est pas seulement quantitative : c'est une différence de qua-

---

Figure 31. Le roman de formation européen

Certaines localités indiquées sur cette carte sont hypothétiques : les villes de Meister et Serlo chez Goethe (identifiées ici à Francfort et Hambourg) ; les villes de l'apprentissage artistique de Henri le Vert (de nouveau Francfort) ; et je n'arrive même pas à formuler de conjectures satisfaisantes pour la fin de *Wilhelm Meister* et le début d'*Une histoire banale*. D'autre part, une telle imprécision géographique est probablement inhérente à la composante utopique du *Bildungsroman*, qui est très marquée dans l'œuvre de Goethe.

Dans les romans situés en France, en Espagne et en Grande-Bretagne, c'est-à-dire dans des États-nations déjà solidement affirmés, l'itinéraire du héros vers la capitale est en général très direct ; dans les romans situés en Allemagne et en Italie, au contraire, l'absence d'un centre national précis provoque une sorte de vagabondage indécis (qui est toutefois aussi une manière d'« unifier » une nation qui n'existe pas encore). Dans ces romans (et chez Gottfried Keller), nous rencontrons aussi des châteaux, derniers vestiges du système de pouvoir pré-étatique ; mais le château est désormais un interlude léger et un peu bête chez Goethe, un rêve sans suite chez Keller et un souvenir d'enfance (qui finira littéralement rasé au sol) chez Ippolito Nievo.

Enfin, dans les deux textes écrits par des femmes (et centrés sur des héroïnes : Jane Eyre et Dorothea Brooke), le voyage vers la capitale n'a pas lieu (ou est sans importance), alors qu'augmente considérablement le poids de domaines isolés et d'institutions locales (église, école). L'asymétrie entre les espaces masculin et féminin est la même que dans les figures 16 et 17.

lité, morphologique. Avec cinq personnages, en effet (une mère, un fils et éventuellement une aimée-sœur et un ami-frère), on peut représenter au maximum deux groupes sociaux (mais plus souvent un seul) ; et l'intrigue glisse presque toujours alors vers deux situations antithétiques mais toutes deux très stables : le calme idyllique (Keller, Nievo, Gontcharov, certaines parties de *Wilhelm Meister*, du *Rouge et le Noir*, des *Grandes Espérances*), ou bien le despotisme absolu (l'« opinion publique » de Verrières, la tyrannie de Mr Murdstone et Mrs Reed, le monopole des frères Cointet). Mais avec dix ou vingt personnages, il devient possible (et en réalité inévitable) d'élargir l'éventail social jusqu'à englober des classes par-

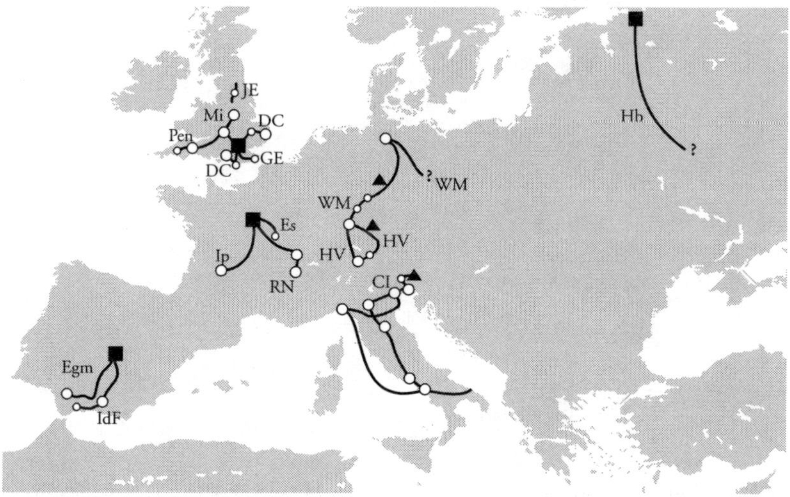

o Village   O Ville de province   ■ Capitale   ▲ Château

La carte comprend les romans suivants :

CI Ippolito Nievo, *Confessions d'un Italien*
DC Charles Dickens, *David Copperfield*
Egm Gomez de Bedoya, *L'École du grand monde*
Es Gustave Flaubert, *L'Éducation sentimentale*
GE Charles Dickens, *Les Grandes Espérances*
Hb Ivan Gontcharov, *Une histoire banale*
HV Gottfried Keller, *Henri le Vert*
IdF Juan Valera, *Les Illusions du docteur Faustino*
Ip Honoré de Balzac, *Illusions perdues*
JE Charlotte Brontë, *Jane Eyre*
Mi George Eliot, *Middlemarch*
Pen William Thackeray, *Pendennis*
RN Stendhal, *Le Rouge et le Noir*
WM Wolfgang Goethe, *Les Années d'apprentissage de Wilhelm Meister*

fois très différentes et antagonistes : le système narratif se complique, il devient instable et la ville se transforme en une gigantesque roulette où amis et adversaires s'agencent de la manière la plus étrange au cours d'une partie qui reste longtemps ouverte et qui peut finir de toutes sortes de façons (fig. 33). En somme, la quantité rend possible une forme nouvelle : le *roman de la complexité.* Nous en reparlerons en temps voulu.

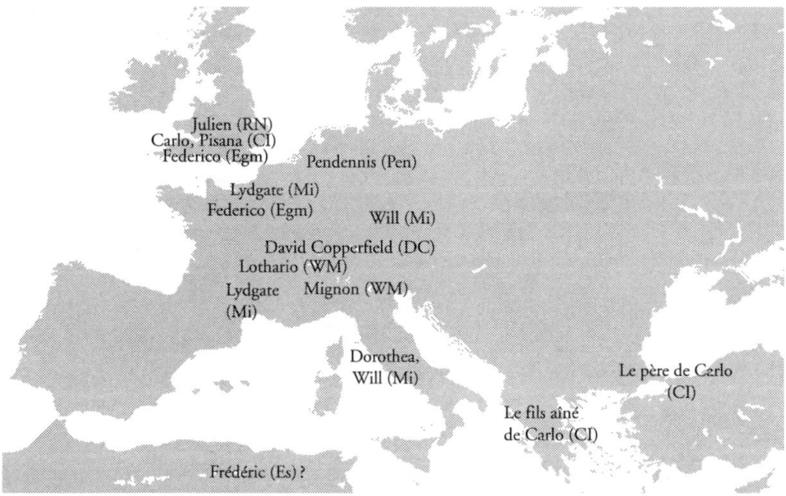

	États-Unis		*Inde*		*Brésil*		*Le Caire*
WM	Lothario	JE	St. John Rivers	CI	Le troisième fils de Carlo	GE	Pip, Herbert
HV	Judith						

La carte comprend les romans suivants :

CI	Ippolito Nievo, *Les Confessions d'un Italien*	Ip	Honoré de Balzac, *Illusions perdues*
DC	Charles Dickens, *David Copperfield*	JE	Charlotte Brontë, *Jane Eyre*
Egm	Gomez de Bedoya, *L'École du grand monde*	Mi	George Eliot, *Middlemarch*
		Pen	William Thackeray, *Pendennis*
Es	Gustave Flaubert, *L'Éducation sentimentale*	RN	Stendhal, *Le Rouge et le Noir*
GE	Charles Dickens, *Les Grandes Espérances*	WM	Wolfgang Goethe, *Les Années d'apprentissage de Wilhelm Meister*
HV	Gottfried Keller, *Henri le Vert*		

10. Interlude théorique : II. Géographie de l'intrigue

Cartes géographiques ; trames spatiales. Soit. Mais sommes-nous bien certains que le lecteur les trouve significatives ? Monsieur X vit dans le Dorset, Y et Z dans le Kent, ils se rencontrent à Bath, parfait : mais cela a-t-il un sens de donner de l'importance à des allusions souvent fugaces ? Ce que Bakhtine écrit à propos des romans grecs ne s'applique-t-il pas aussi ici ?

> Dans quel espace se réalise donc le temps des aventures dans ces romans ? Ils ont besoin de s'étendre dans un espace *abstrait* [...] Les particularités de ce lieu n'entrent pas dans l'événement comme partie constitutive, et le lieu pénètre dans l'aventure uniquement comme une étendue dépouillée et abstraite.
> Voilà pourquoi toutes les aventures du roman grec sont transférables : ce qui se passe à Babylone pourrait avoir lieu en Égypte, à Byzance, ou l'inverse[33].

33. M. Bakhtine, « Les formes du temps et du chronotope dans le roman », *op. cit.*, p. 250-251.

Figure 32. Le panorama international du roman de formation européen

Là où le rôle symbolique de la ville capitale est le plus fort (comme en France), le séjour à l'étranger joue un rôle marginal (*Le Rouge et le Noir*, *L'Éducation sentimentale*) ou est totalement absent (*Illusions perdues*). En revanche, les voyages en Europe remplissent une fonction très importante dans *L'École du grand monde*, dans *Les Confessions d'un Italien* et surtout dans *Middlemarch*, où les trois personnages principaux (Dorothea, Will, Lydgate) sont profondément transformés par leur rencontre avec l'Europe, qui leur rend insupportable l'étroitesse de la vie de province.
D'autre part, le protagoniste du roman de formation se rend rarement hors d'Europe et les voyages outre-océan sont en général laissés aux différents *alter ego* (Lothario, Judith, St. John Rivers). Pip et Frédéric Moreau font exception ; mais le premier va rejoindre son ami Herbert et revient en Angleterre pour la fin du roman, alors que Frédéric, à supposer qu'il quitte vraiment l'Europe, le fait en touriste et revient en trois lignes. Goethe exprime cette réticence à s'éloigner du Vieux Monde de façon emblématique, quand il fait dire à Lothario, à propos de la campagne allemande : « L'Amérique est ici, ou nulle part ailleurs ! »

Figure 33. *Illusions perdues*

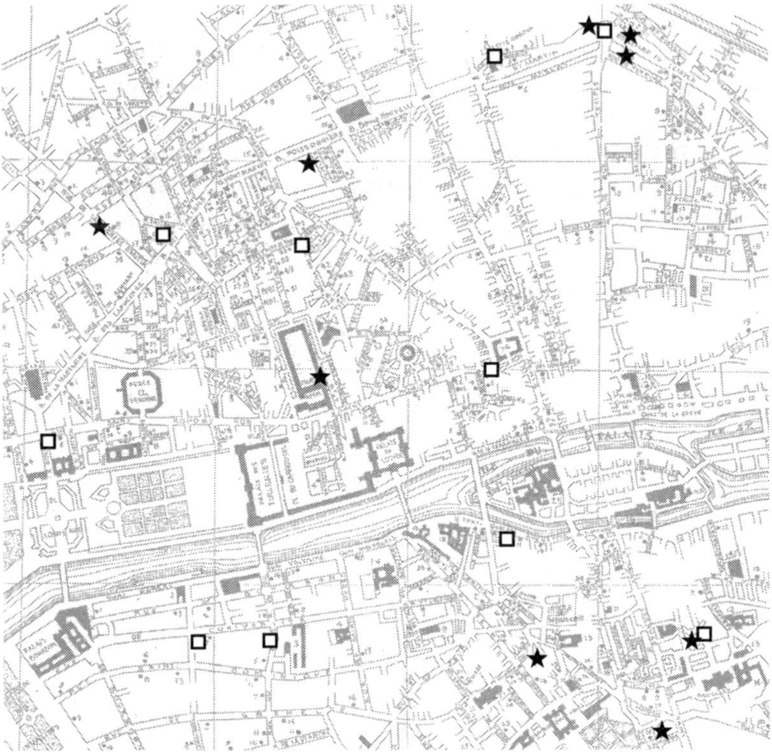

★ Auxiliaires de Lucien

□ Adversaires de Lucien

– Ah ! çà, mon cher ami, dit Finot à des Lupeaulx, dites-moi la vérité ! Lucien est-il sérieusement protégé, car il est devenu la bête noire de tous mes rédacteurs ; et, avant de favoriser leur conspiration, j'ai voulu vous consulter pour savoir s'il ne vaut pas mieux la déjouer et le servir.

Ici le maître des requêtes et Finot se regardèrent pendant une légère pause avec une profonde attention.

– Comment, mon cher, dit des Lupeaulx, pouvez-vous imaginer que la marquise d'Espard, Châtelet et Mme de Bargeton [...] pardonnent à Lucien ses attaques ? Elles l'ont jeté dans le parti royaliste afin de l'annuler.

HONORÉ DE BALZAC, *Illusions perdues*, II

Le lecteur est seul juge, naturellement ; j'espère pourtant avoir démontré que « ce qui se passe dans les Highlands *ne* pourrait *pas* se passer dans le sud de l'Angleterre, et vice-versa » ; et donc que « les particularités du lieu » (la route de Lesage, la frontière de Scott ou le fleuve de Conrad) « *font* effectivement partie constitutive de l'événement » : c'est-à-dire que *chaque espace détermine, ou tout au moins encourage, un type d'histoire différent.* Il n'y a pas un picaresque de la frontière, ou un *Bildungsroman* de l'Européen en Afrique : pour avoir *cette* forme spécifique, il faut *cet* espace spécifique – la route, la grande ville. Ce qui peut s'exprimer aussi en ces termes, en fin de compte : dans le roman moderne, *ce qui se produit dépend étroitement de l'endroit où cela se produit.* Ainsi, en suivant « ce qui se passe », le lecteur construit une carte mentale – qu'il le sache ou non : nous faisons beaucoup de choses sans savoir que nous les faisons –, une carte mentale des nombreux *où* dont est composé son monde.

Ce qui se passe dépend de l'endroit où cela se passe... Ce pourrait être la formule du chronotope de Bakhtine, comme du reste de sa charpente secrète : la *Morphologie du conte* de Wladimir Propp. La figure 34 montre le fondement spatial de la théorie narrative de Propp : le fait que les épisodes dans lesquels il décompose le conte – les « fonctions », comme il les appelle – *sont tous et toujours rattachés à des espaces spécifiques.* Les onze premières fonctions, par exemple, ne peuvent se produire que dans le « monde initial » ; les trois suivantes seulement dans l'espace du donateur ; puis cinq autres dans l'« autre royaume » ; trois autres se déroulent plus ou moins sur la frontière ; et enfin les neuf dernières nous ramènent de façon stable au monde initial.

Chaque fonction, chaque unité minimum de l'intrigue, est rattachée à son espace : l'espace est souvent même in-scrit, à la lettre, dans les différentes définitions de la *Morphologie* : Éloignement (le début du récit), Interrogation (la première action du *villain*), Départ (la première action du héros), Déplacement dans l'espace, Retour, Arrivée incognito... Prenons-y garde : l'espace joue un rôle précisément *dans les fonctions les plus importantes,* celles qui ouvrent ou ferment une séquence narrative ; y compris, naturellement, la fonction-pivot de la *Morphologie* – « Méfait » – que Propp analyse en des termes presque entièrement spatiaux[34].

Morphologie du conte... *Topographie* du conte serait un titre tout aussi approprié : deux mondes, un trait qui les sépare, deux frontières, deux mouvements symétriques et circulaires... Comme cette figure est élégante ; comme elle est ordonnée ! Beaucoup plus même que le monde de Jane Austen ou de Walter Scott, ou que les villes de Balzac et de Dickens. Et il est logique qu'il en soit ainsi, le conte est une forme axiologique, édifiante, et c'est pour cette raison que son espace d'intrigue a un sens si simple, si clair : sa tâche est précisément d'instituer une polarité bien tranchée et de la projeter sur le monde. Mais pour nous, qu'il faille le regretter ou pas, cela n'est plus possible : notre monde désenchanté ne contient pas de « royaumes » moraux bien distincts, mais rien d'autre qu'une *géographie*. Et c'est bien là, sur la ligne de partage entre les deux cultures, que le roman a joué et gagné sa partie la plus ambitieuse : servir de pont entre le vieux et le neuf, en réalisant un compromis génial *entre le monde un peu trop froid de la connaissance moderne et la topographie enchantée du conte*. Entre une nouvelle géographie que nous ne pouvons pas ignorer – et une vieille matrice narrative que nous ne voulons pas oublier.

Comme dans tout compromis, le succès de l'opération est indissociable d'une certaine ambiguïté du résultat final. Je veux dire par

34. « [L'agresseur] enlève un être humain [...] Il vole ou enlève un objet magique [...] Il provoque une disparition soudaine [...] Il exige ou extorque sa victime [...] Il chasse quelqu'un [...] Il ordonne de jeter quelqu'un à la mer [...] Il effectue une substitution [...] Il enferme quelqu'un, l'emprisonne » (W. Propp, *Morphologie du conte*, 1928 ; Paris, Le Seuil, 1970, p. 42-45). Ma lecture spatiale du modèle proppien est très semblable à l'analyse de la *bylina* russe faite il y a longtemps par S.I. Neklioudov : « [Dans la *bylina*] on observe une rigoureuse adaptation de situations et d'événements déterminés à un lieu déterminé. Par rapport au héros, ces "lieux" sont des champs fonctionnels, et s'y retrouver équivaut à être inclus dans une situation conflictuelle, propre à ce *locus* donné (c'est-à-dire à cette unité spatiale donnée, dotée d'une importance dans l'intrigue) » (S.I. Neklioudov, « Il sistema spaziale nell'intreccio della bylina russa », dans J.M. Lotman, B.A. Ouspenski, C. Strada Janovic [sous la dir. de], *Ricerche semiotiche. Nuove tendenze delle scienze umane nell'URSS*, trad. it., Turin, Einaudi, 1973, p. 107-108).

Figure 34. Wladimir Propp, *Morphologie du conte.* Topographie des fonctions narratives

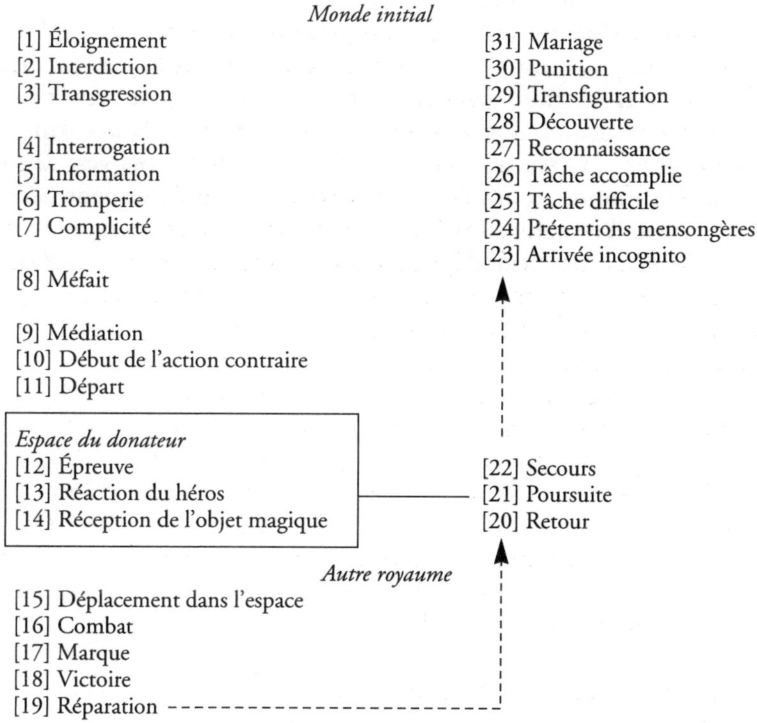

là que la belle architecture géométrique de la *Morphologie du conte* ne disparaît pas vraiment tout à fait du roman, mais qu'elle est comme *déformée* par la logique narrative : certes, la démarcation entre le « monde initial » et l'« autre royaume » demeure, mais elle devient en général beaucoup moins nette, alors que l'espace intermédiaire, qui était délimité de façon si rigide dans le modèle de Propp, devient la partie de l'histoire la plus vaste et la plus libre. Je pense à la route du picaresque, beaucoup plus significative que le lieu de départ et d'arrivée du récit ; à la « distance relative » de Jane

Austen, avec son alternance régulière d'absence et de présence ; à la ville du roman de formation, avec les mille chances « latérales » qu'elle offre chaque jour au jeune héros.

La *Morphologie* déformée... Et déformée par un ensemble de nouveautés qui vont toutes dans la même direction : vers *un dépassement de la matrice narrative binaire* et donc aussi de cette rigidité axiologique qui a dominé les structures narratives pendant des millénaires[35]. C'est ainsi que naissent des histoires neuves, des histoires du monde intermédiaire ; des histoires pas vraiment neutres (aucune ne l'est jamais) mais plus compliquées, plus opaques. Ou, comme je les appellerai dans le chapitre suivant, des *histoires du tiers.*

35. Souvenons-nous que la polarisation Angleterre / France de la figure 10 transforme la France, réalité géographique, en un espace purement symbolique (le royaume ennemi des contes de Propp, précisément). Même chose pour le roman colonial, qui remet en branle les fonctions de la *Morphologie* – départ, rencontre avec le donateur, épreuve, arrivée dans l'autre royaume, combat, libération, poursuite, retour... – presque pas à pas. (Que la conquête coloniale prenne la forme d'un conte est naturellement un autre bel exemple de rhétorique de l'innocence.)

CHAPITRE DEUX

Récit de deux villes

I. Le problème

Commençons par une très belle carte thématique du siècle dernier, publiée en appendice à *The Life and Labour of the People of London* de Charles Booth, en 1889 (hors texte). La section que nous reproduisons ici (Mayfair, Marylebone, Bloomsbury, Soho, la City) couvre au maximum un vingtième de l'ensemble mais elle donne tout de même une idée de ses ambitions : une enquête porte à porte sur le tissu économique de Londres, avec sept couleurs indiquant sept groupes sociaux différents. Naturellement, la taxonomie de Booth est discutable et on peut se demander si sa corrélation classe-couleur (du noir à l'or) est très naïve ou particulièrement ironique ; toutefois, les données rassemblées par ses collaborateurs sont encore considérées aujourd'hui comme valables et fiables. Alors : que nous dit cette carte ?

Au niveau macroscopique (qu'il est malheureusement impossible de reproduire ici), cette carte montre de nombreux *patterns* spatiaux cohérents. Ainsi, les grandes artères commerciales – comme Tottenham Court Road ou le Strand – étendent un peu partout une trame d'un rouge vif. La pauvreté est à son maximum à l'est et près de la Tamise et elle diminue en direction des *suburbs*. La grande richesse se concentre dans le West End, comme elle l'a d'ailleurs toujours fait. Et ainsi de suite.

En somme, au niveau macroscopique, le Londres de Booth est un système complexe qui se différencie et s'auto-organise, mais au niveau *micro*scopique c'est exactement le contraire qui se produit. Prenez Little Russell Street, un pâté de maisons au sud du British Museum : petite bourgeoisie, *fairly confortable*. En descendant vers le sud, par Bury Street, deux ou trois blocs d'immeubles beaucoup plus riches ; mais ensuite, de l'autre côté d'Oxford Street, une zone noire : *Vice ; semi-criminal.* Deux cents mètres – et trois classes différentes. Vers le nord, ces deux cents mètres nous mèneraient dans l'or brillant de Russell Square et Montague Place ; vers l'est, dans un quartier ouvrier, avec des îlots de chômage chronique et de vraie misère. Sur la carte de Booth ce phénomène se répète un peu partout. La maison de Shaw (puis de Virginia Woolf), dans ce quartier « aisé » qu'est Fitzroy Square, est entourée de deux ou trois anneaux de rues « mixtes » où se côtoient la petite bourgeoisie et le prolétariat ; quelques rues plus au nord, les travailleurs cèdent la place aux « classes dangereuses » ; au sud, le tissu social évolue lentement (et irrégulièrement) vers la classe moyenne ; à l'ouest, on tombe bien vite sur un quartier privilégié ; à l'est, la population continue longtemps à osciller d'un extrême à l'autre...

En somme, que nous dit-elle, cette carte ? Deux choses bien distinctes : que l'ensemble est ordonné – mais que ses parties restent soumises au hasard. On est frappé de constater ici la fréquence des transitions entre les sous-systèmes urbains ; et combien sont proches encore la pauvreté et la richesse (et cela après un siècle de ségrégation urbaine impitoyable, pendant lequel « un gouffre immense s'était creusé à Londres entre les riches et les pauvres »)[1]. C'est la *confusion* qu'évoquent les visiteurs de Londres, à la fois effrayés et stupéfaits ; et la confusion, en ville, c'est un gros problème. « Dans la situation urbaine – écrit Kevin Lynch –, la lisibilité est cruciale »[2] : mais ce Londres-là est décidément difficile à lire. Alors : comment le roman l'a-t-il rendu *lisible* ? Comment a-t-il fait pour transformer le hasard en ordre, et le bruit en information ?

2. « *Nous habitons dans un quartier tout différent...* »

Rendre Londres lisible. Une forme littéraire aujourd'hui oubliée fut une des premières à s'attaquer à ce problème : les *fashionable* ou

1. G. Stedman Jones, *Outcast London*, 1971, Harmondsworth, Penguin, 1984, p. 247.
2. K. Lynch, *The Image of the City*, Cambridge, MIT Press, 1960, p. 3.

silver-fork novels : les romans « de la bonne argenterie », de la haute société, publiés par l'éditeur Colburn avec un immense succès entre 1820 et 1840. À Columbia, So Young Park a tracé une carte de ce genre littéraire (fig. 36) ; je lui ai ajouté une carte de *Pelham*, un *silver-fork novel* qui connut à l'époque un grand succès (fig. 37), et une du Londres de Jane Austen (fig. 38).

Or, toutes ces figures ont un point commun : elles ne nous montrent pas « Londres » mais seulement une petite partie de la ville, le West End. Ce n'est même pas une ville, d'ailleurs, mais un quartier : et même une *classe*. « Nous habitons dans un quartier tout différent », dit Mrs Gardiner dans *Orgueil et préjugés*, en réfléchissant sur la nature paradoxale de cette ville qui, bien loin d'encourager un rapprochement, fait tout pour empêcher les différentes classes sociales de se rencontrer :

> – [...] Nous habitons dans un quartier tout différent, nous n'avons pas les mêmes relations, et nous sortons peu, comme vous le savez. Il est donc fort peu probable qu'ils [Jane et Bingley] se rencontrent, à moins que lui-même ne cherche réellement à la voir.
> Oh ! Cela, c'est impossible, car il est maintenant sous la garde de son ami, et Mr Darcy ne lui permettra certainement pas d'aller rendre visite à Jane dans un tel quartier. Ma chère tante, y pensez-vous ? Mr Darcy a peut-être entendu parler d'une certaine rue qu'on appelle Gracechurch Street, mais un mois d'ablution lui semblerait à peine suffisant pour s'en purifier si jamais il y mettait les pieds...
>
> *Orgueil et préjugés*, trad. V. Leconte et Ch. Pressoir, Paris, C. Bourgois, 1979, XXV, p. 126

Londres en tant que West End, donc : la zone « résidentielle » de la ville, où – contrairement à Gracechurch Street – on ne travaille pas, mais où l'on « vit » seulement. Roman après roman, on repasse toujours dans les mêmes lieux : les places, grande trouvaille de la spéculation foncière londonienne (Grosvenor Square, Berkeley, Cavendish, Portman, St. James'...) ; les lieux de rencontre chic (les magasins de Bond Street, les clubs de St. James', la salle de danse *Almack's*, à Pall Mall, qui donne même son titre à un roman de ces années-là) ; les parcs (avec une préférence marquée pour St. James', ennobli par la proximité de la couronne, et une certaine gêne à l'égard de « l'*autre* parc », comme Pelham appelle Hyde Park, qui

Figure 36. Le Londres des *silver-fork novels*, 1812-1840

La carte comprend les romans suivants : Charlotte Bury, *Auto-indulgence*; T.H. Lister, *Granby*; Robert Plumer Ward, *Tremaine ou l'Homme raffiné*; Benjamin Disraeli, *Vivian Grey*; Edward Bulwer-Lytton, *Pelham*; Catherine Gore, *Mères et filles*; Margaret Blessington, *Les Deux Amis*; Catherine Gore, *Mrs Armytage, ou le Pouvoir des femmes*; Margaret Blessington, *Les Victimes de la société*; Catherine Gore, *Mon oncle le duc.*

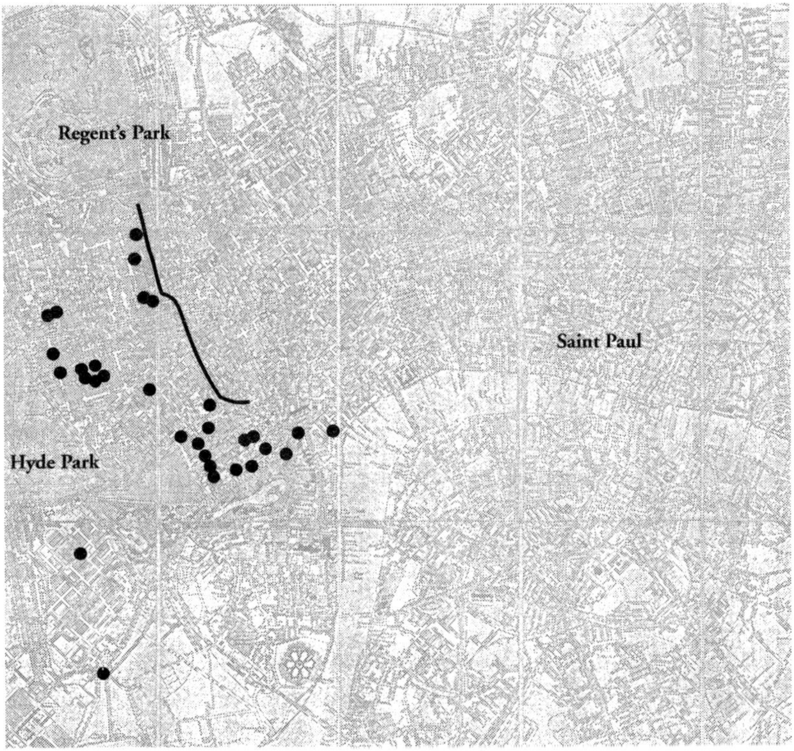

● Résidence des protagonistes

— Regent Street

La ville n'est uniforme qu'en apparence. Même son nom a des prononciations différentes selon les quartiers. Nulle part ailleurs que dans les villes – si ce n'est dans les rêves – on ne peut expérimenter le phénomène de la frontière sous une forme si originelle.

WALTER BENJAMIN, *Paris, capitale du* XIXe *siècle*

Figure 37. Edward Bulwer-Lytton, *Pelham* (1828)

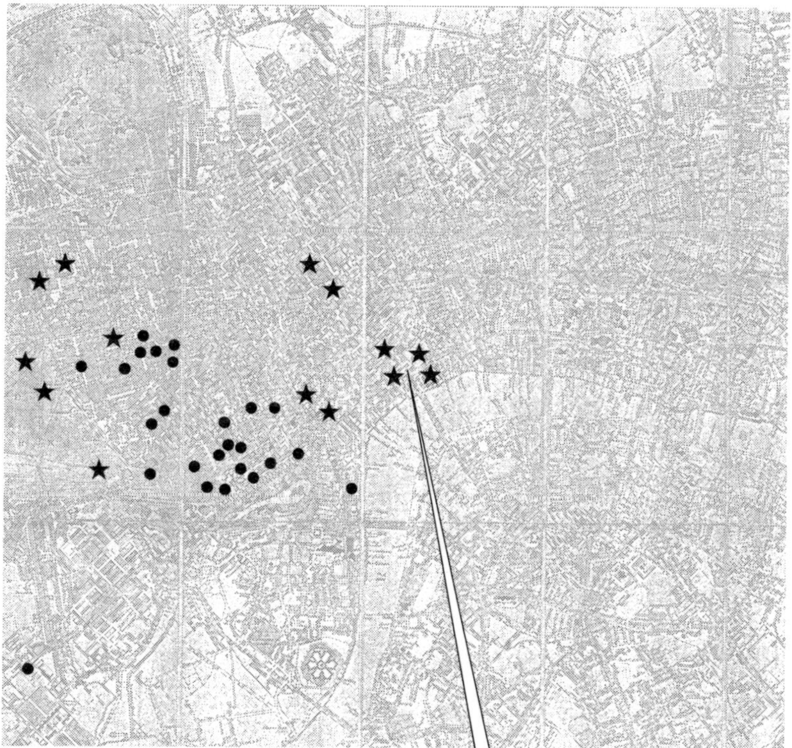

Nous étions arrivés dans une partie de la ville qui m'était profondément étrangère ; les maisons y étaient vieilles et en général extrêmement pauvres ; j'avais l'impression que nous traversions un labyrinthe de ruelles [...] Çà et là, un lampion isolé répandait une lumière malade aux croisements de ces rues extrêmement modestes (bien que rue soit un terme vraiment beaucoup trop noble...).

EDWARD BULWER-LYTTON, *Pelham*, III, 18

● Grand monde

★ Arrivistes, demi-monde, classes dangereuses

Figure 38. Le Londres de Jane Austen

La carte indique la résidence des personnages. Comme on le voit, la demeure londonienne de Jane Austen (la maison de son frère, dans Henrietta Street) se trouve à mi-chemin entre Darcy et les Gardiners.

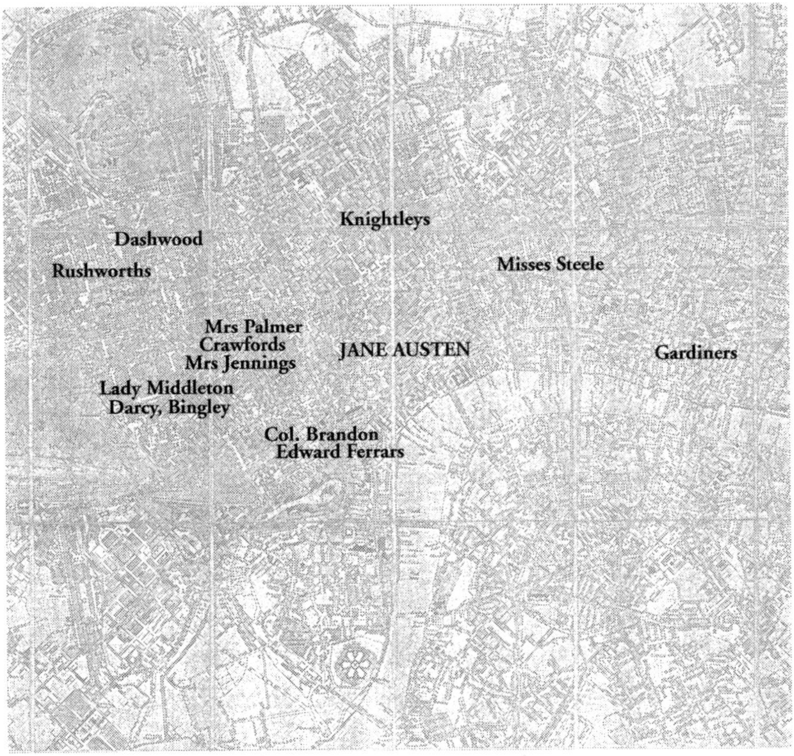

– Il me semble vous avoir entendue dire qu'elle avait un oncle avoué à Meryton ?
– Oui, et un autre à Londres qui habite quelque part du côté de Cheapside.
– Quartier des plus élégants, ajouta sa sœur, et toutes deux se mirent à rire aux éclats.
– Et quand elles auraient des oncles à en remplir Cheapside, s'écria Bingley, ce n'est pas cela qui les rendrait moins aimables.
– Oui, mais cela diminuerait singulièrement leurs chances de se marier dans la bonne société, répliqua Darcy.
Bingley ne dit rien…

JANE AUSTEN, *Orgueil et préjugés*, 8

est plus populaire). Enfin, le plus important, la frontière : Regent Street, la splendide barrière néo-classique érigée entre 1817 et 1823, comme pour offrir une base matérielle à la topographie symbolique de cette littérature.

Comment les *silver-fork novels* affrontent-ils la complexité urbaine ? C'est simple : ils la réduisent. Au lieu des sept classes mêlées de la carte de Booth, ils montrent un champ binaire bien tranché : à l'ouest de Regent Street, une ville ; à l'est, une autre. Une situation parfaitement ordonnée et très facile à lire (on dirait le monde de Propp). Mais cet ordre ne naît pas « de » la grande ville, il naît *contre* elle : pour rendre Londres lisible, on l'a amputé, avec cette grande muraille – symbolique – qui le coupe par le milieu, de Regent's Park jusqu'en bas, jusqu'à Piccadilly. Et plus d'un lecteur doit s'être demandé : le West End, fort bien ! Mais le reste de Londres ? Qu'y a-t-il à l'est de Regent Street ?

D'après Roy Porter, « le Beau Brummel, une nuit, fut découvert, à son grand dam, du côté du Strand (il s'était perdu, expliqua-t-il, et avait échoué là-bas) »[3]. Dans *Pelham* aussi (fig. 37), le Strand est plus ou moins la marge orientale de l'histoire : et une fois que le roman a franchi cette limite, c'est comme s'il ne « savait » plus de quoi est fait Londres. Car, à l'est de Regent Street, la première chose qui frappe, c'est que les rues – comme dans les rêves, dirait peut-être Walter Benjamin – n'ont plus de nom. Alors que l'on soupèse avec un snobisme méticuleux les adresses plus ou moins élégantes du West End, des quartiers entiers de Londres sont ici traités comme des marchandises en gros et confondus dans le même anonymat[4] : comme aux alentours de Covent Garden, où Pelham se

3. R. Porter, *London. A Social History*, Harvard U.P., 1995, p. 99.

4. Sur ce point, la narration et la cartographie avancent du même pas. Sur les cartes de Londres du début du XIXe siècle, la précision de détail diminue à vue d'œil dès que l'on s'éloigne du West End : les plans de Bowles (1823), de Wyld (1825) et de Fraser (1830), par exemple, concordent tous sur le nombre de rues débouchant dans Grosvenor Street – mais ils sont en désaccord total sur celles qui aboutissent dans Smithfield (13, 9, 10), ou sur les ruelles qui entourent Saffron Hill (qui sont un tiers de moins chez Bowles par rapport aux autres plans), ou sur les accès au fleuve entre Blackfriars' et Southwark Bridge (9, 12, 16).

trouve « dans des ruelles parmi les plus sordides qu'il m'ait jamais été donné de contempler » (*Pelham*, II, 13 ; rappelons que lorsqu'elle vivait à Londres, Jane Austen habitait précisément à deux pas de Covent Garden : fig. 38). Puis, vers la fin du livre :

> Bien que la poursuite ait cessé depuis longtemps, je continuai mécaniquement à courir jusqu'à ce que je fusse forcé de m'arrêter, fatigué et essoufflé. Je regardai autour de moi mais je ne reconnus rien de familier dans ces rues étroites et crasseuses ; même leurs noms étaient pour moi comme des mots d'une langue inconnue.
>
> *Pelham*, III, 20

Une langue inconnue. La frontière a été franchie et le langage s'en est tout de suite rendu compte. La géométrie de Mayfair est devenue « un labyrinthe de ruelles », Pelham se perd[5] et il fait quelque chose qu'un dandy ne devrait jamais faire : il court[6]. Détail secondaire, mais qui confirme les conclusions du chapitre précédent : des espaces différents ne sont pas seulement des paysages différents (même s'ils sont bien sûr *aussi* cela, comme le montrent les descriptions de *Pelham*) : ce ne sont pas seulement des paysages, mais bien des *matrices narratives* différentes. Chaque espace détermine ses épisodes spécifiques, son intrigue – son genre littéraire. À l'ouest de Regent Street, les *silver-fork novels* ; et à l'est, dans la City…

Dans la City, pas de *City novels*, mais des *Newgate novels* (Newgate, la grande prison située au centre de Londres). Histoires de crimes, de criminels, comme *Oliver Twist* : où la métaphore du labyrinthe, si caractéristique de l'épisode criminel de *Pelham*, retentit chaque fois que l'on s'approche des classes dangereuses de Fagin et de ses compagnons. On comprend donc que la carte d'*Oliver*

5. « Dans les villes actuelles, se perdre complètement est une expérience extrêmement rare […] mais le sentiment d'angoisse et même de terreur qui l'accompagne montre à quel point le lien entre l'orientation et les sensations d'équilibre et de bien-être est étroit. Bien au-delà de la pure incertitude géographique, le mot *perdu* évoque une véritable catastrophe » (Lynch, *The Image of the City*, *op. cit.*, p. 4).

6. « Mr Aberton courait dans la rue St.-Honoré l'autre jour… »

« *Il courait !* m'écriai-je, exactement comme les personnes communes. Qui nous a jamais vus *courir*, toi ou moi ? » (*Pelham*, I, 20).

Hors texte. Les classes sociales à Londres selon Charles Booth (1889)

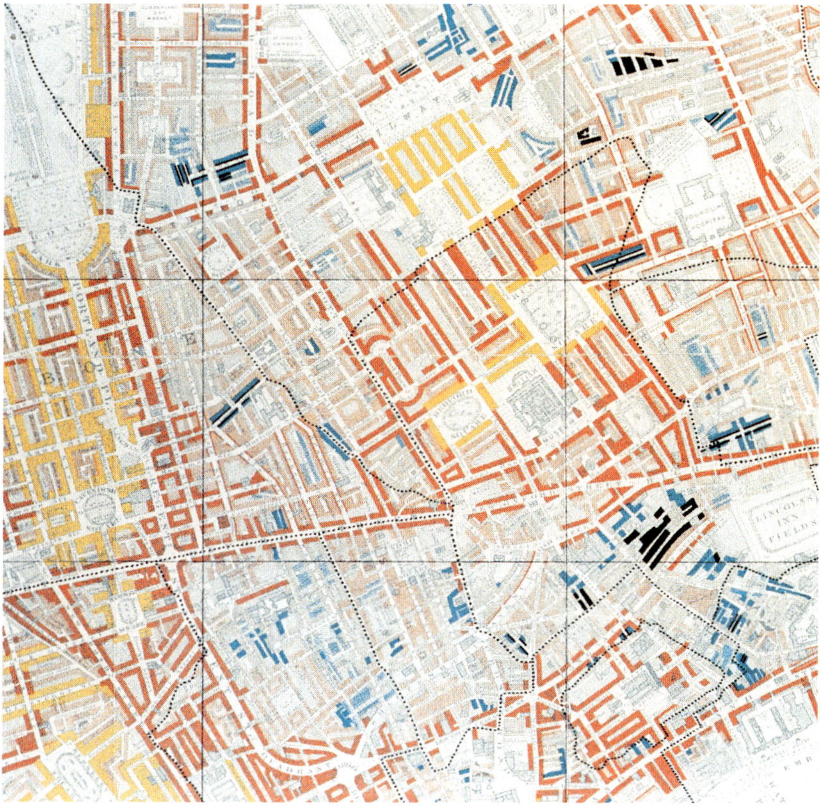

Dans l'original de Booth, la légende associe des couleurs différentes à des groupes sociaux différents : *Noir :* classe la plus basse. Dépravation ; criminalité occasionnelle. *Bleu foncé :* Très pauvres ; travail occasionnel. Nécessiteux. *Bleu :* Pauvres. De 18 à 21 shillings par semaine pour une famille de dimension moyenne. *Gris / indigo :* classe mixte. Certains s'en sortent, d'autres sont pauvres. *Rose :* situation tranquille. Gains réguliers. *Rouge :* Classe moyenne. Aisés. *Or :* Classe moyenne supérieure. Riches.

Twist soit l'image renversée de celle de *Pelham* : plusieurs lieux dans la partie est de la ville et seulement deux au nord et dans le West End (les forces du bien ; Mr Brownlow, les Maylie : figure 39).

Une moitié de Londres dans les *silver-fork novels*, en somme, et l'autre moitié dans les *Newgate novels*. Mais les deux moitiés ne forment plus un tout. Elles peuvent tout au plus se frôler en secret, comme Nancy et Rose, à minuit, sur le no man's land de London Bridge ; mais rien que l'espace d'un instant (et Nancy le paiera de sa vie). Si un roman est orienté vers une partie de Londres, l'autre partie disparaît pratiquement et il devient impossible de représenter ce qui pourrait les unir : le mouvement entre l'une et l'autre, le passage de la frontière urbaine. Quand Oliver et Sikes partent pour leur entreprise nocturne, Dickens suit leurs mouvements avec une grande précision – jusqu'à Holborn[7]. Arrivés là, le roman fait un saut de plusieurs kilomètres et recommence à l'ouest de Hyde Park. C'est étrange, si l'on songe à ce que Dickens aurait pu faire avec ces deux personnages dans le West End. Mais non, rien ; et rien non plus ensuite quand Nancy semble voler (et de nuit, comme pour cacher la scène) de Whitechapel jusqu'à Hyde Park ; ou dans *Pelham*, où le héros passe brusquement des labyrinthes criminels à Piccadilly et à Whitehall (*Pelham*, II, 14; III, 20). Même Jane Austen respecte le tabou urbain : Darcy et les Gardiner (qui vivent, nous l'avons vu, aux pôles opposés de la ville) se rencontrent, se plaisent et se lient même d'amitié : mais seulement dans la campagne du Derbyshire. À Londres, ils ne se voient jamais.

Deux demi-Londres, sans rapport entre eux. Il faut attendre un autre roman de Dickens, beaucoup plus important, pour voir deux jeunes avocats – Mortimer Lightwood et Eugene Wrayburn – faire un long trajet en carrosse qui les transporte d'un luxueux dîner dans le West End jusqu'à la nuit des Docks[8]. C'est le grand pari de Dickens : unir ces deux moitiés de ville. Et sa grande découverte :

7. « Après avoir tourné dans Sun Street et Crown Street et traversé Finsbury Square, Mr Sikes se dirigea vers le Barbican, en passant par Chiswell Street ; là, il prit par Long Lane puis par Smithfield... » (*Oliver Twist*, 21).

8. Ch. Dickens, *L'Ami commun*, Paris, Gallimard, « Bibliothèque de la Pléiade », p. 25 (voir figure 53).

Figure 39. *Oliver Twist*

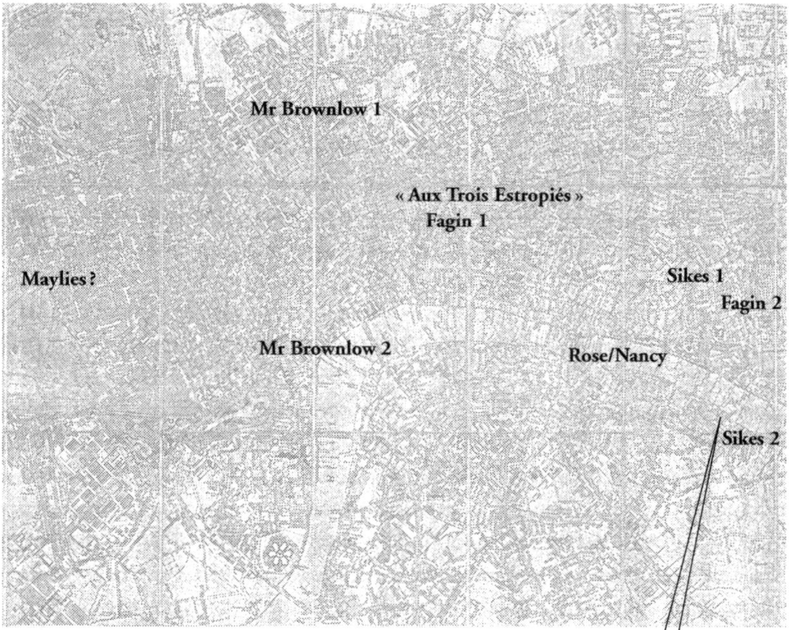

Les chiffres indiquent les différentes habitations des personnages

Près de cette partie de la Tamise sur laquelle donne l'église de Rotherhithe, là où les bâtiments de la berge sont les plus sales et les bateaux du fleuve les plus noircis par la poussière des charbonniers et la fumée des maisons basses serrées les unes contre les autres, se trouve la plus étrange, la plus extraordinaire des nombreuses localités qui se cachent dans Londres, localité totalement inconnue, même de nom, à la majorité des habitants de la grande ville. Pour atteindre ce lieu, le visiteur doit passer par un dédale de rues sans air, étroites et boueuses, où se pressent les plus grossiers et les plus pauvres des riverains, et dont le commerce est consacré à tout ce qui est censé convenir à pareille population.

CHARLES DICKENS, *Oliver Twist*, 50

car une fois les deux moitiés réunies, le résultat est *plus* que la somme de ses parties. Un Londres plus plein ; plus complexe. Comme l'était d'ailleurs depuis longtemps déjà l'autre capitale du roman du XIXe siècle.

3. « *Une mosaïque de petits mondes* »

Paris. Le Paris de Balzac, tout d'abord. La figure 40 reproduit le « plan démographique » de *La Comédie humaine* que Norah Stevenson a tracé dans les années trente, tandis que la figure 41 montre les espaces représentés dans *Illusions perdues*, le deuxième roman de la trilogie de Vautrin. En suivant les pas de Lucien de Rubempré, le roman commence dans le West End parisien (d'où Lucien est immédiatement expulsé), il se déplace ensuite dans un deuxième espace homogène qui constitue son début effectif : le monde du « Cénacle », des jeunes intellectuels, au Quartier latin. Puis vient le monde de l'édition, autour de la Cité et du Palais-Royal ; et le théâtre, plus loin, sur les boulevards. Enfin, l'espace du journalisme, le plus fluide, disséminé un peu partout : comme de juste, car le journalisme représente ici la mobilité – spatiale, mentale, sociale. Sous la bannière du journalisme, Lucien tente même de boucler son long parcours circulaire et de rentrer dans le monde fermé de l'aristocratie ; mais il échoue et sa parabole s'achève au « Frascati » : la maison de jeu qui s'élevait emblématiquement à la frontière des deux univers sociaux.

Par rapport aux demi-villes du roman anglais, tout a changé. Le Paris d'*Illusions perdues* n'a pas deux, mais cinq ou six espaces dont les frontières sont franchies en tous sens à la lumière du jour. C'est la ville plurielle de Robert Park : une véritable mosaïque de mondes où la division sociale du travail s'est comme gravée sur la surface urbaine : le commerce près des Halles, les amusements le long des boulevards, l'édition autour de la Cité, les études à la Sorbonne… Mais le mouvement d'un espace à l'autre est peut-être moins évident que ne le croit Robert Park. Richard Sennett :

Figure 40. Démographie du Paris de Balzac selon Norah Stevenson

N. Stevenson a également établi une carte des principaux lieux de *La Comédie humaine*, où le quartier le plus dense (magasins, théâtres, cafés) est le triangle formé par la rue des Petits-Champs, le boulevard des Capucines-boulevard des Italiens et la rue Montmartre. On trouve d'autres concentrations dans le faubourg Saint-Germain (vieille aristocratie), dans la Chaussée-d'Antin (haute finance), les Halles et le Temple (monde du commerce) et le Quartier latin (étudiants). Présences extrêmement rares dans les quartiers ouvriers et dans la Cité.

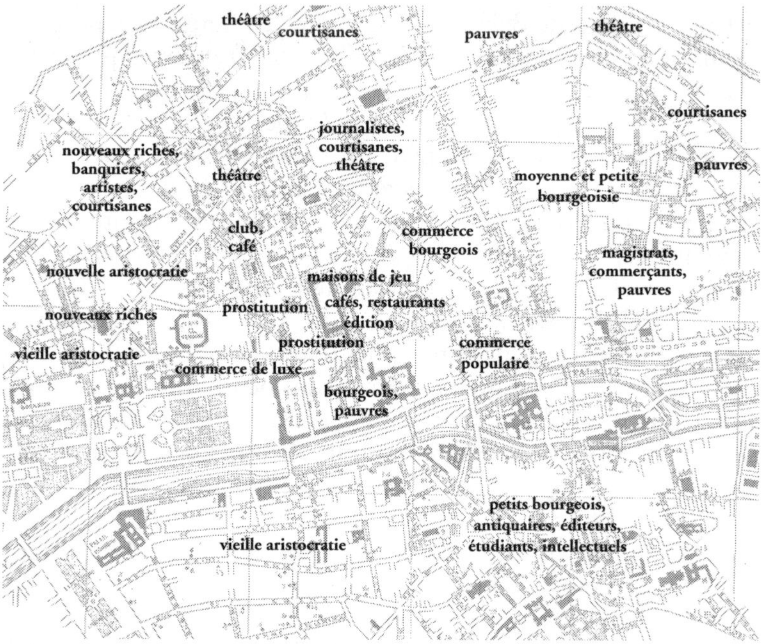

> Balzac a assuré la constitution mythique de son monde grâce aux contours déterminés de celui-ci. Le terrain de sa mythologie est Paris. Paris avec ses deux ou trois grands banquiers (Nucingen, du Tillet), Paris avec le grand médecin Horace Bianchon, le parfumeur César Birotteau, ses quatre ou cinq cocottes, l'usurier Gobseck, les petits groupes d'avocats et de militaires. Mais ce qui est le plus important, c'est que les figures de ce cercle apparaissent toujours dans les mêmes rues, aux mêmes coins, dans les mêmes taudis. Cela signifie que la topographie trace les contours de cet espace mythique de la tradition – comme de tout autre – et qu'elle peut même en devenir la clef.
>
> WALTER BENJAMIN, *Paris, capitale du XIXe siècle*

Figure 41. Localisation des groupes sociaux présents dans *Illusions perdues*

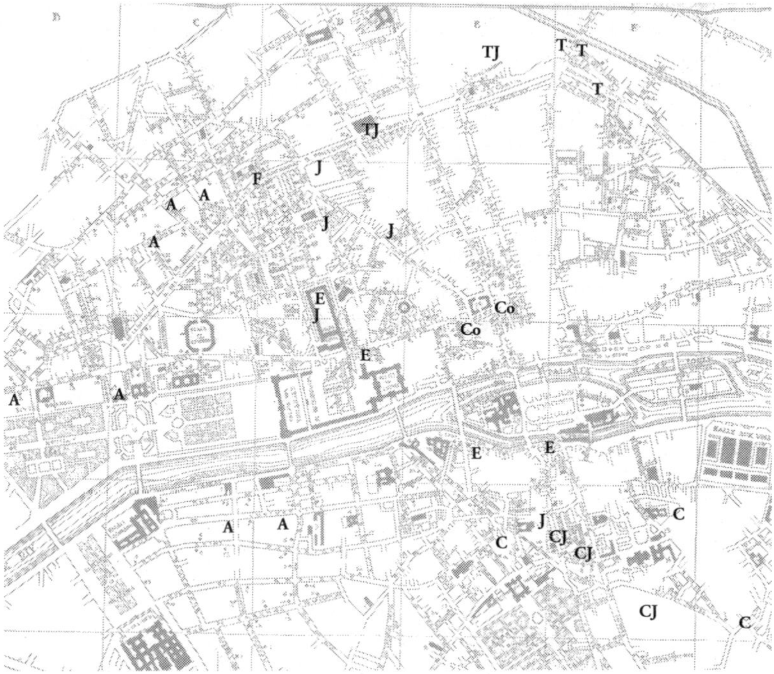

A Aristocratie : chapitre 1
C Cénacle, étudiants : ch. 2, 4-6, 8-9, 20
Co Commerce
E Édition : ch. 3, 10-13
F Maison de jeu Frascati
J Journalisme : ch. 7, 17, 21-30
T Théâtre : ch. 14-16, 18-19

Les processus de séparation créent des distances morales qui transforment la ville en une mosaïque de petits mondes qui se touchent mais ne se pénètrent pas. Cela permet aux individus de passer rapidement et facilement d'un milieu moral à l'autre, et encourage l'expérience à la fois fascinante et dangereuse de vivre en même temps dans des mondes différents, contigus mais fortement séparés. Tout cela tend à conférer à la vie citadine un caractère superficiel et fortuit, à compliquer les relations sociales et à produire des types d'individus nouveaux et divergents. En même temps, cela introduit un élément de hasard et d'aventure qui s'ajoute à la stimulation de la vie citadine, lui conférant un attrait particulier sur les énergies jeunes et fraîches.

ROBERT E. PARK, *The City : Suggestions for the Investigation of Human Behaviour in the Urban Environment*

> Pour l'école de sociologie urbaine de Chicago, le mouvement de zone à zone, de scène à scène, constituait l'essence de l'expérience urbaine [...] Mais au XIXe siècle, cette expérience n'était pas à la portée de tout le monde, elle avait un caractère de classe. Au fur et à mesure que la structure économique du *quartier* devenait plus homogène, c'étaient les riches qui se déplaçaient d'une zone à l'autre, car ils avaient des intérêts ou des liens assez variés pour les mener à des endroits différents de la ville [...] Une affinité se créa ainsi entre une certaine caractéristique cosmopolite et l'appartenance à la classe bourgeoise. Réciproquement, l'immobilité fut identifiée aux classes laborieuses[9].

Une ville où le mouvement n'est nullement acquis : les romans de Zola en seront l'image la plus puissante – inexorable, même. C'est le *milieu* naturaliste de la figure 42 : cet espace accablant, exté-

9. Richard Sennett, *The Fall of Public Man*, New York, Knopf, 1977, p. 136-137.

Figure 42. Le Paris de Zola

Les romans parisiens de Zola sont en général circonscrits à des espaces étroits, ses limites ne sont franchies que dans des circonstances exceptionnelles (le mariage de *L'Assommoir*, l'entretien de Lisa au Palais de Justice dans *Le Ventre de Paris*) ou au péril de la vie (Nana, au Grand-Hôtel ; les coups de feu sur le boulevard Montmartre dans *Le Ventre de Paris* ; Coupeau, dans *L'Assommoir*, qu'on repêche dans la Seine au Pont-Neuf et qui meurt à l'hôpital Sainte-Anne, près de Montparnasse). Cette immobilité n'est remise en question que dans *Nana*, qui ne se déroule d'ailleurs pas dans un espace social homogène, mais à l'intersection de la haute société, de la prostitution et du théâtre. (La maison de Nana, rue de Villiers, reste néanmoins hors des limites de cette carte, à une certaine distance du quartier de la haute bourgeoisie, à la Chaussée-d'Antin.) Nana avait d'ailleurs déjà été la protagoniste des principales transgressions spatiales de *L'Assommoir*, d'abord près de la rue du Caire, puis sur les boulevards.
L'absence de mobilité urbaine a un double : les fréquents et lointains déplacements des êtres humains et des choses. Le grand magasin claustrophobique d'*Au Bonheur des Dames*, par exemple, doit son triomphe aux marchandises importées d'une douzaine de pays européens et asiatiques, tandis que la Banque universelle de *L'Argent* spécule, avec un long rayon d'action, en Méditerranée et au Moyen-Orient. Le panorama international est très important dans *Nana* (laquelle se rend en personne en Égypte et en Russie) et il prend une forme sinistre dans *Le Ventre de Paris*, avec l'exil de Florent à Cayenne.

A	*L'Assommoir*	★	*L'Argent*	●	*Au Bonheur des Dames*
N	*Nana*	□	*Le Ventre de Paris*	—	Le jour du mariage (*L'Assommoir*)

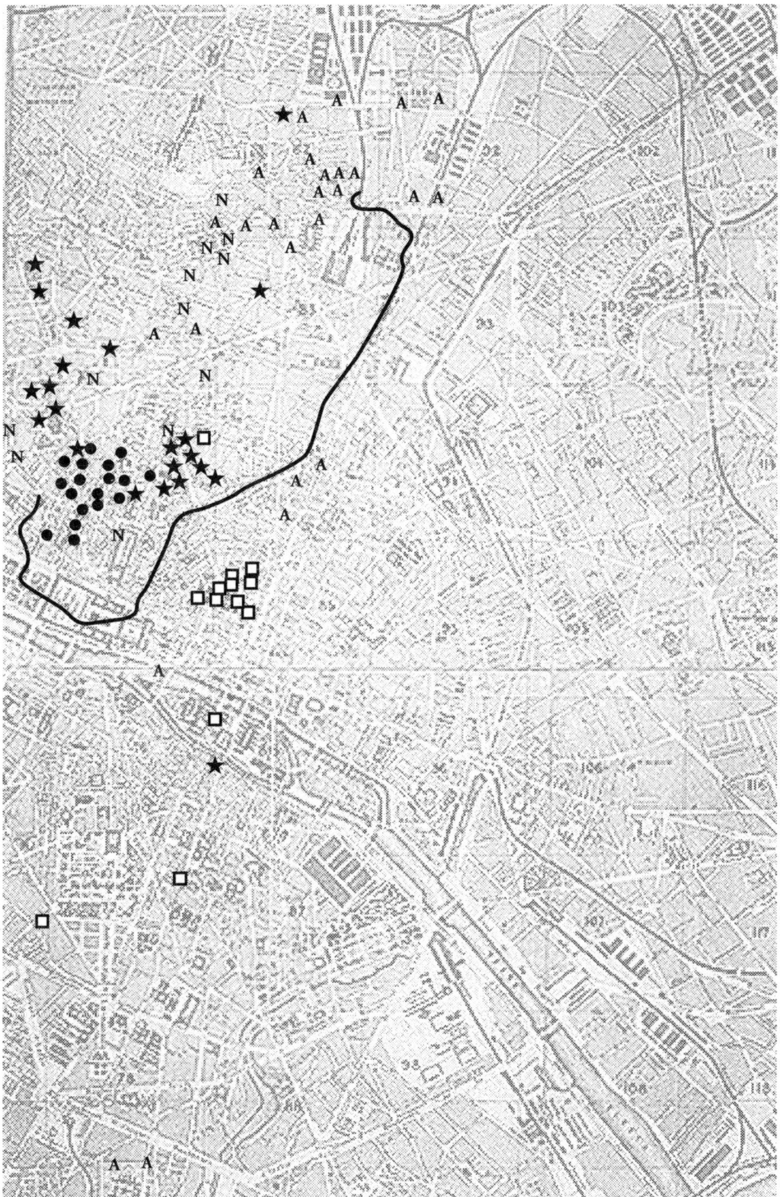

Figure 43. Lucien de Rubempré : le jour du succès (chapitres 21-25)

La journée de Lucien commence dans son appartement d'étudiant de la rue de Cluny (1), qu'il quitte pour aller chez Lousteau (2) puis chez Florine (3). De là, Lucien et Lousteau vont chez Félicien Vernou (4) puis chez Coralie (5). C'est ici que commence la partie « publique » de la journée de Lucien qui, accompagné de Coralie, passe à la rédaction (6) puis va au Bois de Boulogne (7 : non inclus dans la carte) et enfin au restaurant Very (8), au Palais-Royal. Après avoir quitté Coralie, Lucien rencontre des écrivains et des éditeurs aux Galeries de bois qui se trouvent elles aussi au Palais-Royal (9) et retrouve Lousteau avec qui il retourne au journal (10), et se rend ensuite dans plusieurs théâtres sur les boulevards (11, 12). À l'exception des toutes premières heures du matin, Lucien n'est jamais seul au cours de cette longue journée. On pense à Raskolnikov, avec ses promenades solitaires interminables d'un bout à l'autre de Saint-Pétersbourg.

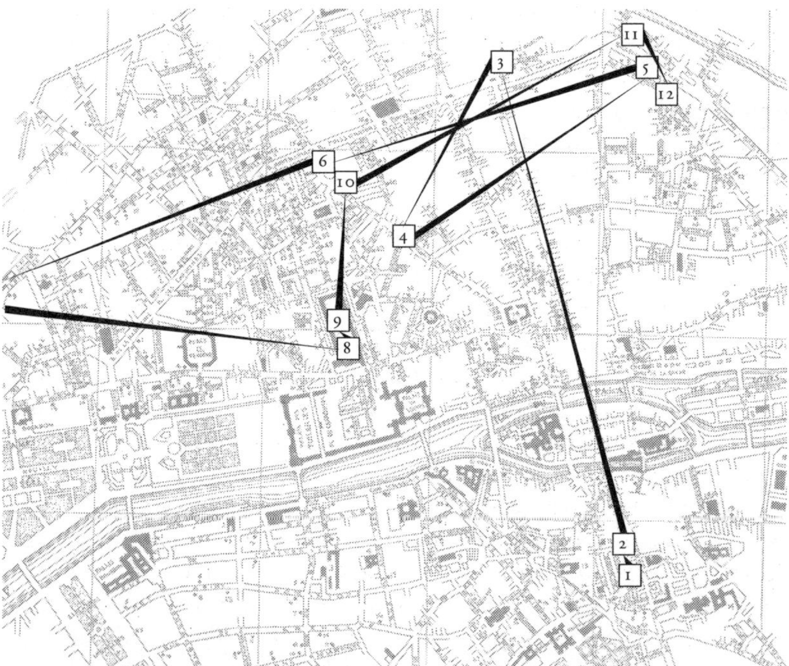

nuant, qui vous prend à la gorge et ne vous lâche plus ; l'espace assassin de l'Alexanderplatz de Döblin. C'est d'ailleurs déjà en partie vrai dans *Illusions perdues*, où la vie de Lucien, pendant le premier tiers du livre, est moins une expérience du mouvement que du mouvement *frustré* : chassé du faubourg Saint-Honoré, maltraité par les éditeurs, repoussé par les journalistes, bafoué sur les Champs-Élysées... Quant au Quartier latin, c'est un véritable tourment pour ce jeune homme sensuel et ambitieux à qui la cellule de la Conciergerie rappellera « sa première chambre à Paris, dans la rue de Cluny » : des maisons froides, une mauvaise nourriture, de vieux vêtements, pas de femmes, pas d'argent...

Mais il suffit de deux articles bien accueillis et Paris change brusquement. Le jour heureux de la figure 43, Lucien se réveille encore au Quartier latin ; mais il en sort de bon matin pour ne plus y revenir. En quelques heures, il re-traverse tous les espaces sociaux qui l'avaient repoussé, en y faisant étalage de son succès récent. C'est exactement la ville de Park : « passer rapidement d'un milieu moral à l'autre ; vivre dans des mondes différents, contigus et toutefois nettement séparés »[10]. « Une expérience fascinante mais dangereuse », avait ajouté Park. Fascinante, sans aucun doute, au jour du triomphe ; mais dangereuse, et pire encore, pendant la « semaine fatale » qui lui succède souvent et représente en quelque sorte sa copie perverse : car, à l'égal du succès, la débâcle urbaine est un événement complexe auquel coopèrent des agents indépendants. Ainsi, dans la figure 44, les grands banquiers de la Chaussée-d'Antin qui refusent à César Birotteau le prêt qui pourrait le sauver n'ont aucune relation avec son propriétaire, terré « comme une araignée » dans la cour Batave, ni avec la marchande de noisettes en gros de la rue Perret-Gasselin et le tapissier du faubourg Saint-Antoine qui lui font les premières difficultés ; en réalité, les uns ignorent l'existence des autres. Mais peu importe, car dans une sinistre parodie de la main invisible d'Adam Smith, ces « mondes contigus, et toutefois séparés », concourent tous au même but,

10. R. Park, « La città : indicazioni per lo studio del comportamento umano nell'ambiente urbano », dans R. Park, E. Burgess et R. McKenzie, *La città*, 1925, trad. it., Milan, Comunità, 1979, p. 38-39.

Figure 44. La semaine fatale

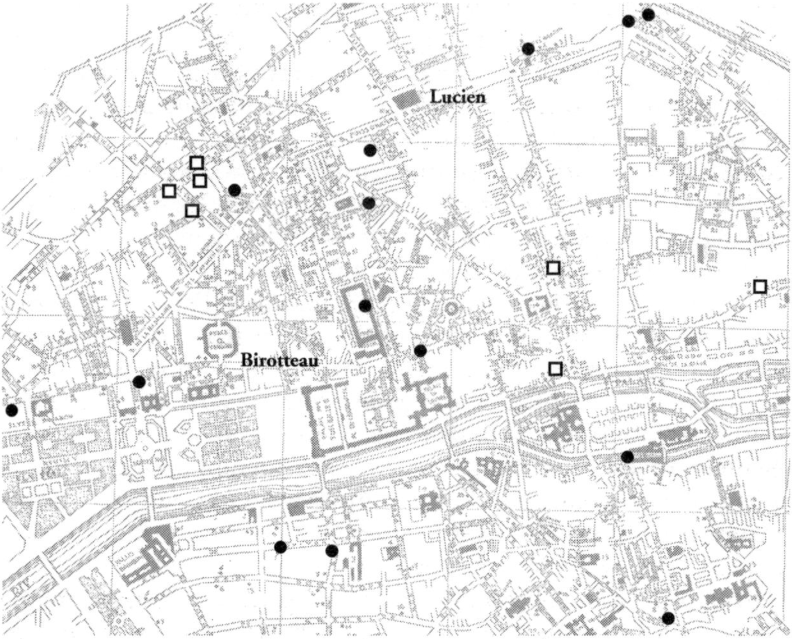

● Ennemis de Lucien

□ Ennemis de Birotteau

Dans la vie des ambitieux [...] il se rencontre un cruel moment où je ne sais quelle puissance les soumet à des rudes épreuves : tout manque à la fois, de tous côtés les fils rompent ou s'embrouillent, le malheur apparaît sur tous les points. Quand un homme perd la tête au milieu de ce désordre moral, il est perdu [...] Tout homme, à moins d'être né riche, a donc ce qu'il faut appeler sa semaine fatale. Pour Napoléon, cette semaine fut la retraite de Moscou. Ce cruel moment était venu pour Lucien.

HONORÉ DE BALZAC, *Illusions perdues*, II

tuant – sans le vouloir, et *sans même le savoir* – Birotteau et Coralie. C'est le marché de Balzac : des individus autonomes, des buts égoïstes, des calculs rationnels – et des cadavres.

Revenons un peu en arrière, et quelques mots encore sur le Quartier latin. Produit précoce de la division urbaine du travail, cet espace de la culture savante créé au Moyen Âge et qui s'est perpétué au cours des siècles, est aussi – et surtout dans le roman du XIXe siècle – *le monde de la jeunesse* : la jeunesse qui conflue de toutes les régions de France vers ce mille carré, « décidée à faire fortune » (fig. 45). Ou plutôt, elle y conflue – oui, mais elle veut en sortir le plus vite possible. Prenons les figures 46 *a*-46 *b* : les jeunes gens de *La Comédie humaine* sont tous là, dans ces quatre rues autour de la Sorbonne : mais les femmes qu'ils désirent sont toutes ailleurs – dans les faubourgs Saint-Germain et Saint-Honoré, à la Chaussée-d'Antin, dans le demi-monde des boulevards. Loin. C'est la matrice élémentaire du récit balzacien (en vérité, de tout récit) : deux pôles en tension et un courant narratif qui se décharge – *parvenir !* – d'un extrême à l'autre. Le magnétisme de ce désir « oriente » comme une boussole la ville de Paris, la disposant sur l'axe que Pierre Bourdieu avait identifié en son temps : de la rive gauche, au sud, vers « la ruche pleine de miel » au nord-ouest. En somme, c'est le désir de la jeunesse qui rend Paris *lisible* : en sélectionnant clairement dans son système compliqué un point de départ et un point d'arrivée.

Une autre expérience urbaine typique va prendre forme dans le large intervalle qui sépare ces deux pôles de Paris : la rêverie. Grands projets pour l'avenir, rêveries érotiques, nouvelles images de soi, moments de désespoir profond... Et tout cela, toujours *dans le même espace*, exactement à mi-chemin entre le monde de la jeunesse et celui du désir (fig. 46 *c*). C'est l'espace public des Tuileries et des Champs-Élysées, avec ses regards obliques et ses rencontres fugitives ; ou cet autre espace encore plus impressionnant, le no man's land des ponts lancés au-dessus du vide entre les deux rives de la Seine. C'est là, dans un entrepôt du quai Voltaire, que Raphaël du Valentin reçoit l'objet magique de la grande fable balzacienne (« Désire, et tes désirs seront exaucés » : *La Peau de chagrin*) ; c'est sur les quais de la Seine qu'emménagent, sur le chemin qui mène

Figure 45. Parvenir !

Le trajet de la province à Paris dans le roman du XIXe siècle.

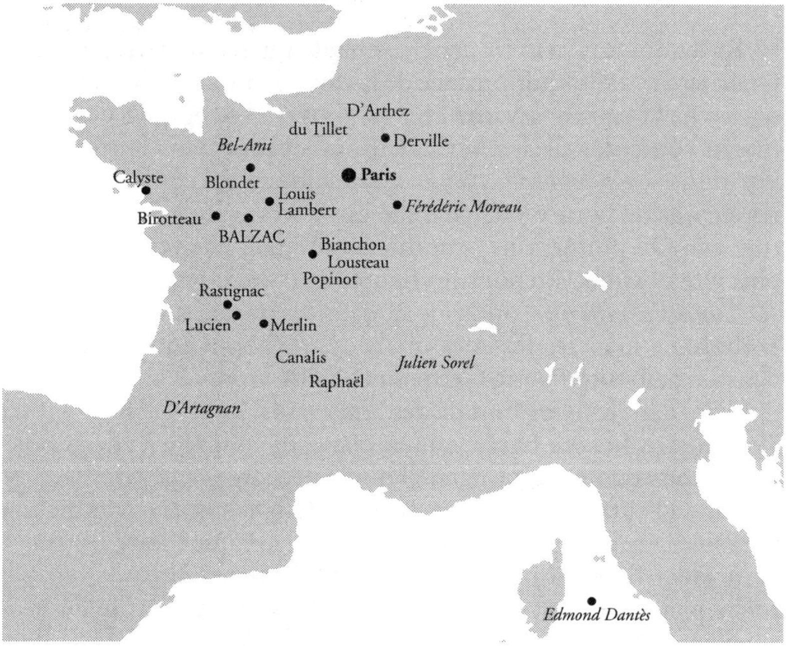

> Paris est une ville où tous les gens d'énergie, qui poussent comme des sauvageons sur le territoire français, se donnent rendez-vous, et il y grouille bien des talents, sans feu ni lieu, des courages capables de tout, même de faire fortune… Eh bien ! Ces garçons-là… Votre serviteur en était dans son temps, et il en a connu !
>
> HONORÉ DE BALZAC, *La Cousine Bette*

Figure 46 *a*. L'arrivée à Paris

La carte comprend plusieurs romans de *La Comédie humaine* et deux personnages de *L'Éducation sentimentale.* (Lucien 1 se réfère à *Illusions perdues*, Lucien 2 à *Splendeurs et misères des courtisanes*) : par un coup de génie, le plus ambitieux des héros balzaciens – Rastignac – est placé au début dans le « quartier le plus triste de Paris », très loin du monde du succès social.

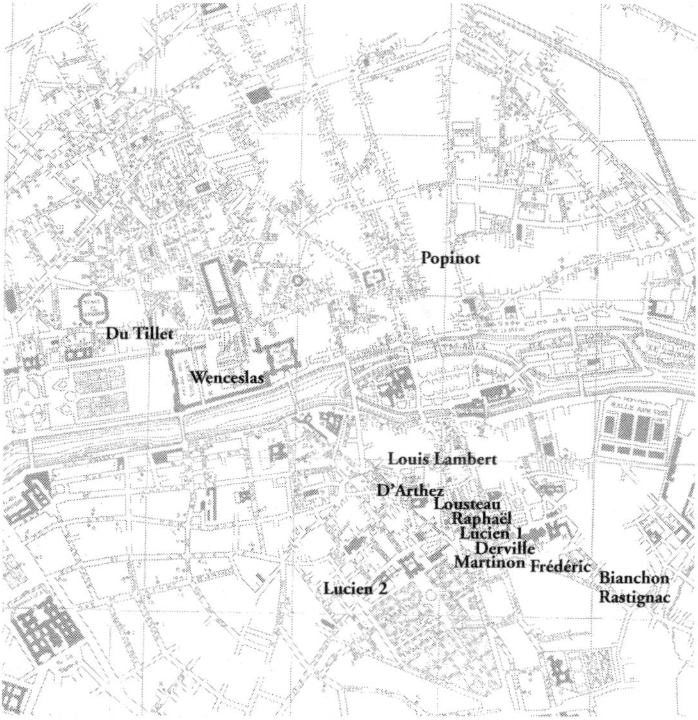

> Pendant les premiers jours de son installation à l'hôtel de Cluny, Lucien [...] se jeta dans le travail avec cette première ardeur que dissipent si vite les difficultés et les amusements que Paris offre à toutes les existences, aux plus luxueuses comme aux plus pauvres, et qui, pour être domptés, exigent la sauvage énergie du vrai talent ou le sombre vouloir de l'ambition.
>
> HONORÉ DE BALZAC, *Illusions perdues*, II

Figure 46 *b*. « Ce monde plein de charme »

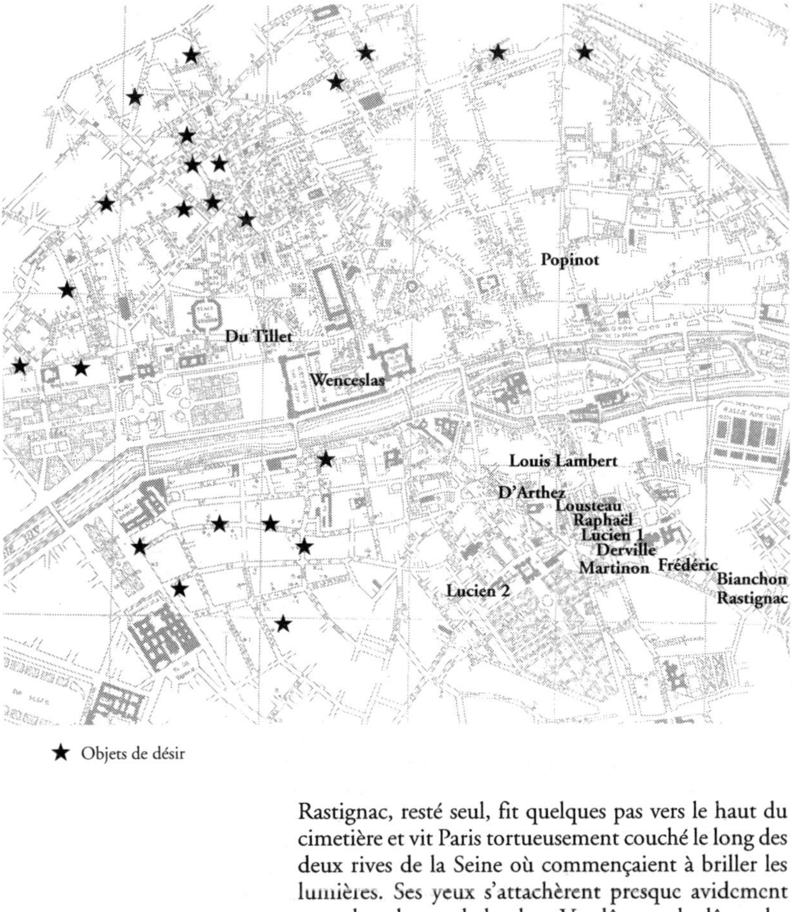

★ Objets de désir

Rastignac, resté seul, fit quelques pas vers le haut du cimetière et vit Paris tortueusement couché le long des deux rives de la Seine où commençaient à briller les lumières. Ses yeux s'attachèrent presque avidement entre la colonne de la place Vendôme et le dôme des Invalides, là où vivait ce beau monde dans lequel il avait voulu pénétrer. Il lança sur cette ruche bourdonnant un regard qui semblait par avance en pomper le miel, et dit ces mots grandioses : « À nous deux maintenant ! »
Et pour premier acte du défi qu'il portait à la Société, Rastignac alla dîner chez madame de Nucingen.

HONORÉ DE BALZAC, *Le Père Goriot*

Figure 46 *c*. Rêveries

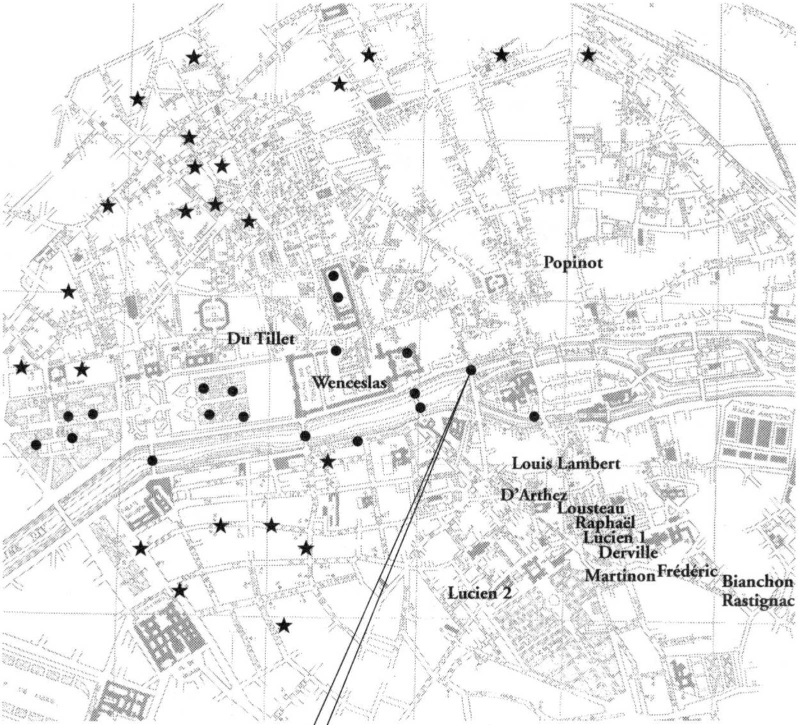

> Il s'était arrêté au milieu du Pont-Neuf, et, tête nue, poitrine ouverte, il aspirait l'air. Cependant, il sentait monter du fond de lui-même quelque chose d'intarissable, un afflux de tendresse qui l'énervait, comme le mouvement des ondes sous ses yeux. À l'horloge d'une église, une heure sonna, lentement, pareille à une voix qui l'eût appelé. Alors, il fut saisi par un de ces frissons de l'âme où il vous semble qu'on est transporté dans un monde supérieur. Une faculté extraordinaire, dont il ne savait pas l'objet, lui était venue. Il se demanda sérieusement s'il serait un grand peintre ou un grand poète…
>
> GUSTAVE FLAUBERT, *L'Éducation sentimentale*

★ Objets de désir
● Rêveries

Figure 46 *d.* Fin

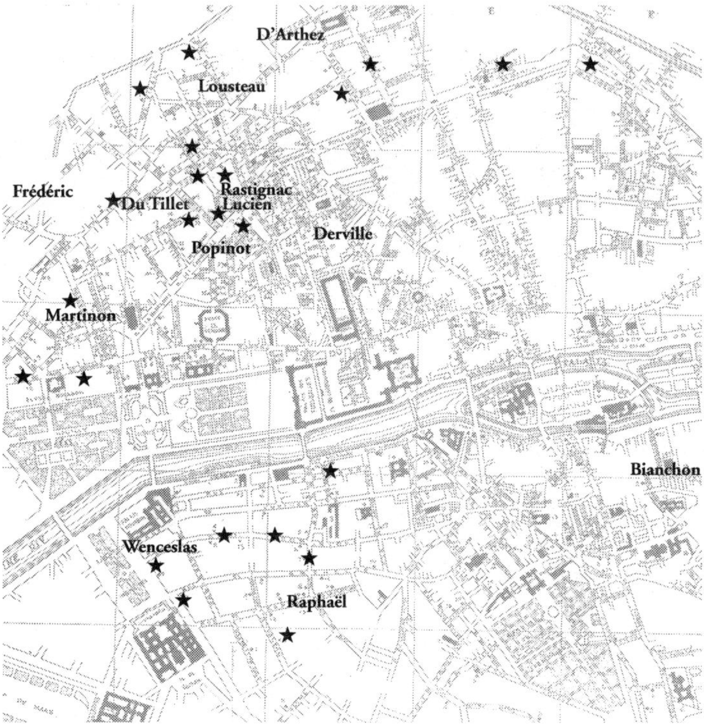

À la base de l'organisation interne des éléments du texte il y a, comme règle, un principe d'opposition sémantique binaire [qui a] presque toujours une réalisation spatiale [...] Après avoir dépassé la limite, le protagoniste entre dans un « antichamp » sémantique mis en relation avec le champ initial. Afin que le mouvement s'arrête, le protagoniste doit se fondre en lui, se transformer de personnage mobile en personnage immobile. Si cela ne se produit pas, l'intrigue ne s'épuise pas et l'action continue.

IOURI M. LOTMAN, *La Structure du texte poétique*

au grand monde, Lucien et Frédéric ; et c'est du haut de son balcon surplombant le fleuve que le regard du héros de Flaubert traverse Paris, jusqu'à toucher la maison de son impossible amour :

> Ses yeux délaissant à gauche le pont de pierre de Notre-Dame et trois ponts suspendus, se dirigeaient toujours vers le quai aux Ormes, sur un massif de vieux arbres, pareils aux tilleuls du pont de Montereau. La tour Saint-Jacques, l'Hôtel de Ville, Saint-Gervais, Saint-Louis, Saint-Paul se levaient en face, parmi les toits confondus, – et le génie de la colonne de Juillet resplendissait à l'orient comme une large étoile d'or, tandis qu'à l'autre extrémité le dôme des Tuileries arrondissait, sur le ciel, sa lourde masse bleue. C'était par-derrière, de ce côté-là, que devait être la maison de Mme Arnoux.
>
> *L'Éducation sentimentale*, I, 5, p. 84 (« Folio »)

Un Paris orienté par le désir et agrégé par la rêverie (jusqu'à ce que le héros « arrive », alors la tension disparaît : figure 46 *d*). Des espaces différents produisent des histoires différentes, disais-je à la fin du chapitre précédent ; complétons maintenant cette thèse : *sans un certain type d'espace, un certain type d'histoire devient tout bonnement impossible.* Sans le Quartier latin et la tension qui existe entre ce quartier et la ville de Paris, nous n'aurions pas le miracle du roman de formation français, ni cette idée de la jeunesse – affamée, rêveuse, ambitieuse – qu'il a inventée pour la culture moderne. Je pense aux traditions rivales, en Allemagne, en Angleterre, en Russie ; certes, ce sont trois grandes littératures, mais aucune ne possède un équivalent symbolique de la rive gauche – ainsi, aucune n'arrive à égaler l'intensité de Paris. Je pense surtout au Londres de David Copperfield, ou de Pip, ou de Pendennis : tous ces personnages se retrouvent aussitôt emprisonnés dans l'univers plombé des *Inns of Court* et la ville ne devient jamais pour eux un lieu de désir[11].

11. Quand Lucien arrive à Paris, dans *Illusions perdues*, il va tout de suite se promener sur les boulevards et aux Tuileries, où il découvre « le luxe des boutiques, la hauteur des maisons, l'affluence des voitures, les constantes oppositions que présentent un extrême luxe et une extrême misère [...] ces garçons à l'air heureux et dégagé [...] des femmes divinement mises et divinement belles » (p. 177, 184). Par contre, quand Pip arrive à Londres dans *Les Grandes Espérances*, sa première promenade l'amène au marché de Smithfield (« ce lieu honteux, tout crasseux de saleté, de graisse, de sang et d'écume »), Saint Paul et enfin la prison de Newgate, où il voit une foule d'ivrognes, la

« Qui n'a pas pratiqué la rive gauche de la Seine, entre la rue Saint-Jacques et la rue des Saints-Pères, ne connaît rien à la vie humaine », écrit Balzac dans *Le Père Goriot*, et il a raison. Que n'a pas perdu la culture anglaise, pour ne pas avoir eu un Quartier latin ?

4. *Peur à Paris*

Le Paris de Balzac. Et celui d'Eugène Sue et de ce titre génial, *Les Mystères de Paris*. Mais lorsqu'on trace la géographie de ce roman, on est frappé de constater que ce Paris est presque inhabité : pas de Quartier latin, pas de commerce, pas de théâtre, pas de demi-monde, pas de banquiers… (fig. 47). Les deux grands adversaires – le prince Rodolphe de Gerolstein et la comtesse Sarah MacGregor – ne sont même pas français : ils se rencontrent à Paris pour s'y affronter, comme James Bond et la Spectre, mais s'ils étaient à Londres ou à Madrid ça ne changerait pas grand-chose ; ils habitent même un peu à l'écart du centre (la perfide Sarah dans la rue où Balzac a vécu dix ans…). Marx a parfaitement raison : plus qu'un conflit entre des forces sociales, il s'agit d'une guerre entre des principes moraux opposés qui se répète de façon immuable – toujours les justes contre les méchants ; les premiers toujours vaincus d'abord, puis victorieux – à chaque nouvelle bataille : dans la demeure patricienne sur les Champs-Élysées comme dans l'immeuble populaire du faubourg Saint-Antoine ; dans la tanière bourgeoise de la rue du Sentier comme dans les bas-fonds criminels de la Cité.

L'autre grande trouvaille d'Eugène Sue s'inscrit elle aussi dans ce « paysage moralisé » qui a remplacé la ville de classes de *La Comédie humaine* : la connexion entre l'intrigue urbaine et le « roman familial » de Fleur-de-Marie. Afin que l'identité de la jeune fille soit finalement révélée, il faut créer un effet de contraste entre l'espace de la Cité (au centre de Paris ; où Rodolphe la « sauve » dans la première scène du roman), la rue Cassini (au sud ; où la Chouette révèle l'identité de la jeune fille à Sarah

potence, le pilori du fouet, et « la Debtors' Door, par où sortent les condamnés le jour de la pendaison ». Pourquoi s'étonner que Pip tombe malade ?

Figure 47. Les mystères de Paris

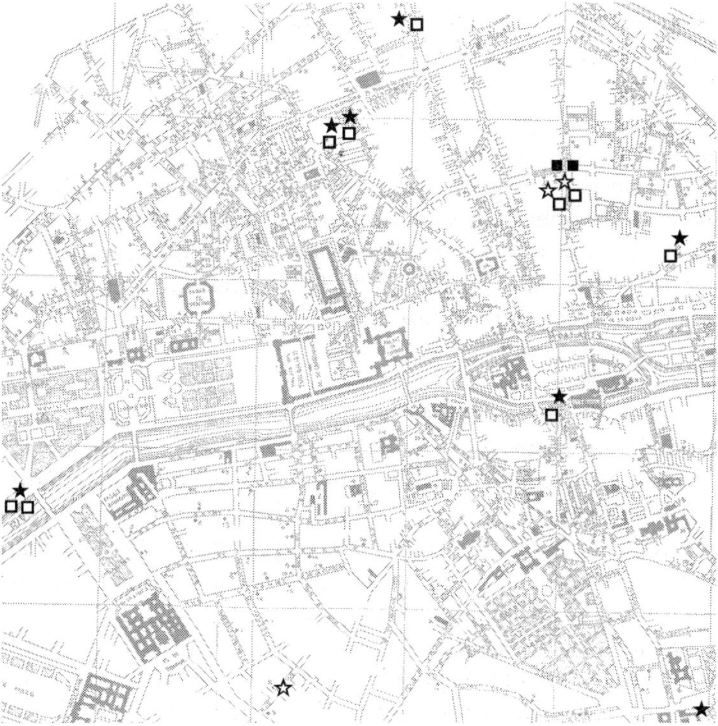

« Les anges se présenteront et sépareront les méchants d'entre les justes » (Matthieu 13, 49) [...] Rodolphe se transforme lui-même en l'un de ces anges. Il court le monde pour séparer les méchants des justes, pour punir les méchants, pour récompenser les bons. La représentation du bien et du mal s'est gravée si profondément dans son faible cerveau qu'il croit dans le satan en chair et en os et il veut attraper vivant le diable comme autrefois le prof. Sack de Bonn. D'autre part, il essaie de copier en petit l'opposition du diable, Dieu. Il aime « jouer un peu le rôle de la providence ». Comme, dans la réalité, toutes les distinctions se fondent toujours dans la distinction entre pauvre et riche, de même, dans l'idée, toutes les distinctions aristocratiques se résolvent dans l'opposition du bien et du mal. Cette distinction est la dernière forme que l'aristocrate donne à ses préjugés.

KARL MARX, *La Sainte Famille*

MacGregor, qui est d'ailleurs sa mère), la rue du Temple (à l'est ; où Mme Pipelet révèle à Rodolphe que Fleur-de-Marie est à Saint-Lazare, de l'autre côté des boulevards), la rue du Sentier (au nord ; l'étude du notaire Ferrand, qui l'a vendue, enfant, avant le début de l'histoire) et la rue Plumet (au sud-ouest, dans le faubourg Saint-Germain : la maison du père, où Rodolphe et Fleur-de-Marie se révèlent finalement leur identité). Paris apparaît ainsi comme une sorte de gigantesque puzzle dont les quatre points cardinaux ne prennent un sens unitaire qu'à la lumière d'un destin individuel : une « humanisation », à la lettre, de la grande ville, que l'on retrouvera dans les romans londoniens de Dickens et dont je reparlerai en temps voulu.

Entre-temps, voici un autre mystère de Paris : la légende urbaine *ante litteram* de la cour des Miracles, qui fait sa première apparition (comme l'a expliqué en détail Roger Chartier) sur une carte de Paris de 1652 – c'est-à-dire quand, dans la réalité historique, la Cour venait d'être supprimée par le Grand Internement des vagabonds et des mendiants de la capitale[12]. Pourtant, ce lieu qui n'existe plus reste indiqué sur les plans de la ville de Paris jusqu'à la fin du XVIIIe siècle. Pourquoi ? Et en plein XIXe siècle, quand son souvenir s'est encore plus estompé, Victor Hugo en tire un immense mythe urbain. Encore une fois : pourquoi ?

Revenons un instant en arrière. La cour des Miracles, dit Roger Chartier, n'est pas un phénomène en soi mais l'image hyperbolique d'une réalité – le *cul-de-sac* – qui est très répandue à Paris et qui offre un abri à ces « demeurant partout » (les SDF, dirions-nous aujourd'hui) auxquels on attribue toutes sortes de délits, grands et petits. La figure 48, inspirée du *Plan de la ville et des faubourgs de Paris* de Robert de Vaugondy (1771), permet de s'en faire une idée (alors que la figure 49 reproduit la section du plan original où Vaugondy situe la Cour). Le *nombre* de ces culs-de-sac est impressionnant, en particulier sur l'axe commercial nord-sud et près de la Seine ; Paris en est profondément « enkysté », comme dit Chartier.

12. Roger Chartier, « La "monarchie d'argot" entre le mythe et l'histoire », in *Les Marginaux et les exlus dans l'histoire*, Paris, UGE, 1979.

Figure 48. Les culs-de-sac selon Robert de Vaugondy (1771)

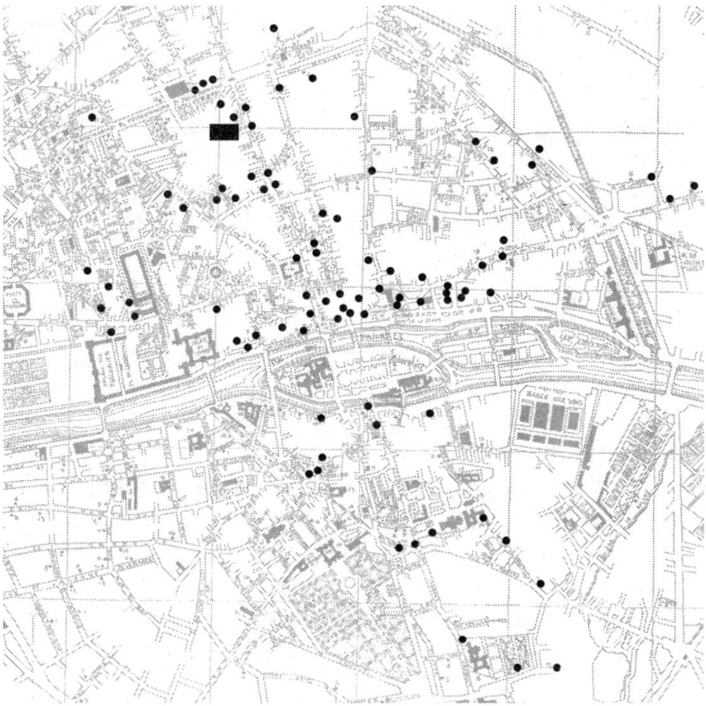

• Cul-de-sac ■ Cour des Miracles

La cour des Miracles, située dans la rue Neuve-Saint-Sauveur, n'est pas séparée des autres regroupements de mauvais pauvres (autrement dit de mendiants impénitents et de délinquants potentiels) présents dans le tissu urbain. À la fin du XVIe et dans la première moitié du XVIIe siècle, ces lieux de concentration de la marginalité sont de deux types : les faubourgs des villes ou les cours et les culs-de-sac [...] Les cours et les culs-de-sac qui accueillaient les *demeurants partout* abondent dans la topographie du Paris de l'époque moderne : dans la préface de son plan de 1701, Jean de La Caille indique 74 culs-de-sac ; Deharme, en 1763, 90 ; Vaugondy, en 1776, 108 ; Verniquet, en 1791, 104. La trame même de l'espace urbain est une invitation à « l'enkystement » de plus ou moins grandes concentrations de personnes ne possédant aucun bien.

ROGER CHARTIER, « La "monarchie d'argot" entre le mythe et l'histoire »

Figure 49. Section du *Plan de la ville et des faubourgs de Paris* de Vaugondy

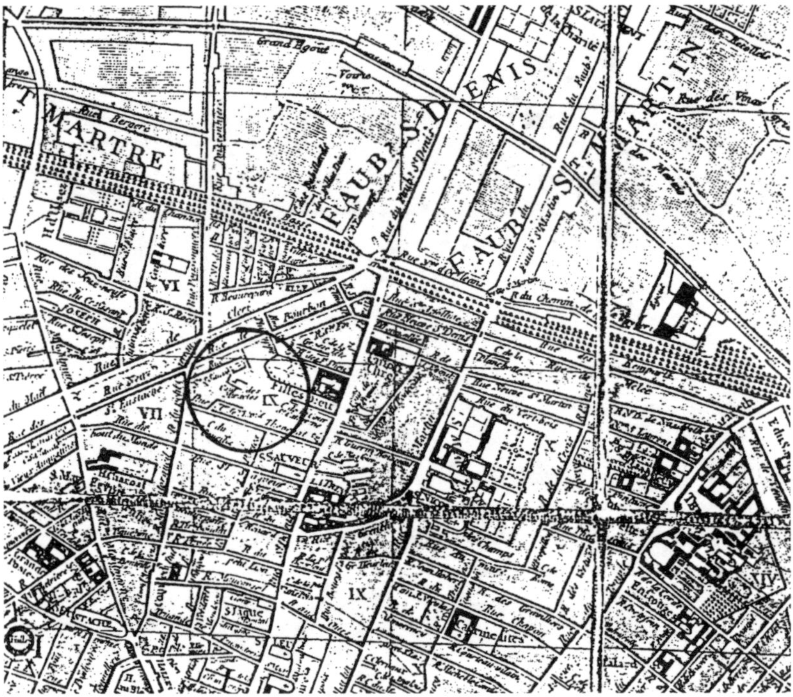

S'il s'agissait vraiment d'espaces d'illégalité, la menace et l'insécurité étaient réellement partout.

Telle est sans doute alors la raison d'être de la cour des Miracles : reléguée dans un espace exigu et bien défini (et un peu excentré), la Cour rend l'illégalité urbaine plus compréhensible et symboliquement plus contrôlable. L'oxymore de Chartier – « une concentration de marginaux » – est parfait : la Cour est un mythe immense parce qu'elle regroupe ce qui est par nature confus et en proie au hasard. En circonscrivant le *Lumpenproletariat* du début de l'âge moderne dans une petite place du nord de Paris, la Cour est en fait elle-même une image du Grand Internement – sur le plan symbolique, bien entendu : la Grande Classification, disons. Et revenons maintenant au problème de fond de ce chapitre.

5. Interlude théorique : III. Histoires du Tiers

Comme je l'ai dit au début de ce chapitre à propos de la carte de Booth, les villes sont des lieux totalement soumis au hasard ; quant au roman, il protège ses lecteurs, en réduisant la part du hasard. Le demi-Londres des *silver-forks* et des *Newgate novels* ; la lutte entre les justes et les méchants dans *Les Mystères de Paris* ; la « concentration de marginaux » de Victor Hugo : voilà autant de *simplifications* du système urbain qui permettent de le comprendre plus facilement et donc aussi d'y vivre.

Mais Balzac est différent. Au lieu de se protéger des complications de Paris, il comprend que les multiples forces de la vie urbaine représentent une chance pour le roman moderne : pour le roman de la complexité, comme je le disais plus haut. Mais que signifie cette expression ?

Commençons par le « comment », par l'aspect morphologique de la question. La première nouveauté du Paris de Balzac – qui saute aux yeux, si l'on songe à Eugène Sue ou à Hugo –, c'est la variété sociale de ses intrigues : vieille aristocratie, nouvelle richesse financière, commerce petit-bourgeois, demi-monde, professions libérales, serviteurs, employés, intellectuels, criminels… Deuxième nouveauté, ces groupes sociaux sont en interaction constante, dans toutes les directions et selon des combinaisons toujours nouvelles. Tout est là, au fond. Des acteurs indépendants et des interactions composites : telle est la matrice (très simple) qui produit la narration (complexe) de *La Comédie humaine* : la ville-roulette de la figure 33, où les plus petites actions peuvent facilement prendre des proportions gigantesques (dans une sorte d'« effet-papillon ») et donner des résultats d'une extrême importance. Dans *Le Cousin Pons*, une concierge du Marais veut voler quelques centaines de francs à un locataire mourant – et elle en fait gagner quelques centaines de milliers à un usurier de la rue Royale et quelques millions à un comte de la Chaussée-d'Antin. Dans *Le Père Goriot*, il suffit que Rastignac prononce le nom de Mme de Beauséant (qui veut dire : faubourg Saint-Germain) pour que les portes du grand monde s'ouvrent toutes grandes devant lui ; puis il nomme le père Goriot (qui veut dire : « le quartier le plus triste de Paris »), et ces portes se referment. Un instant, une phrase prononcée dans un moment de distraction, et la vie change.

De nombreux sujets en interaction dans plusieurs directions, et c'est une nouvelle époque de l'histoire du roman qui commence. D'habitude, avec les époques nouvelles, on insiste sur la nouveauté : sur la difficulté du changement, sur sa réalisation, digne d'attention. Mais ici, la vraie question est ailleurs. Si les ingrédients de base de *La Comédie humaine* sont si peu nombreux et tellement simples, *comment se fait-il que personne n'y avait jamais pensé*? Qu'y avait-il de si difficile dans cette nouveauté si simple ?

La dernière figure du chapitre précédent (fig. 34) montrait que l'œuvre-clef de la théorie narrative moderne – la *Morphologie du conte* – se fonde sur l'existence de deux camps adversaires (le « monde initial » et l'« autre royaume ») dont l'opposition produit tous les événements fondamentaux du récit. Au long du XXe siècle, le schéma de Propp a été critiqué et modifié plusieurs fois : mais sa nature bipolaire n'a jamais été remise en question. Les matrices mythiques de Lévi-Strauss, les champs de Lotman, le carré de Greimas : pour différents qu'ils soient, tous ces modèles concordent avec la *Morphologie* sur un point décisif : la prémisse de toute narration est une opposition binaire[13]. Deux camps. Et que cela soit clair, il y a d'excellentes raisons pour qu'il en soit ainsi. Une histoire est un système d'actions et une action exige toujours (au moins) deux acteurs, avec leurs espaces distincts : un couple d'opposés lui

13. Tous ces auteurs, soit dit entre parenthèses, théorisent l'activité narrative en termes clairement *spatiaux* – comme cela est surtout évident chez Greimas, dont la « profonde spatialité du système » est analysée avec intelligence par Fredric Jameson dans l'introduction à *On Meaning* (Minnesota U.P., 1987, p. XV, XXI-XXII).

est toujours nécessaire – et souvent même suffisant. Il est donc logique que la théorie narrative ait adopté le modèle binaire : il répond aux conditions élémentaires indispensables à tout récit.

Ce problème narratologique se superpose au problème socio-historique dont nous parlions plus haut. Les villes peuvent être des lieux totalement soumis au hasard et les romans tendent en général à réduire la part du hasard. Cette réduction, pouvons-nous maintenant ajouter, *prend la forme d'un système binaire*, où les éléments urbains imprévisibles sont tous ordonnés, classés en deux camps bien distincts : le demi-Londres, la « concentration de marginaux », les factions ennemies de Rodolphe et de Sarah. La plupart des romans urbains *simplifient* le système de la ville en le transformant en un *pattern* oppositionnel, bien plus facile à lire.

Et tout cela file parfaitement, un milieu trop compliqué ayant besoin d'une forme symbolique pour le maîtriser. Tout cela file – sauf pour Balzac. Qui jouit des complications de Paris, comme cela apparaissait clairement sur la carte *poly*centrique d'*Illusions perdues*. Mais pourquoi donc ? Pourquoi remplace-t-il une structure binaire par une pluralité d'agents ? En fin de compte, l'humanité s'était raconté des histoires binaires pendant des millénaires – des histoires très bien, d'ailleurs. L'avènement du roman avait ébranlé et « déformé » cette grille, c'est vrai (j'en parlais à la fin du premier chapitre) ; mais celle-ci n'avait jamais vraiment été *remplacée* par un autre système. Et Balzac va tout changer. La question se pose de nouveau : comment a-t-il fait ? Et pourquoi ?

Des histoires produites par une pluralité d'agents, disais-je. Ou plutôt : par *trois* agents différents. C'est ainsi que Balzac sort du système binaire : en construisant une structure *tout aussi simple* que la structure binaire – mais différente. Triangulaire. Des intrigues qui ajoutent au héros et à son antagoniste un troisième pôle narratif – et qui deviennent même, dans une large mesure, *ses* histoires. Les histoires du Tiers : d'un Tiers désormais autonome, indépendant[14].

14. Indépendant, donc différent, du « donateur » de Propp, ou du « médiateur » de Girard, ou de l'« auxiliaire » de Pavel, qui sont tous fonctionnellement *subordonnés* au protagoniste du récit, et qui ne modifient donc pas la substance binaire de la narration.

Mais qui est ce Tiers et quelles histoires rend-il possibles ? Lorsqu'on lit Balzac (puis Dickens), c'est toujours la même réponse : le Tiers est *la figure de la surdétermination sociale* : une réalité qui s'interpose entre les deux camps initiaux et dont la force les contraint, l'un comme l'autre, à modifier leur comportement (et en général à trouver un compromis). Le contenu spécifique de cette troisième force change selon les cas, naturellement : ce peut être l'aristocratique Mme de Beauséant qui détourne le désir de Rastignac d'Anastasie sur Delphine – ou bien le grand criminel Vautrin qui essaie de le dévier de nouveau sur Victorine. Dans *Illusions perdues*, c'est le monde cynique du journalisme, suspendu entre les deux camps balzaciens du Quartier latin et du faubourg Saint-Germain. De manière plus abstraite, le Tiers peut être Paris lui-même (« Il se préparait chez Mme de Bargeton et chez Lucien un désenchantement sur eux-mêmes dont la cause était Paris » : *Illusions perdues*, « Folio », II, p. 179) ; ou l'argent (qui s'interpose toujours entre les jeunes gens de *La Comédie humaine* et leurs désirs). Mais si le contenu du Tiers change, sa force narrative reste constante, de même que sa fonction : dans un chapitre de la *Sociologie* (1908), Georg Simmel la décrit comme « transition, conciliation, la suppression des contrastes irréductibles ». Et Julien Freund, dans un raisonnement sur la *polémologie*, ou science du conflit :

> Le tiers est capable de remplir une double fonction. D'une part, il peut empêcher une guerre d'éclater, dans la mesure où il parvient à entraver l'instauration de la relation binaire [...] D'autre part, le tiers peut apparaître au cours d'un conflit et modifier le rapport de forces bilatérales [...] En général, son intervention mène à la solution du conflit, le plus souvent grâce à un compromis[15].

Compromettre, voilà la clef. Le Tiers entre dans le roman comme la force de la médiation sociale ; puis – tournant décisif – la médiation devient la véritable héroïne de *La Comédie humaine*. Le conflit est remplacé par la médiation : c'est une idée si étrange pour la morphologie narrative, c'est un tel changement de paradigme qu'il faudra du temps pour que le *pattern* se cristallise. Dans

15. Julien Freund, « Le rôle du tiers dans les conflits », *Études polémologiques*, 17, 1975.

La Peau de chagrin, en 1831, le Tiers autonome n'existe pas encore et nous trouvons même à sa place (pour la dernière fois) l'objet enchanté du conte ; en 1834, dans *Le Père Goriot*, le Tiers fait déjà sa première apparition chez certains grands personnages isolés (Mme de Beauséant, Vautrin, Goriot lui-même, tous *vaincus dès que l'histoire se développe*) ; en 1839, dans la partie parisienne d'*Illusions perdues*, il prend la forme diffuse et pratiquement invincible de groupes sociaux entiers (l'édition, le théâtre, le journalisme). À ce stade, la hiérarchie narrative est déséquilibrée, puis renversée : les pôles opposés et mélodramatiques des premiers romans – « la logique du tiers exclu » selon l'élégante formule qu'utilise Peter Brooks pour le mélodrame – sont relégués à l'arrière-plan, tandis que ce qui se trouve « au milieu » vient occuper le devant de la scène pour tirer avantage de sa position d'arbitre. *Le Père Goriot* est encore un récit clair, à deux camps, avec l'antithèse sèche de la pension Vauquer et des hôtels particuliers de la Chaussée-d'Antin ; *Illusions perdues* est le roman de la médiation universelle qui s'insinue partout (avec aussi, il faut bien le dire, une certaine sensation de saleté universelle).

J'ai proposé une description narratologique de la naissance du Tiers, mais j'espère qu'il apparaîtra clairement que cette géométrie plutôt abstraite est en réalité un produit profondément *historique* : c'est vraiment la forme secrète de la ville où la nature indirecte – triangulaire – des rapports sociaux devient inévitable et évidente. Au fond, c'est cela qui « oblige » Balzac à modifier la structure binaire de Propp : il essaie d'écrire l'histoire de la ville comme un marché où A vend à B pour acheter chez C et C vend à A pour acheter chez D ou chez E, et ainsi de suite, dans la valse infinie des « trois *dramatis personae* » (Marx) qui font circuler les marchandises dans le premier volume du *Capital*. Et pour appréhender cette structure sous-jacente de la ville, un schéma narratif binaire n'est pas suffisant – il est même erroné : il ne saisit pas l'essentiel. Alors que le compromis y parvient : c'est le signe du Tiers et, après Balzac, le signe même de la vie urbaine.

Comme dans tout marché, les héros du roman urbain peuvent naturellement faire fortune, mais sans jamais obtenir ce qu'ils voulaient vraiment : car dans le grand jeu des triangulations, l'idée de but s'affaiblit et finit même par disparaître[16]. « Le but atteint dément les principes d'où vous étiez partis », dira Jacques Collin à l'un de ses disciples (dont il veut acheter la vie en échange d'une bourse d'or) : entre les principes et le but est venu s'interposer le *compromis* de Simmel et Freund. Avoir su le représenter – et même : *avoir transformé le compromis en quelque chose de fascinant*, grâce à une structure narrative d'une richesse sans précédent –, telle est la grandeur, et la misère, de *La Comédie humaine*.

6. Champs de pouvoir

Jusqu'ici, les cartes de ce chapitre ont permis de situer des personnages ou des groupes sociaux dans leurs espaces géographiques spécifiques. Les figures 50 et 51, qui s'inspirent du travail de Pierre Bourdieu sur *L'Éducation sentimentale*, essaient quant à elles de visualiser les *interactions* entre ces groupes et surtout les lieux où ils se rencontrent. Dans *Illusions perdues*, c'est pendant la fête de Lucien et de Coralie que la densité de personnages est la plus élevée : elle réunit quatre des six groupes sociaux du roman : le journalisme (sur la gauche), le théâtre (au centre), le commerce (à droite) et les jeunes intellectuels du cénacle (en bas). Il n'y a aucun représentant de l'édition (Dauriat, Barbet…) ; et aucun du monde aristocratique du faubourg Saint-Germain – absence bien plus importante. L'aristocratie fait son apparition ailleurs, au Panorama-Dramatique, ou à l'Ambigu, en la personne du duc de Rhétoré et

16. Lucien a rendez-vous avec d'Arthez chez Flicoteaux, mais Lousteau arrive et Lucien change de table. Au Luxembourg, les deux jeunes gens devraient parler de poésie ; mais ils dévient rapidement sur le journalisme. La première rencontre de Lucien avec le journalisme se produit – au théâtre. Et entre le théâtre et Lucien – Coralie. Et ainsi de suite, d'épisode en épisode : chaque formation binaire s'ouvre et forme un triangle. Le Tiers est même présent dans les moments les plus intimes : Rastignac et Delphine se rencontrent dans un appartement payé – par Goriot (qui, au même moment, est en train de mourir à l'autre bout de la ville). Même chose entre Lucien et Coralie : leur nuit d'amour est payée par Camusot, qui se présente le lendemain matin alors que Lucien est encore en train de dormir.

Figure 50. Le champ du pouvoir dans *Illusions perdues*

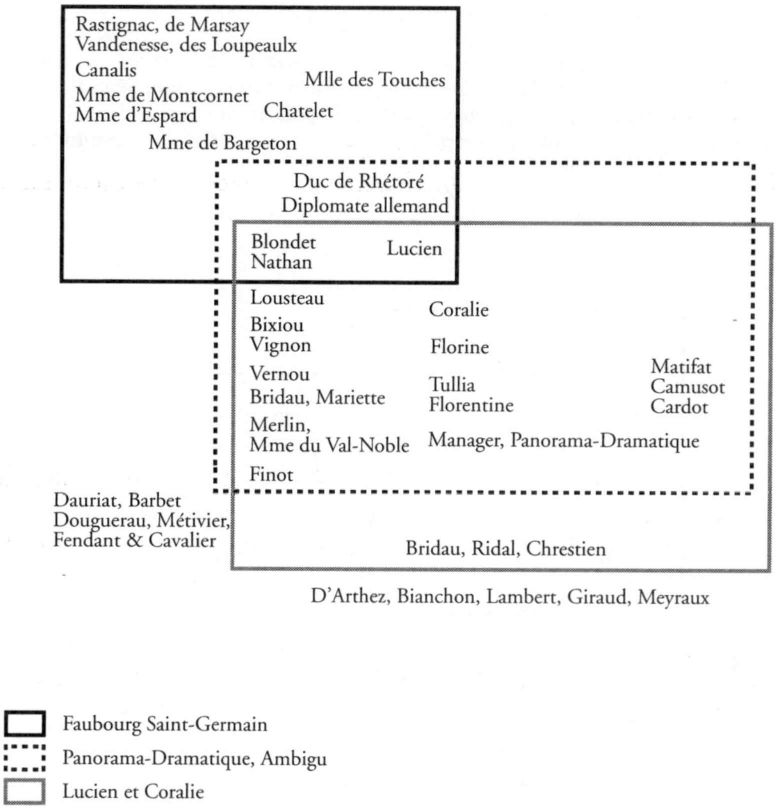

> Une aristocratie est en quelque sorte la pensée d'une société, comme la bourgeoisie et les prolétaires en sont l'organisme et l'action. De là des sièges différents pour ces forces [...] Cet espace mis entre une classe [l'aristocratie du faubourg Saint-Germain] et toute une capitale, n'est-il pas une consécration matérielle des distances morales qui doivent les séparer ?
>
> HONORÉ DE BALZAC, *La Duchesse de Langeais*

Figure 51. Le champ du pouvoir dans *L'Éducation sentimentale*

La position des personnages sur les marges de ce diagramme est, elle aussi, significative et dessine une sorte de topographie du ressentiment : Deslauriers (dont le sentiment d'exclusion est rendu plus aigu par l'invitation éphémère des Dambreuse après les événements de 1848), l'acteur Delmar, le « citoyen » Régimbart et surtout Sénécal, qui est avec Dussardier au centre du règlement de comptes politico-militaire de décembre 1851. En général, l'activisme politique est présenté dans le roman comme un substitut (vain) du pouvoir économique.

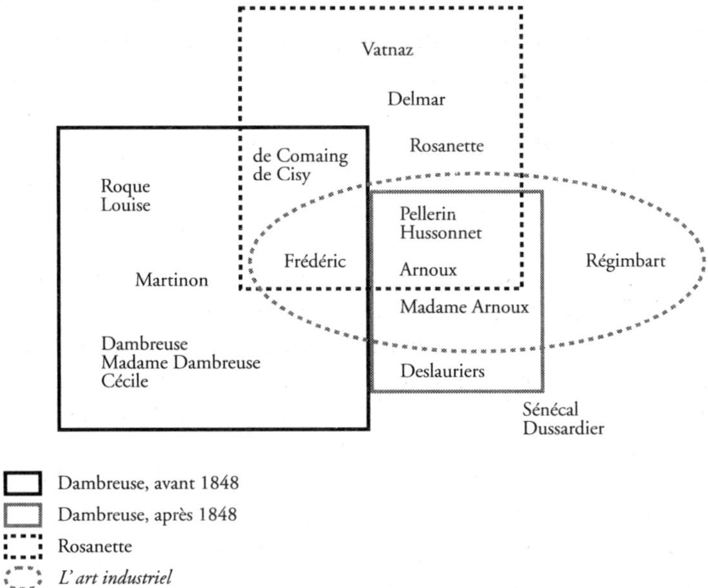

> Pour construire l'espace social de *L'Éducation sentimentale*, il suffit de se rapporter à la définition que les différents groupes donnent d'eux-mêmes à travers les pratiques sociales [...] L'existence de Frédéric, et tout l'univers du roman, s'organisent autour de deux foyers, représentés par les Arnoux et les Dambreuse, soit d'un côté « l'art et la politique », et de l'autre « la politique et les affaires » [...] Tout se passe donc comme si Flaubert avait consciemment sélectionné, à l'intérieur de l'espace social dont il avait l'expérience directe ou médiate, l'ensemble des positions nécessaires et suffisantes à la construction du champ social dont il avait besoin pour établir les conditions de cette sorte d'expérimentation sociologique qu'il nomme « éducation sentimentale ».
>
> PIERRE BOURDIEU, « L'invention de la vie d'artiste », *Actes de la recherche en sciences sociales*

du diplomate allemand ; mais là où elle apparaît, le cénacle disparaît aussitôt. En somme, chaque lieu de rencontre est en même temps un lieu d'exclusion : il est ouvert à certains et fermé à d'autres. C'est une vérité qui devient parfaitement claire vers la fin du roman, lors des dîners du faubourg Saint-Germain, où l'aristocratie est présente en masse ; mais à part deux ou trois journalistes, tous les autres groupes sont rigoureusement exclus.

Chaque espace inclut des groupes et en exclut d'autres ; et on peut même dire qu'il inclut des groupes *parce qu*'il en exclut d'autres, et le pathos balzacien se condense précisément le long de ces frontières entre deux classes ; dans les efforts pour franchir les barrières invisibles ou pour repousser l'intrus ambitieux. *Splendeurs et misères des courtisanes* le révèle avec une brutale franchise : les cinq ou six espaces d'*Illusions perdues* se réduisent à deux seulement et Paris est transformé en un véritable champ de bataille (fig. 52). Ici, on pourrait aisément tracer une ligne qui coupe la ville en deux : une Regent Street, un méridien des Tuileries le long duquel Jacques Collin masse peu à peu ses troupes pour essayer d'ouvrir à Lucien « les portes du faubourg Saint-Germain ». Mais en vain. Et sa défaite est signifiée par un détail de la partie inférieure de la carte : l'église Saint-Thomas-d'Aquin, en plein faubourg Saint-Germain, où Lucien devrait épouser Clotilde de Grandlieu – un mariage qui n'aura jamais lieu. Et puis l'église Saint-Germain-des-Prés, au Quartier latin, où se déroulent les funérailles de Lucien après son suicide en prison. Mille mètres séparent ces deux églises ; *Splendeurs et misères des courtisanes* est la tragédie de ces mille mètres.

Paris comme champ de bataille... on sait que *Splendeurs et misères des courtisanes* est la suite d'*Illusions perdues* ; mais c'en est plus exactement la *simplification.* Le récit balzacien abandonne son nouveau modèle polycentrique et revient au vieux schéma binaire : camp et anti-camp, West End parisien et Ville du Crime. C'est un retour, une régression qui nous montre à quel point il était difficile d'opérer avec un système narratif complexe. Difficile, en raison des

Figure 52. La dernière bataille de Vautrin

De tous les personnages qui vivent près de la frontière symbolique du West End parisien (Esther, Lucien, Peyrade, Lydia), aucun ne survit au choc entre les deux univers sociaux opposés. La difficulté de pénétrer dans le monde de l'élite parisienne est confirmée par les quatre habitations différentes de Mme Schontz (qui provient du demi-monde) dans *Béatrix* : toutes à quelques rues de la Chaussée-d'Antin – mais aucune vraiment dans ce quartier. La Nana de Zola connaît un destin à peu près semblable.

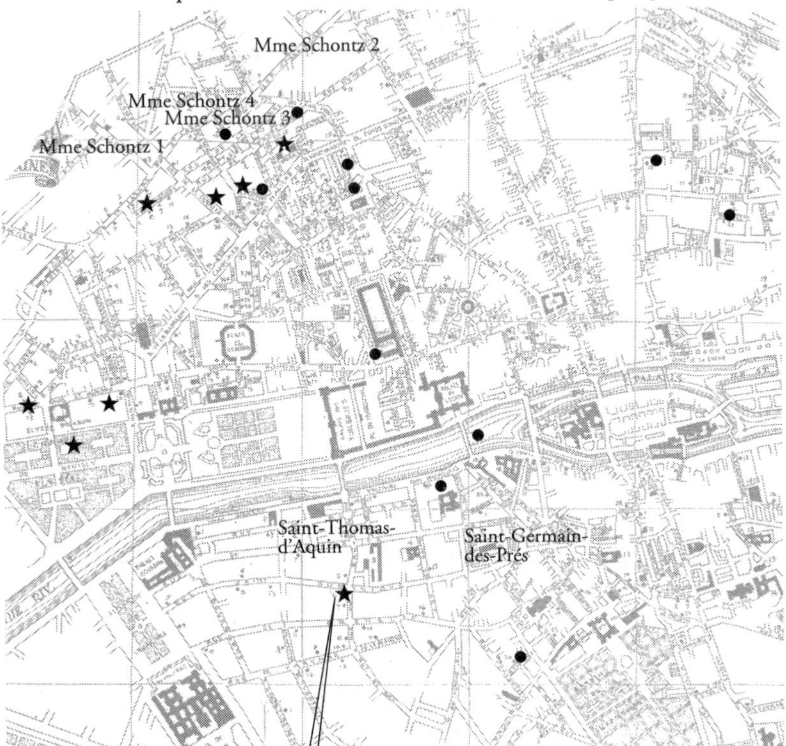

★ Aristocratie

● Monde du crime

En apercevant monsieur de Rubempré, l'un des valets de pied s'avance, sort sur le perron et se met devant la porte, comme un soldat qui reprend sa faction. « Sa Seigneurie n'y est pas ! dit-il. – Madame la duchesse reçoit, fit observer Lucien au valet. – Madame la duchesse est sortie, répond gravement le valet. – Mademoiselle Clotilde… – Je ne pense pas que mademoiselle Clotilde reçoive monsieur en l'absence de madame la duchesse… – Mais il y a du monde, réplique Lucien foudroyé. – Je ne sais pas », répond le valet…

HONORÉ DE BALZAC, *Splendeurs et misères des courtisanes*

nombreuses variables qui sont en jeu et de l'énergie qu'exige une telle entreprise ; et parce que l'idée est encore si neuve (et si étrange) que sa logique profonde peut échapper même à son auteur. Ainsi, il ne faut pas s'étonner que Balzac ait envie de simplifier et de revenir à ce paradigme binaire qu'*Illusions perdues* avait mémorablement dépassé. C'est presque toujours ainsi qu'ont lieu les grandes transformations formelles, un peu à l'aveuglette, avec des écrivains qui *les réalisent, mais ne les reconnaissent pas.* Et il en alla de même pour l'autre grand romancier de la ville du XIXe siècle.

7. Le troisième Londres

Figure 53 : le système spatial de *L'Ami commun.* Comme nous l'indiquons dans la légende, un des premiers épisodes du livre – le long trajet en carrosse de Mortimer et d'Eugene, du West End à Limehouse – illustre d'emblée le coup de génie de Dickens : mettre en contact les deux espaces qui avaient séparé Londres. Voir enfin la ville comme un tout ; comme un système unitaire. Et ce coup lui réussit car il ajoute un troisième Londres entre le West et l'East End, un coin, un espace moyen qui soude ces deux morceaux : comme Mortimer et Eugene, qui vivent justement au centre du centre où on leur rend visite de tous les points cardinaux du roman (Boffin, Charley, Headstone, Riderhood, Mr Wren). Et comme eux Riah (Jenny, Lizzie, Fledgeby, Twemlow), et jusqu'à Venus, le lugubre restaurateur de squelettes ; sans oublier les nombreuses rencontres qui ont lieu dans la rue (Harmon et Boffin, Headstone et Eugene, Boffin et Venus, Eugene et Riah...), celles-ci aussi, en général, au centre de Londres.

Reprenons la carte d'*Oliver Twist* (fig. 39) et comparons-la à cette dernière : c'est comme si, d'un livre à l'autre, les personnages de Dickens avaient réalisé une véritable *Reconquista* de la City. Et à certains égards, ce processus débute même dans *Oliver Twist,* où Fagin et ses compagnons sont repoussés de plus en plus à l'est au fil du roman : de leur refuge initial à Field Lane, près de Saffron Hill, à celui de Whitechapel (« une bonne demi-heure » à l'est de Smithfield), jusqu'à la maison de Sikes à Bethnal Green (où Nancy

Figure 53. *L'Ami commun*

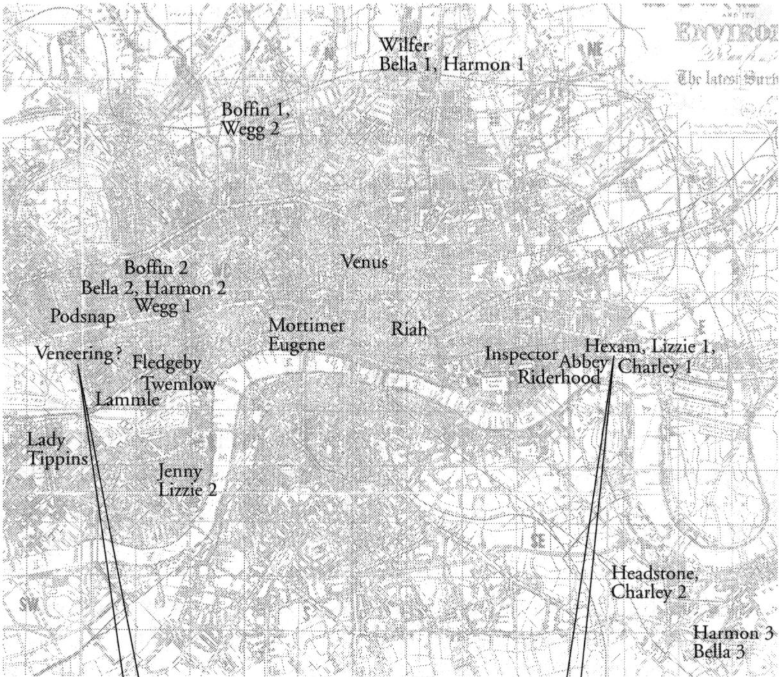

Les roues continuèrent leur mouvement de descente, passant près du monument et de la Tour, et du port, passant par Ratcliffe et par Rotherhithe, passant là où la lie accumulée de l'humanité semblait être descendue des terrains supérieurs comme des détritus moraux, et paraissait s'être arrêtée là en attendant que son propre poids la fasse basculer par-dessus les berges et s'enfoncer dans le fleuve [...]. « C'est un endroit diablement écarté », dit Mortimer, le pied glissant sur les pierres et les immondices qui jonchaient la rive [...]

CHARLES DICKENS, *L'Ami commun*, I, 3

est tuée), puis à Jacob's Island (au sud-est de la Tour) où Sikes se tue en essayant de s'échapper.

Oui, la City avait déjà été « libérée » dans *Oliver Twist*. Pourtant – détail à première vue inexplicable et vaguement irréel –, la City était restée ensuite *complètement déserte* : débarrassée de ses criminels, c'est vrai, mais aussi sans honnêtes gens (à leur arrivée à Londres, les Maylies s'installent « près du parc » ; et Mr Brownlow, qui habitait à Pentonville, réapparaît lui aussi du côté du West End). Comment expliquer ce vide, ce trou au beau milieu de Londres ? Probablement parce que la polarisation West / East, Riche / Pauvre, était si forte – sur le plan social, sur le plan moral, et aussi, nous l'avons vu, sur celui de la construction narrative –, le modèle binaire était si puissant *que Dickens ne savait littéralement pas quoi faire de cet espace intermédiaire*. Puis, petit à petit, il commence à le remplir : les frères Cheerybles dans *Nicholas Nickleby*, Mrs Todgers et le Temple dans *Martin Chuzzlewit*, le va-et-vient entre Gills et Dombey dans *Dombey et fils*... Et peu à peu, ce troisième Londres qui avait au début une fonction totalement subordonnée – de pure liaison entre les réalités bien plus significatives de la Richesse et de la Misère : comme Mortimer et Eugene dans la scène initiale de *L'Ami commun* –, ce troisième Londres révèle qu'il possède un potentiel narratif autonome, immense même. Parce que ce Londres est, tout simplement, le monde de la classe moyenne (fig. 54 et 55).

La classe moyenne : le Tiers de Dickens. Mais qu'est-ce que cela veut dire, ici, être le Tiers ? Tout d'abord, cela veut dire que l'on est encerclé par des forces ennemies. *L'Ami commun* est coincé entre la fraude arrogante du West End et la menace obscure des Docks, où l'« ami commun » est à deux doigts d'être tué. Arthur Clennam (*La Petite Dorrit*) est écrasé entre les spéculations d'un mystérieux banquier et la prison pour dettes ; Pip (*Les Grandes Espérances*), entre le cynisme méprisant d'Estelle et une lutte à mort opposant d'anciens bagnards ; David Copperfield, entre le charme vide de Steerforth et l'inhumanité d'Uriah Heep. La symétrie n'est pas vraiment parfaite, nous le verrons dans un instant ; mais gardons-la comme première approximation. La classe

Figure 54. Le troisième Londres

La classe moyenne de Dickens occupe une sorte de large triangle compris entre Islington (au nord), la City (à l'est) et Soho (à l'ouest). Beaucoup de ces personnages travaillent dans la City et vivent dans la zone nord de Londres (Holborn, Pentonville, Camden Town, Holloway), même si, dans bien des cas (spécialement parmi les hommes de loi), le lieu de travail et le lieu d'habitation coïncident.
La carte comprend les romans suivants : *Oliver Twist, Nicholas Nickleby, Martin Chuzzlewit, Dombey et fils, David Copperfield, La Maison d'Âpre-Vent, Récit de deux villes, Les Grandes Espérances, La Petite Dorrit, L'Ami commun.*

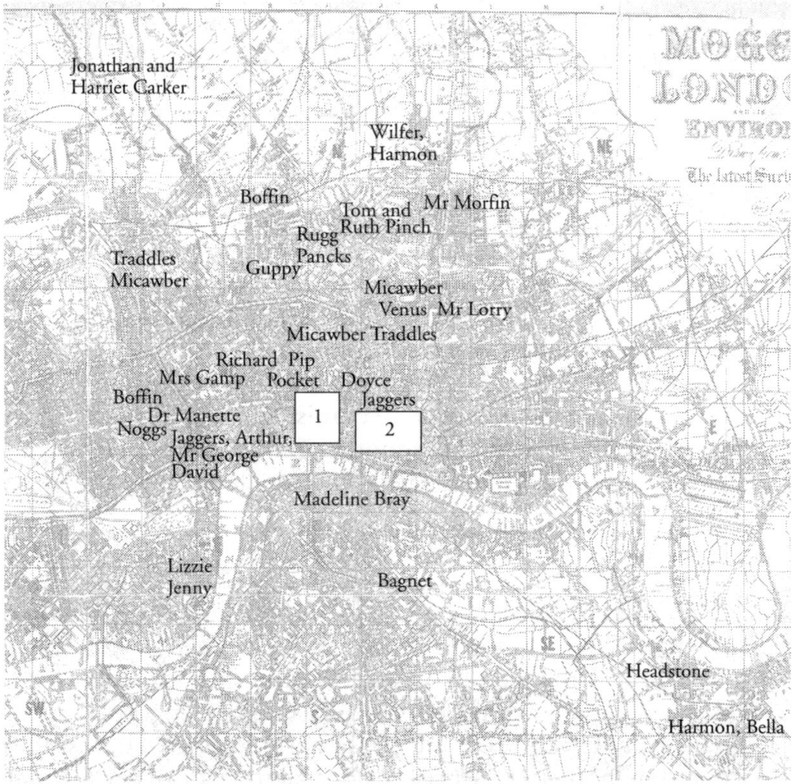

1. *Inns of Court et environs*
Eugene, Mortimer, Mr Tulkinghorn, Nemo, Mr Snagsby, David Copperfield, Vholes, Richard C., Ada, Tom Pinch, John Westlock, Pip, Sidney Carton

2. *The City*
Solomon Gills, Walter Gay, Mrs Todgers, Jonas Chuzzlewit, Cheerybles Brothers, Tim Linkinwater, Nicholas Nickleby, Pip, Doyce&Clennam, Riah, Lizzie, Wilfer

Figure 55. Quatre héros dickensiens

La carte indique les résidences de quatre personnages dickensiens : Oliver Twist, David Copperfield, Pip (*Les Grandes Espérances*) et Arthur Clennam (*La Petite Dorrit*). Leur espace coïncide dans une large mesure avec le triangle de la classe moyenne (fig. 54), sauf pour les mésaventures d'Oliver (entraîné vers l'est, à Whitechapel) et d'Arthur (qui finit en prison pour dettes, au sud de la Tamise). Il est impossible de trouver ici un équivalent de l'« orientation » balzacienne de Paris sur l'axe du désir ; d'ailleurs (à part la petite Dorrit, qui vit elle aussi dans la prison de la Marshalsea), les femmes aimées par ces personnages vivent toutes un peu hors de Londres : Estelle à Richmond, Pet à Twickenham, Dora Spenlow à Norwood (et, pourrait-on ajouter, Steerforth à Highgate).
Dickens connaissait bien les quartiers de la classe moyenne, où il avait habité de 1836 à 1839. Mais, comme l'indique la carte, il passa la plus grande partie de sa vie dans des lieux tels que Devonshire Terrace et Tavistock Square, qui étaient beaucoup plus près du West End abhorré.

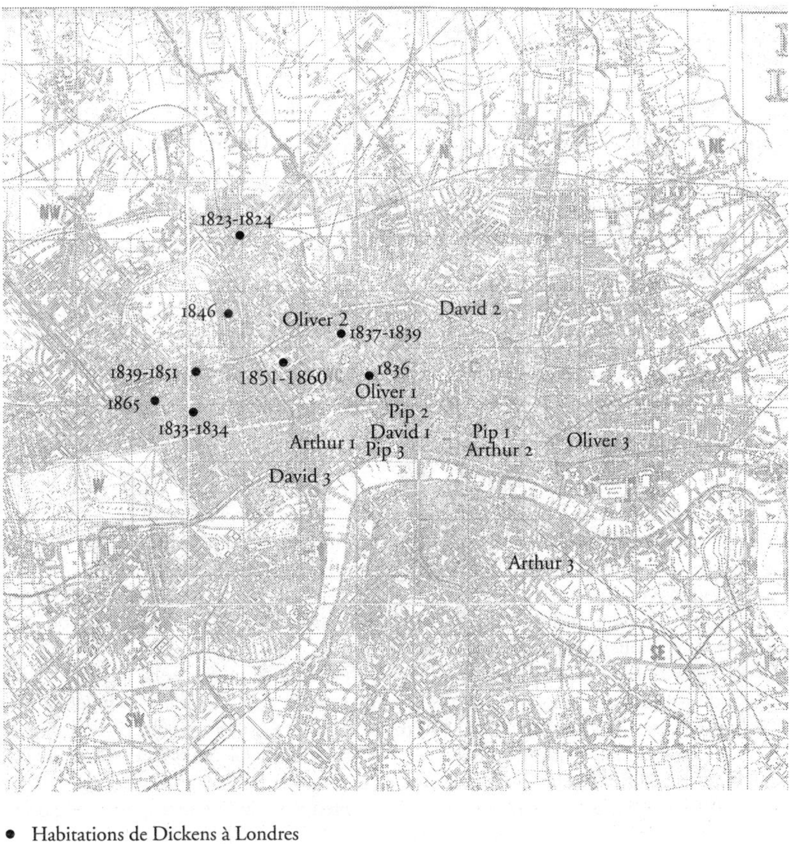

• Habitations de Dickens à Londres

moyenne est vraiment ici *une classe au milieu* : entourée de *vil-lains*, à l'est comme à l'ouest[17].

Que faire, donc ? Tout d'abord, s'éloigner de la ville : travailler dans la City et le soir s'enfuir dans le *suburb*, comme Nicholas Nickleby, John Carker, Wilfer, Harmon, Tom Pinch, Mr Morfin... Phénomène historique réel, naturellement : mais qui devient surtout ici un fait symbolique qui élève la classe moyenne au-dessus de tous les autres groupes sociaux (et même au-dessus de l'univers social tout court). Je veux dire que les travailleurs de Took's Court, ou de Limehouse, ou de Bleeding Heart Yard, vivent et travaillent au même endroit ; de même l'élite du West End, où la résidence et le travail sont presque interchangeables (à supposer que l'on puisse vraiment parler de travail à propos des riches de Dickens)[18]. Aux deux pôles de Londres, en somme, la vie et le travail coïncident : la détermination sociale – la classification : la *classe* – est toujours présente, implacable. Mais, au milieu, la dialectique de la maison et du travail permet à la classe moyenne d'avoir littéralement *deux vies* : une vie publique, sur son lieu de travail ; et une vie privée, différente, « chez elle ». Une existence, ou sans doute plutôt un *masque social* dans la City, comme Wemmick dans *Les Grandes Espérances* ; puis à Walworth, dans le *suburb*, chez lui, *une existence morale* (fig. 56).

Quelle différence avec Balzac ! Car, chez Balzac, le mouvement ne s'accomplit pas entre la maison et le travail, mais entre la maison-et-travail, d'une part, *et le monde du désir*, de l'autre. Les deux romanciers établissent le même diagnostic initial : la vie urbaine

17. D'ailleurs, pourrions-nous vraiment parler d'une classe moyenne, chez Dickens, *si ce n'était à cause de sa position* ? Qu'ont en commun un propriétaire de dépotoir et une femme au foyer, un restaurateur de squelettes et un employé de banque, une couturière pour poupées et un avocat ? Presque rien. Mais chez Dickens, ils ont tous en commun leur position topographique : au centre de Londres, à mi-chemin entre l'élite du West End et les travailleurs manuels du sud et de l'est.

18. Dans *L'Ami commun*, le comptable Wilfer travaille pour Veneering (à Mincing Lane, dans la City), et nous le voyons aussi bien au bureau que dans les logements de Holloway, Greenwich et Blackheath. Mais son patron Veneering (comme Podsnap, ou Merdle dans *La Petite Dorrit*), nous ne le voyons que dans le West End – même s'il va très certainement travailler chaque jour dans la City. De façon significative, le seul personnage du West End qui fréquente la City, Fledgeby, le fait incognito, en gardant secret son rôle au mont-de-piété de Riah.

Figure 56. Le grand Londres de Dickens

Avec l'expansion de Londres au cours du XIXe siècle, beaucoup de villages autrefois autonomes furent absorbés à l'intérieur du continuum urbain. De nombreux personnages de Dickens (presque toujours les meilleurs) vivent toutefois dans des agglomérations encore partiellement autonomes par rapport à Londres, ou qui se trouvent en tout cas à l'extrême périphérie du système urbain.

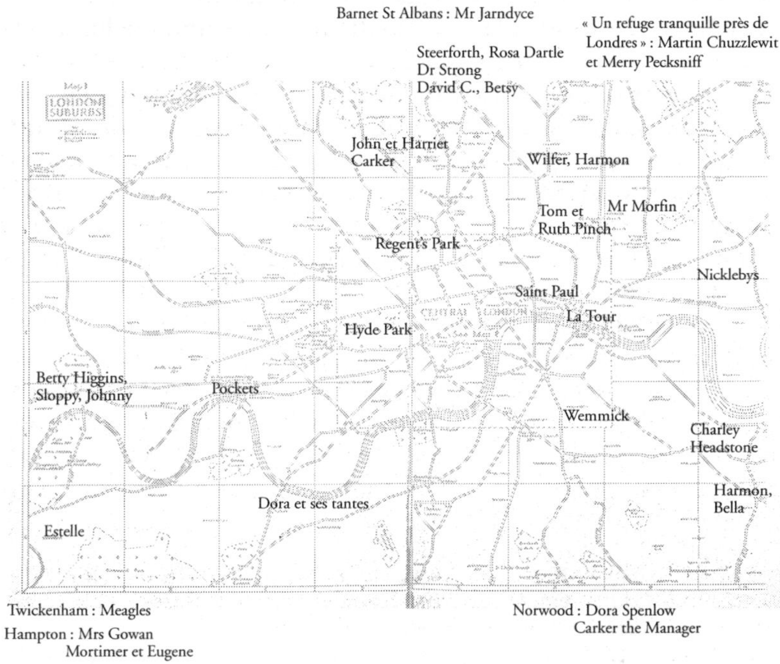

On pouvait vivre et mourir dans le *suburb* sans que rien n'altère l'image d'un monde sans taches, si ce n'est peut-être ces échos éventuels du mal que rapportaient les journaux. Le *suburb* était donc un asile pour la conservation des illusions. Ici, la vie domestique pouvait fleurir sans s'inquiéter de l'exploitation sur laquelle elle était en grande partie fondée. Et l'individualité, indifférente à l'enrégimentement qui imprégnait tous les autres secteurs de l'existence, pouvait prospérer. Il ne s'agissait pas seulement d'un milieu fait pour les enfants, mais d'un milieu basé sur une conception infantile du monde qui sacrifiait par principe la réalité au plaisir.

LEWIS MUMFORD, *The City in History*

est dure, artificielle, complexe, et il faut y trouver un réconfort. Mais ensuite les personnages de Balzac se jettent encore plus au fond du tourbillon urbain : ils vont chez leur maîtresse, jouer aux cartes, au théâtre, au Palais-Royal ; alors que ceux de Dickens se dérobent et se réfugient dans le contre-monde du *suburb* pour protéger leurs illusions. Et la nation dans son ensemble est logée à la même enseigne que la capitale. La figure 45 montrait le rapport entre Paris et la France dans *La Comédie humaine* : un remous, un tourbillon auquel personne ne peut échapper (Lucien, qui s'enfuit, désespéré, et qui voudrait mourir dans la rivière de sa campagne natale, est aussitôt rattrapé par Jacques Collin et ramené à Paris : et il se pend en prison).

Au contraire, le Londres de Dickens n'a presque aucune force de gravité : tout le monde s'enfuit (sauf les canailles) et même les rares exceptions confirment la tendance générale : David Copperfield et Agnes s'établissent à Londres mais c'est ailleurs qu'ils sont tombés amoureux, entre Canterbury et Douvres (fig. 57). De même, après des années de rencontres londoniennes qui ne les mènent à rien, Lizzie et Eugene finissent par se marier – dans une auberge à la campagne. Voici la fin de *La Petite Dorrit*, en regard de celle du *Père Goriot* :

> Rastignac, resté seul, fit quelques pas vers le haut du cimetière et vit Paris tortueusement couché le long des deux rives de la Seine où commençaient à briller les lumières. Ses yeux s'attachèrent presque avidement entre la colonne de la place Vendôme et le dôme des Invalides, là où vivait ce beau monde dans lequel il avait voulu pénétrer. Il lança sur cette ruche bourdonnant un regard qui semblait par avance en pomper le miel, et dit ces mots grandioses : « À nous deux maintenant ! » Et pour premier acte du défi qu'il portait à la Société, Rastignac alla dîner chez madame de Nucingen.

> Tout le monde s'effaça lorsque les signatures eurent été apposées et la petite Dorrit et son mari sortirent seuls de l'église. Ils s'arrêtèrent un moment en haut des marches, sous le porche, pour contempler la fraîche perspective de la rue sous la claire lumière d'une matinée d'automne, puis ils descendirent.
>
> Ils descendirent le cours d'une modeste vie utile et heureuse, prodiguant pendant bien des années des soins maternels aux enfants délaissés de Fanny en même temps qu'aux leurs, afin de permettre à cette

Figure 57. Dernier chapitre

Chez Dickens, la plupart des personnages quittent Londres à la fin du roman : parfois parce qu'ils sont pratiquement envoyés en exil, mais plus souvent encore parce que l'expérience urbaine a été si catastrophique qu'elle ôte toute plausibilité à l'espoir d'un *happy end.*

D'autre part, Londres est le lieu électif de la plupart des *villains* et des arrivistes, ainsi que de la classe dominante au grand complet. La quantité de personnages qui meurent à Londres – ou peut-être plutôt *de* Londres, comme beaucoup de personnages de *La Maison d'Âpre-Vent* (Richard, Miss Flite, l'homme du Shropshire, Krook, Hawdon, Jo, Lady Dedlock, Mr Tulkinghorn…) – est elle aussi très élevée.

Hors carte :

« dans un lieu très éloigné » : Monks
« à l'étranger » : Lammles
Inde : Maldon
France : Sir Mulberry Hawk, Veneerings
Italie : Edith Dombey
Le Caire : Pip, Matthew Pocket
Australie : Micawber, Mell, Peggotty, Little Emily, Martha
Tasmanie : Augustus Moddle
États-Unis : Mr Crummles

> grande dame d'aller dans le monde pendant toute son existence ; donnant à Tip pendant quelques années une fidèle amie et une garde-malade dévouée [...] Inséparables et bénis, ils descendirent tranquillement dans les rues tumultueuses ; et tandis qu'ils passaient au soleil et à l'ombre, la foule tapageuse avide, arrogante, perverse et vaniteuse, continua à s'agiter, à s'échauffer et à faire son habituel tapage.
>
> (Trad. Jeanne Métifeu-Béjeau, Paris, Gallimard, « Bibliothèque de la Pléiade », 1970, p. 970.)

Nous sommes à Londres, ici – mais pourquoi ? En raison d'une sorte d'inertie narrative, dirais-je, et rien de plus. Amy et Arthur n'ont aucun désir de se trouver là et leurs activités n'ont vraiment rien d'urbain (à la rigueur, elles rappelleraient plutôt la famille élargie du monde rural). Londres est agressif, hurlant, dégoûtant – mais on peut facilement l'éviter : la ville existe « autour » des personnages, je dirais même *hors* des personnages, mais pas *dans* les personnages, contrairement à Paris pour Rastignac. Elle laisse Amy et Arthur intacts, innocents : « à » Londres, mais pas « de » Londres. Personnellement, je les imagine dans un *suburb*.

8. *Très étrangement mis en contact*

D'accord, je préfère Balzac à Dickens, que puis-je y faire ? Mais sur un point – la présentation narrative de la ville –, Dickens est nettement plus radical que son rival français. Revenons à la figure 41, le Paris d'*Illusions perdues*. Une sociologie « mythique », disait Walter Benjamin ; un espace polycentrique ; une matrice narrative complexe et imprévisible. Pour moi, le plus grand roman urbain (et pas seulement urbain) qui ait jamais été écrit. Pourtant, la manière dont Balzac présente Paris est très élémentaire. La ville prend forme en suivant les mouvements de Lucien : un pas après l'autre, un espace après l'autre (et avec toutes sortes d'explications fournies par le narrateur). C'est une présentation linéaire, facile, où le lecteur ne court aucun risque et ne fait aucun effort.

Et maintenant, le Londres de *L'Ami commun*. Ce roman fut d'abord publié par épisodes et la figure 58 *a-h* suit les huit premiers, de mai à décembre 1864. À chaque épisode, un ou deux nouveaux espaces ; et surtout, contrairement à *Illusions perdues*, une intrigue qui ne « passe » pas d'un espace à l'autre en suivant un ordre, mais qui *saute* – et puis saute encore : de la Tamise au West End, à Limehouse, à Holloway, au coin de la rue avec le banc de Wegg… Quelle idée fantastique : la ville – *la proximité spatiale qui est l'aspect le plus typique de la ville* – comme une véritable énigme : une « mosaïque de petits mondes », c'est cela, mais dont les tesselles ont été jetées au vent, mélangées. Raymond Williams, *The Country and the City* :

> Quand nous repensons à un roman de Dickens, le mouvement d'ensemble dont nous sommes amenés à nous souvenir […] est un va-et-vient hâtif et apparemment fortuit d'hommes et de femmes que nous entendons répéter toujours les mêmes mots, ou adopter la même expression immuable : une manière de voir les hommes et les femmes qui appartient à la rue. Au début, il y a une absence de connexions et de développement[19]…

Une absence de connexions, au début de l'histoire. Puis, à mesure que l'intrigue se fait plus dense, ces espaces indépendants se lient les uns aux autres dans la toile d'araignée de plus en plus serrée de la figure 58 *a-h*. Mais sur quoi se fondent ces liens ? Encore Raymond Williams :

> Mais avec le développement de l'action, des rapports inconnus et jamais admis, des connexions profondes et définitives, des reconnaissances et de grandes promesses, uniques et incomparables, s'imposent pour ainsi dire à la conscience.

Profond, définitif, grand, unique, incomparable… Trop d'adjectifs, et trop solennels ; comme si Williams était un peu embarrassé par ce qu'il décrit. On ne peut pas lui donner entièrement tort, car ces « rapports jamais admis » et ces « connexions définitives » qui « s'imposent à la conscience » comme autant de « reconnaissances grandes et uniques » – ce sont les abominables « romans familiaux » de Dickens. *La Maison d'Âpre-Vent* :

> Quelle relation peut-il y avoir entre la propriété du Lincolnshire, la maison de Londres, le Mercure poudré et la situation de Jo le hors-la-

19. R. Williams, *The Country and the City*, Oxford U.P., 1973, p. 154-155.

> loi au balai, sur qui était tombé un certain rayon de lumière tandis qu'il balayait le seuil du cimetière ? Quelle relation a pu exister entre tant de gens, dans les innombrables histoires de notre monde, qui, partis des rives opposées de gouffres immenses, se sont trouvés néanmoins réunis !
>
> *La Maison d'Âpre-Vent*, 16 (trad. Sylvère Monod, Paris, Gallimard, « Bibliothèque de la Pléiade », p. 268)

Quel rapport ? Toujours le même, dans *Oliver Twist* et *Nicholas Nickleby*, dans *La Maison d'Âpre-Vent, Les Grandes Espérances, La Petite Dorrit, L'Ami commun* : le sang. Enfants perdus, chassés, crus morts ; amours cachés ; testaments volés, indéchiffrables ou absurdes : tout ce qui a *séparé* dans les mille sous-mondes urbains cette famille que le roman se charge maintenant de *réunir*. Histoire après histoire, le roman familial agit comme la trame fondamentale du récit de Dickens, avec une capacité d'organisation narrative qui laisse très loin derrière elle la sociologie de l'intrigue, même dans les cas les plus intenses : la banqueroute de Merdle dans *La Petite*

Figure 58 *a-h. L'Ami commun*

Ces huit cartes indiquent le déploiement graduel de Londres dans *L'Ami commun*. Chaque carte correspond à l'un des huit épisodes mensuels publiés par Chapman et Hall : et comme on le voit, à chaque épisode Dickens a soin d'introduire de nouveaux espaces, avec de nouveaux personnages et (souvent) de nouvelles caractéristiques sociales. En décembre 1864 (carte *h* : plus ou moins au milieu du livre) le système spatial du roman est pratiquement complet : à partir de ce moment, la nouveauté narrative ne dépend plus directement de la nouveauté spatiale, mais plutôt des interactions entre les différents espaces et de leurs modifications.
J'ai déjà évoqué l'abîme social ouvert (et partiellement fermé) dans les trois premiers chapitres du roman (la Tamise, le West End, les Docks). Mais si le roman s'ouvre sur les deux pôles extrêmes de la société, la séquence des cartes montre que la « classe du milieu » en vient à occuper progressivement une position centrale dans le système urbain de Dickens, à partir des Wilfer (*a*), Wegg et Venus (*b*), Boffin, Eugene et Mortimer (*c*). Si l'on observe la dominante est-ouest de la première carte et qu'on la compare au réseau de la huitième, le « coin » qu'enfonce la classe moyenne ne prête à aucune confusion.

Espace inédit — Rencontre inédite
Espace déjà connu — Rencontre déjà connue

Figure 58 *a*. Mai 1864

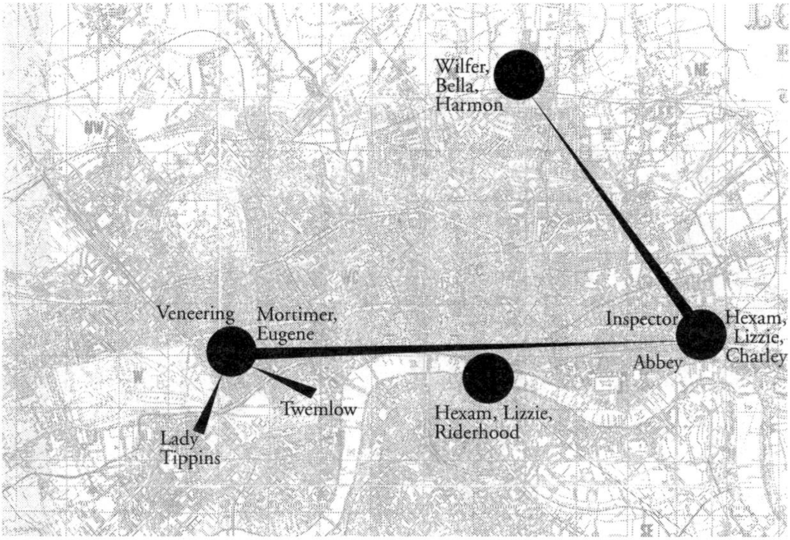

Figure 58 *b*. Juin 1864

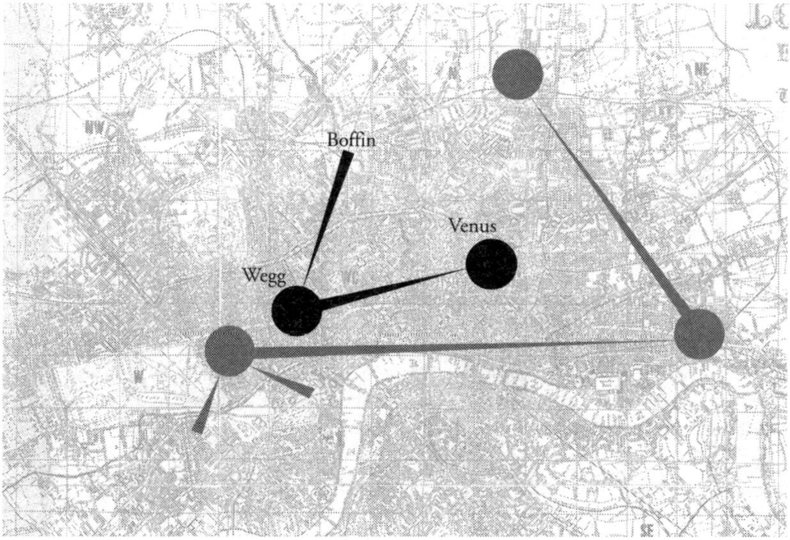

Figure 58 *c*. Juillet 1864

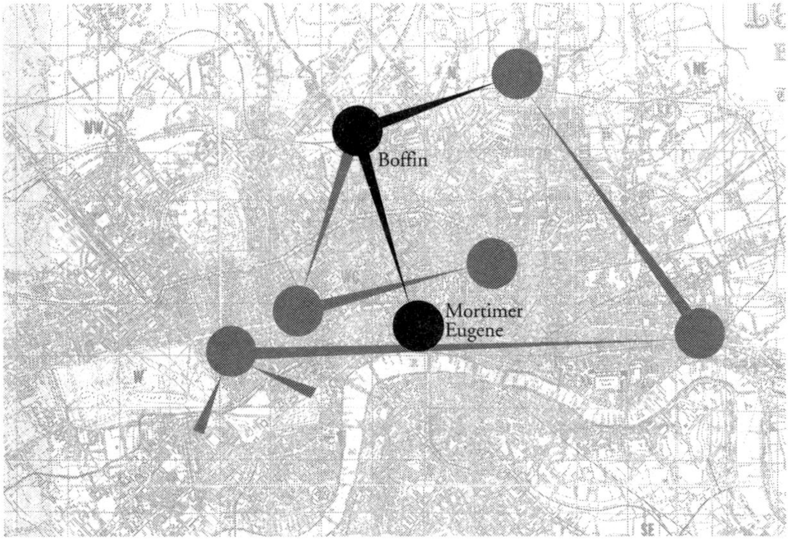

Figure 58 *d*. Août 1864

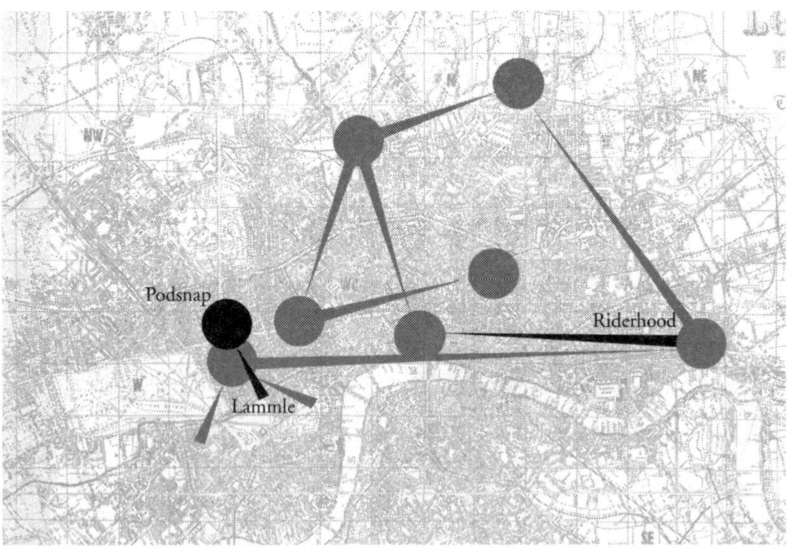

Figure 58 *e*. Septembre 1864

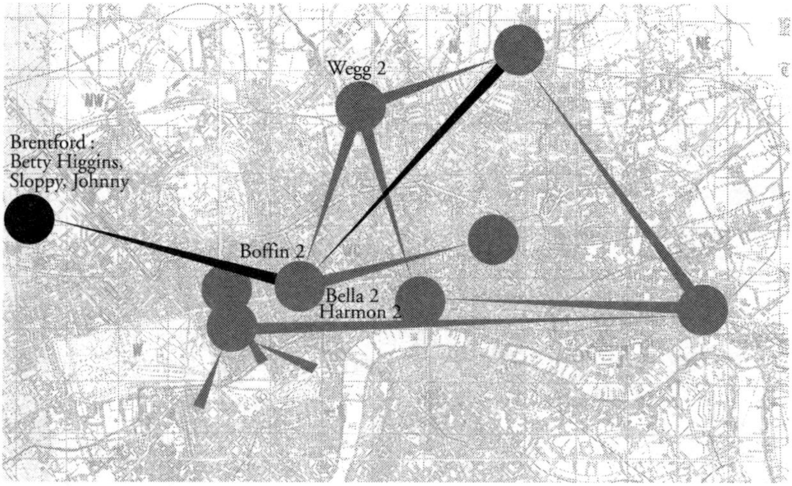

Figure 58 *f*. Octobre 1864

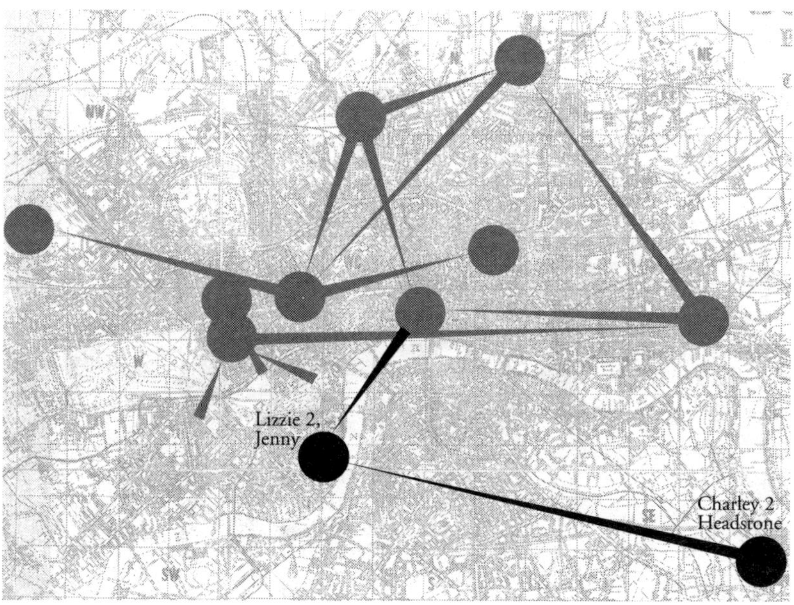

Figure 58 *g.* Novembre 1864

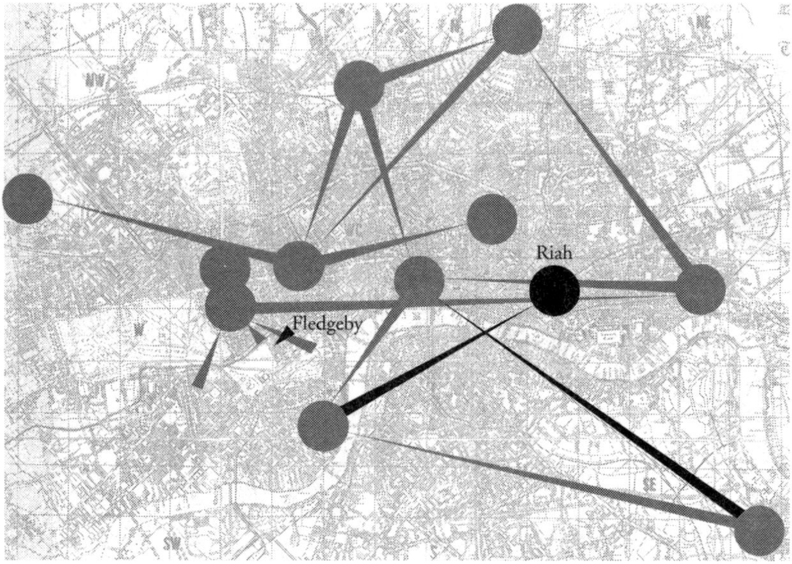

Figure 58 *h.* Décembre 1864

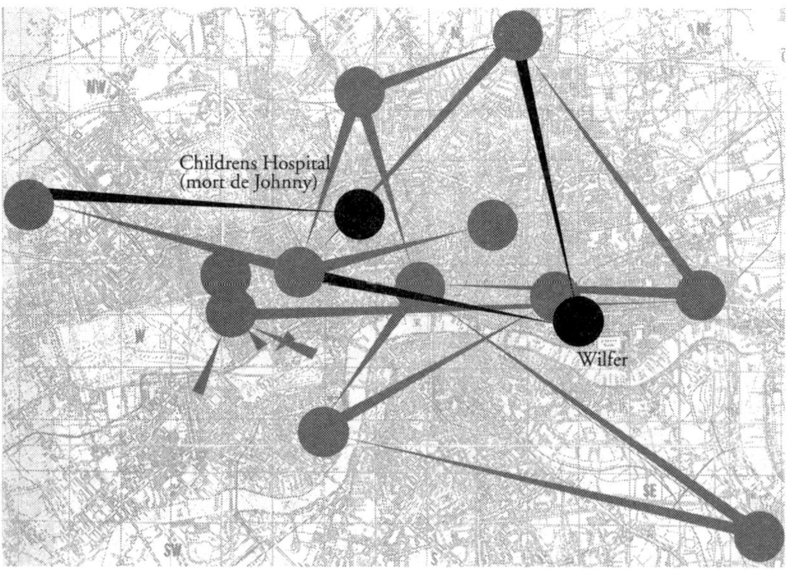

Dorrit, par exemple. C'est un autre exemple de la manière hésitante et contradictoire avec laquelle a pris forme le roman urbain. Les espaces sans liens de la grande ville amplifient-ils le « bruit », les dissonances, la complexité de l'intrigue ? Dans ce cas, le roman familial essaie de *la simplifier* et de faire de Londres un ensemble cohérent. Et le résultat est un système composite, en équilibre précaire, toujours sur le point de se désagréger dans des directions opposées : vers les sketches et les scènes détachées (qui furent, naturellement, la forme que le jeune Dickens pratiqua à ses débuts) – ou vers une fable biographique qui essaie, d'une manière ou d'une autre, de les ramener à l'unité.

Elle essaie de les ramener à l'unité… Mais considérons les figures 59-61 : où les trois grands romans londoniens de Dickens sont décomposés, comme *Illusions perdues* et *L'Éducation sentimentale* aux figures 50-51. Pourtant, la vaste zone centrale vers laquelle convergeait « naturellement » le roman de Balzac et de Flaubert – après tout, *la ville n'est-elle pas précisément un centre ?* – a presque disparu chez Dickens et le peu qui en reste est occupé par des personnages paresseux et gâtés comme Mortimer et Eugene, ou Arthur Clennam, le rêveur un peu mou de *La Petite Dorrit*. (*La Maison d'Âpre-Vent* fait exception : mais le monde de la Loi – à part Bucket, ce ne sont que des salauds, des fous ou des morts – ressemble plus à un abattoir qu'à autre chose.) Comme s'ils passaient le roman aux rayons X, ces diagrammes nous montrent un Londres qui est en réalité un archipel de villages (Twickenham, Bleeding Heart Yard, la Marshalsea, le West End…) et où les différents fils de l'intrigue, qu'il y ait ou pas reconnaissance finale des personnages, restent dans l'ensemble détachés les uns des autres. Et lorsqu'on arrive à un contact entre les différentes classes sociales, on est frappé de remarquer que tout cela reste sur un plan *strictement personnel* : dans la figure 59, l'amour qu'elle éprouve pour Eugene n'oblige pas Lizzie à affronter le snobisme cruel du West End – de même qu'il n'oblige pas Eugene à se mesurer au monde du travail manuel et de la pauvreté chronique. Au lieu de changer de classe sociale (comme cela se produit chez Balzac, pour ceux qui ont de l'énergie et beaucoup de chance), ces personnages semblent *la transcender* et pénétrer

Figure 59. *L'Ami commun*

Les différentes parties de ce diagramme, et des suivants, sont des univers narratifs en grande partie autosuffisants : chacun est doté de *villains*, de victimes innocentes, de personnages comiques, de mystères, de potentialités mélodramatiques. Toutefois, ces ingrédients ne sont pas distribués de manière uniforme : ainsi, les *villains* sont beaucoup plus nombreux dans le West End, tandis que certains types d'interaction « vertueuse » se produisent plutôt entre la classe moyenne et les travailleurs pauvres (voir la fig. 62). En général, cette superposition à la fois multiforme et restreinte est idéale pour le comique dickensien : elle fait se rencontrer des mondes incommensurables (avec le mélange explosif de leurs langages), mais elle n'établit jamais ce terrain commun solide qui ôterait sa force aux poudres du comique.

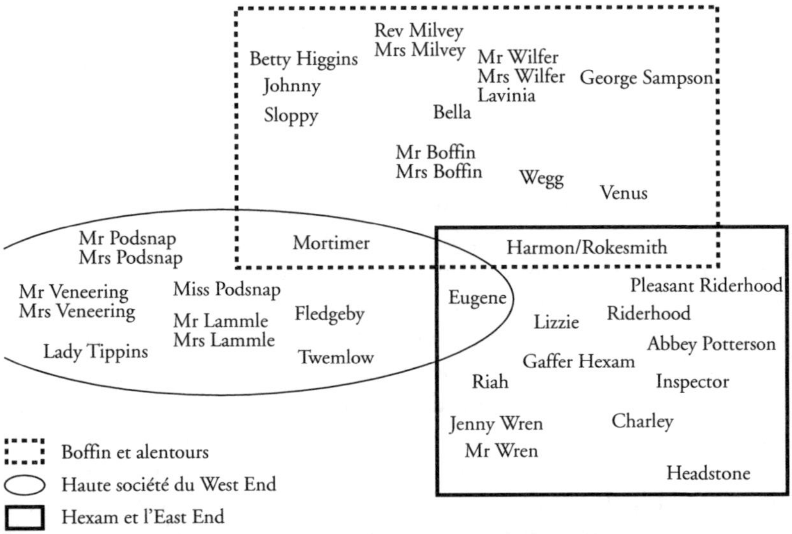

dans un monde enchanté où tout lien se sublime en quelque chose de purement éthique et où le milieu – la « forme démoniaque » que prennent les rapports sociaux, dira Auerbach dans *Mimesis*, à propos du réalisme français – n'a plus aucun pouvoir.

D'ailleurs, observons le système de rapports représenté par la figure 62 : les classes supérieures pratiquement exclues, et une circulation intense entre les travailleurs pauvres et la classe moyenne. C'est l'utopie petite-bourgeoise du monde de Dickens : la classe moyenne comme pivot du système social et comme source de ses

Figure 60. *La Petite Dorrit*

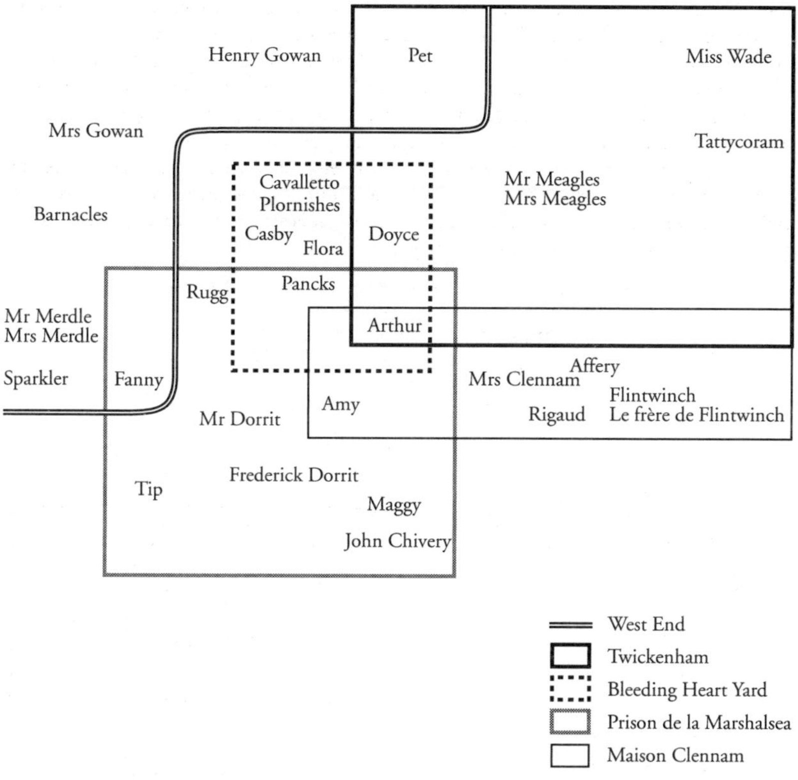

valeurs morales. Plus d'ambition féroce de « parvenir » coûte que coûte, comme dans la petite bourgeoisie française (puis russe), mais seulement la modeste aspiration à une vie laborieuse et respectable, à laquelle associer avec bonheur les meilleurs éléments du prolétariat : où « meilleur » signifie encore une fois dépourvu de toute ambition. Ce n'est rien d'autre qu'un camouflage mielleux du rapport de la morale et du succès, la mobilité sociale y sourit aux humbles, et à eux seulement : Little Dorrit, Charley et Esther dans *La Maison d'Âpre-Vent*, Bella Wilfer après sa résurrection morale,

Figure 61. *La Maison d'Âpre-Vent*

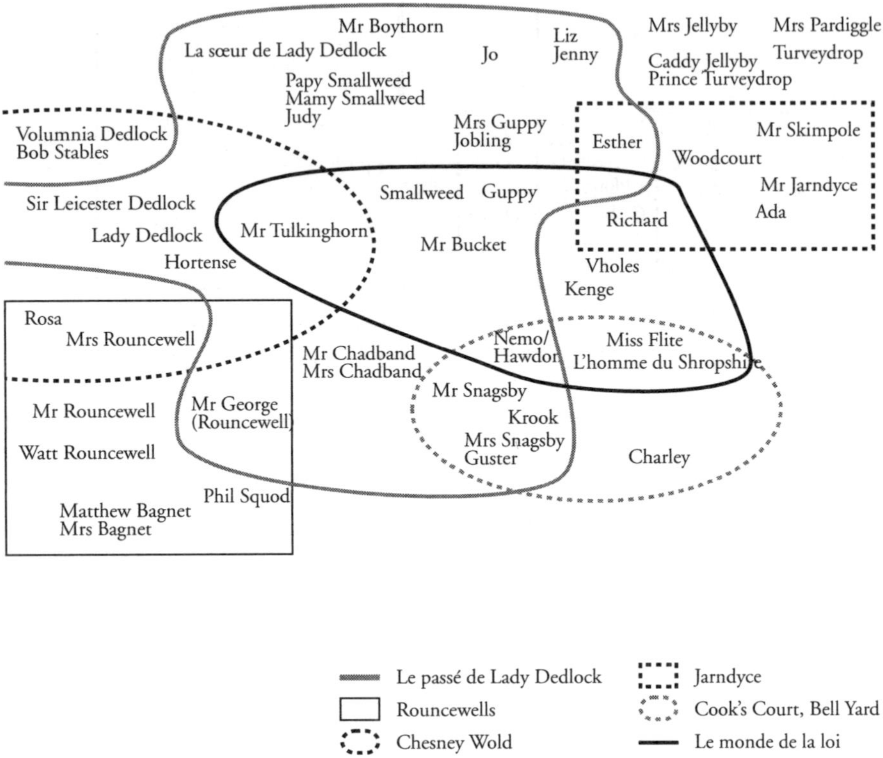

Lizzie, Sloppy, les excellents Boffin. Dommage seulement pour tous ces parents incurablement arrivistes qui détonneraient dans un univers si paisible et qui doivent donc être exterminés (Hexam, Riderhood, Mr Wren, Mr Dorrit, Tip…) afin que le *happy end* bourgeois puisse avoir lieu. Mais qu'y faire, tout se paie, même les bons sentiments.

9. 221 B Baker Street

Le Londres de Dickens. Et le Londres de Conan Doyle, qui a la réputation d'être plus inoubliable encore. Ainsi, quand je travaillais aux cartes qui vont suivre, j'ai mené une petite enquête sur le Londres de Sherlock Holmes auprès de mes amis et de mes collègues. Les réponses, toujours très tranchées : le brouillard, l'East End, les impasses, les Docks, la Tour, la Tamise…

Figure 63 : le Londres de Sherlock Holmes. Où l'on voit que la réalité est bien différente.

Un petit nombre d'enquêtes sont situées dans la City et quelques autres sont éparpillées par-ci par-là ; mais la plupart se déroulent dans le West End. Les quartiers pauvres au sud de la Tamise, qui étaient au centre des deux premiers romans (« Il semble bien que notre enquête ne nous emmène pas dans le grand monde,

---

Figure 62. Rapports entre classes dans *L'Ami commun*

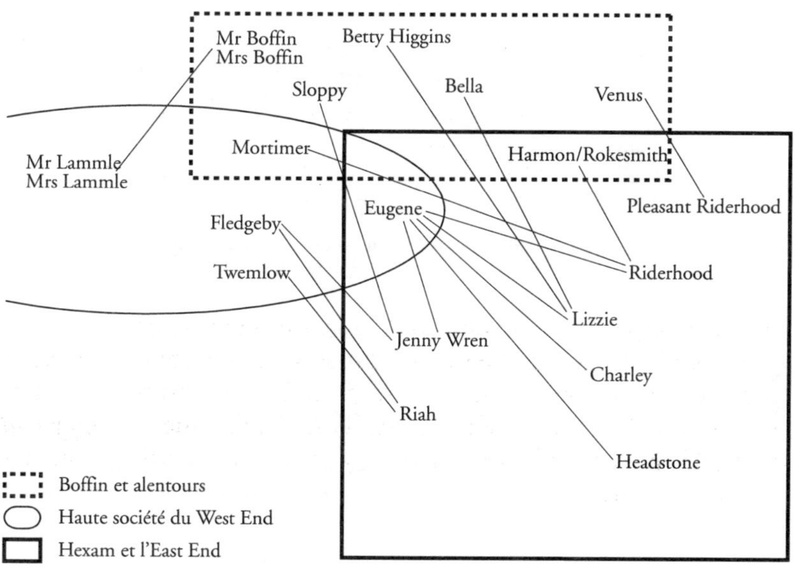

Figure 63. Le Londres de Sherlock Holmes

Contrairement aux deux premiers romans d'Holmes, qui se déroulent au sud de la Tamise, entre Lambeth et Camberwell, les récits courts publiés à partir de 1891 dans le *Strand Magazine* sont presque entièrement situés entre le West End et la City.
Étant donné que les premiers romans de Conan Doyle n'eurent pas beaucoup de succès, alors que ses récits connurent immédiatement une popularité légendaire, il est possible qu'Holmes doive sa fortune à ce déplacement géographique, avec lequel Conan Doyle « devina » l'espace juste pour le récit policier.

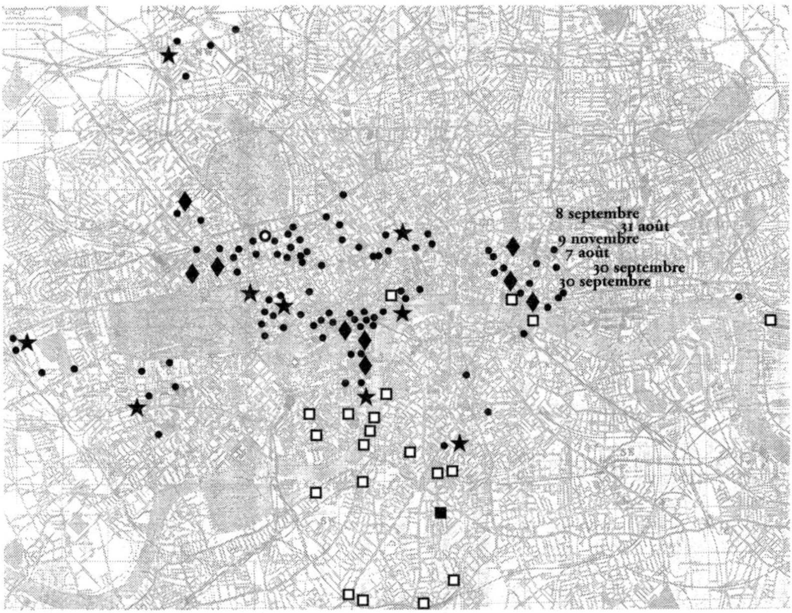

Une étude en rouge (1887), *Le Signe des quatre* (1890) : ■ Meurtres (hors carte : Upper Norwood)
□ Déplacements d'Holmes

Récits (1891-1927) :
- o 221 B Baker Street
- • Déplacements d'Holmes
- ★ Meurtres
- ♦ Autres crimes

7 août, etc. : les crimes de Jack l'Éventreur

« J'ai vraiment peur – dit Holmes en souriant – que tous les cavaliers de la reine, et tous ses fantassins, ne puissent nous aider dans cette affaire. » Il avait déplié son grand plan de Londres et se penchait dessus, attentif. « Voyez-vous cela – dit-il peu après d'un air satisfait –, on dirait que les choses prennent une bonne tournure. Bien, Watson, je crois vraiment que nous y arriverons, en fin de compte. »

CONAN DOYLE, *L'Aventure du projet Bruce-Partington*

Watson » : *Le Signe des quatre*), ont pratiquement disparu ; quant au Londres qui s'étend à l'est de la Tour, Holmes ne s'y rend qu'une seule fois en cinquante-six récits.

Observons maintenant la figure 64 : les zones de « dépravation et de criminalité occasionnelle » du grand plan de Booth. C'est l'exact contraire du Londres de Doyle. Il y a des foyers de « classes dangereuses » à Paddington, Westminster, Soho, Camden Town ; mais la zone de plus forte concentration commence près de la Tour et s'élargit ensuite vers l'est, entre Bethnal Green et Whitechapel : les quartiers les plus pauvres de la ville.

En somme : d'un côté, *le crime imaginaire, et des riches* ; de l'autre, *le crime réel, et des pauvres.* Une asymétrie qui eut peut-être

---

Figure 64. Les classes dangereuses de Charles Booth

La carte indique les concentrations de la catégorie sociale la plus basse (*Vicious, Semi-criminal*) incluse par Booth dans la *Descriptive Map of London Poverty* de 1889.

Figure 65. Assassinat à la campagne

Loin de Londres, les crimes deviennent en général plus sanguinaires et la proportion des meurtres passe de moins de la moitié des cas examinés par Holmes à environ les trois quarts. Dans le premier recueil d'Holmes – les *Aventures* – le contraste entre la ville et la campagne était encore plus net car aucun des sept récits londoniens ne contenait de meurtre, alors que les cinq récits situés à la campagne étaient tous des histoires de meurtres (ou de tentatives de meurtre). Puis, la mort violente devint « obligatoire » pour le genre policier et Conan Doyle doit avoir décidé de l'introduire aussi à Londres. Toutefois, compte tenu du charme extraordinaire de ces premières histoires sans crimes de sang (*Un scandale en Bohême, L'Homme à la lèvre tordue, La Ligue des cheveux roux*), il n'est pas certain qu'il ait eu raison.

« Telle est ma conviction, Watson, fondée sur l'expérience directe, que les plus basses et les plus torves ruelles de Londres ne cachent pas un vice aussi répandu et horrible que celui que l'on peut rencontrer dans la souriante et charmante campagne [...] En ville, le poids de l'opinion publique peut obtenir ce que la loi, à elle seule, n'est pas en mesure d'obtenir. »

CONAN DOYLE, *L'Aventure des hêtres rouges*

au début une origine « tactique », qui sait : Conan Doyle est en train d'inventer le personnage du raisonneur infaillible et envoyer celui-ci en mission à Whitechapel – le quartier des six crimes non élucidés de Jack l'Éventreur – serait rien moins que sage ; en effet, comme le montre la carte 63, chaque fois qu'il arrive près de Whitechapel, Holmes s'arrête : mais cela mis à part, l'antithèse de ces deux géographies a une raison symbolique plus profonde. En effet, le monde criminel de Charles Booth est le résultat presque inévitable de la misère urbaine : c'est un fait patent, répandu, évident, qui n'a vraiment rien de mystérieux. Mais le genre policier veut le crime *comme énigme*, l'événement étrange, inouï, le « cas », le « mystère », l'« aventure ». Et cela ne peut se produire que très loin du Londres des pauvres : c'est une affaire de grands hôtels, d'hôtels particuliers à l'orée du parc, de banques pleines de lingots d'or, de ministères, de secrets d'État… Le genre policier, disons-le clairement, aime le Londres de l'éternel privilège : les mêmes rues, les mêmes maisons et les mêmes quartiers que les *silver-fork novels*. Ce n'est donc pas un hasard si, sur la carte de Booth, Baker Street est d'un beau rouge vif, entourée d'une mer dorée.

Londres. Puis les aventures rurales de la figure 65 – qui ne s'en éloignent cependant jamais beaucoup. Holmes se rend dans le Surrey, le Kent, le Sussex (c'est sur la côte de ce comté que le vieux détective se retire avec ses abeilles) : mots codés pour désigner un week-end à la campagne, suggère Francis Mulhern, qui a sans aucun doute raison. Et ce monde de parcs et de vieux domaines ne peut que nous rappeler la première des cartes que nous avons vues : l'Angleterre de Jane Austen. Comme à l'époque, l'Angleterre a peur et invente la formule invraisemblable de l'*invasion literature* : histoires de guerre, contre les Français, les Allemands, les Russes et enfin les Martiens, qui débarquent dans le sud de l'Angleterre et marchent sur la capitale sans défense (alors que Dracula, qui est plus intelligent, débarque au nord-est). Michael Matin, qui a étudié ce genre désormais oublié, a tracé une carte qui ressemble beaucoup à l'Angleterre de Conan Doyle (fig. 66) : comme si les crimes que combat Sherlock Holmes (et qui sont tous des meurtres, au sud de Londres) étaient à leur tour une sorte de figure chiffrée de l'attaque ennemie.

Figure 66. Géographie de l'*invasion literature* (1871-1906)

La carte comprend les romans suivants : colonel George Chesney, *La Bataille de Dorking*; « Grip », *Comment John Bull perdit Londres*; Horace Francis Lester, *La Prise de Douvres*; William Le Queux, *La Grande Guerre de 1897*; T.W. Offin, *Comment les Allemands prirent Londres*; colonel F.N. Maude, *La Seconde Bataille de Dorking*; « Quartier général », *L'Inscription sur le mur*; William Le Queux, *L'Invasion de 1910.*

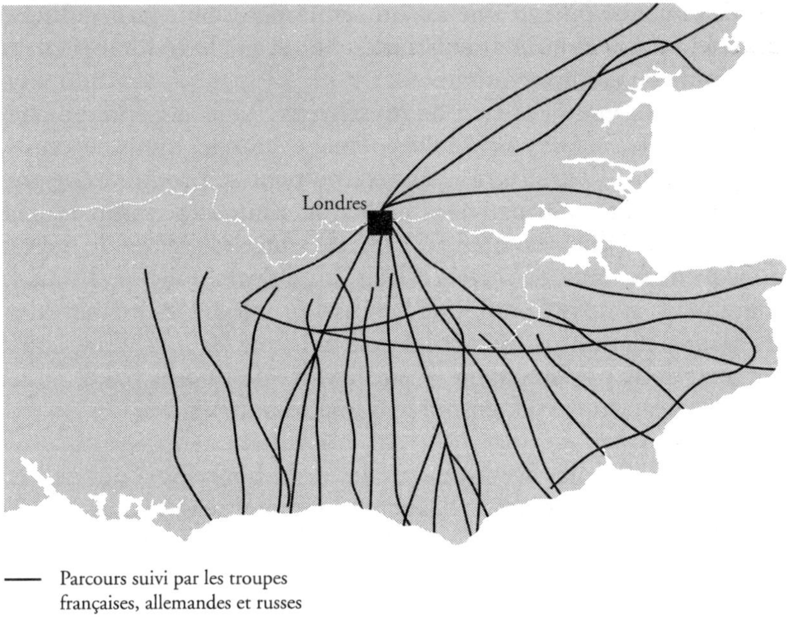

Non, la catastrophe n'arriva pas par surprise. Elle s'abattit sur nous à l'improviste, c'est vrai, mais son arrivée avait été annoncée sans ambages – si seulement nous n'avions pas tout fait pour ne pas voir. Nous autres Anglais, nous ne devons nous en prendre qu'à nous-mêmes, pour l'humiliation qui a frappé notre terre. Vénérable vieillesse, dit-on ! Vieillesse déshonorée, dis-je au contraire, car elle doit faire suite à une vie déshonorée comme la nôtre...

COLONEL G.T. CHESNEY, *La Bataille de Dorking ou Compte rendu de l'invasion allemande, et de la chute de Londres et Woolwich, raconté par un volontaire à ses petits-enfants* [1871]

C'est probable, au fond, étant donné que chez Conan Doyle presque un criminel sur deux est un étranger (fig. 67) et que dans la seule histoire qui se déroule hors du Royaume-Uni – *The Final Problem* : aux sources du Rhin – Holmes est tout de suite tué (mais il ressuscite ensuite : à Park Lane, en plein West End).

« Comment l'Angleterre devint-elle une île », a écrit Fernand Braudel. Eh bien, en particulier comme ça.

Figure 67. « Rache »

Contrairement aux *villains* français de la figure 10, les criminels de Conan Doyle viennent surtout des États-Unis, d'Allemagne et d'Italie. C'est le signe que de nouvelles rivalités économiques (États-Unis) et politico-militaires (Allemagne) ont remplacé le vieil antagonisme anglo-français. Quant à l'Italie, sa présence dans le genre policier de la fin du siècle dernier est essentiellement liée à l'existence de sociétés criminelles de type mafieux.

... Nous traversâmes le Londres du grand monde, le Londres des hôtels, le Londres des théâtres, le Londres littéraire, le Londres commercial, le Londres maritime, pour arriver enfin dans une ville fluviale de cent mille âmes, où les immeubles d'habitation suffoquaient sous la puanteur de tous les parias d'Europe...

CONAN DOYLE, *L'Aventure des six Napoléons*

CHAPITRE TROIS

Le marché du roman vers 1850

Marché du roman. Sociologie de la littérature, comme on l'a longtemps appelée ; histoire du livre, histoire de la lecture, comme on tend à l'appeler aujourd'hui. Un domaine nouveau, en plein développement, bourré de surprises ; mais qui n'a pas encore vraiment eu d'impact sur l'histoire littéraire et encore moins sur la réflexion morphologique. Les historiens du livre et de la littérature ont fait preuve jusqu'à présent d'une grande diplomatie mais ils n'ont pas encore engagé un vrai débat. Je vais donc tâcher dans ce chapitre de jeter un pont entre deux orientations de recherche : l'histoire du livre et l'histoire des formes. Des réalités fort éloignées, dira-t-on. C'est bien pour cela que ce pont mérite d'être lancé.

Ces pages se veulent une étude *quantitative* : l'« histoire sérielle du troisième niveau » (le niveau de la culture), comme l'a appelée Pierre Chaunu [1]. Comme toujours dans l'histoire sérielle, je travaillerai sur un objet artificiel, construit ; car on ne « trouve » pas une série dans la nature, on la construit – et on la construit à partir de ce qui est susceptible de se répéter et peut donc transformer des objets distincts en une série homogène. C'est pour cette raison que les méthodes quantitatives sont suspectes aux yeux de la critique littéraire : celle-ci craint qu'elles n'effacent ce que tout texte a d'unique et d'original. Cette crainte est justifiée, admettons-le. Mais comme je ne crois pas à la valeur épistémologique du cas unique, tout cela ne me trouble guère, au contraire… Mais j'y reviendrai plus loin.

1. P. Chaunu, « Un nouveau champ pour l'histoire sérielle : le quantitatif au troisième niveau », dans *Méthodologie de l'histoire et des sciences humaines*, Toulouse, Privat, 1973.

Enfin, il s'agit bien sûr aussi d'un chapitre de géographie culturelle. Les historiens du livre ont souvent montré que le marché littéraire est divisé verticalement, entre les différents groupes sociaux ; pour ma part, j'étudie ici ses discontinuités horizontales, d'un lieu à l'autre. Cela m'amènera à réfléchir sur les différents espaces de l'histoire littéraire – la province, la nation, le continent, le monde… –, qu'unissent des rapports hiérarchiques parfois inflexibles.

I

1. « Expériences menées sur des diagrammes »

La figure 68 : *circulating libraries.* Les bibliothèques « circulantes », de prêt, au milieu du XIXe siècle : quand l'immense majorité des lecteurs n'achète pas de romans mais les emprunte dans ces cabinets de lecture qu'on trouve un peu partout et qui constituent donc d'excellents indicateurs de marché. Mais avec un sérieux inconvénient, malheureusement : bien qu'il nous reste de nombreux catalogues de *circulating libraries,* leurs registres de prêt ne nous sont pas parvenus[2] : c'est-à-dire que nous savons quels livres étaient en rayonnage, mais pas s'ils étaient lus. Ce qui est certainement dommage, mais rend d'autant plus utile l'étude des catalogues : comme nous ne saurons jamais ce que les gens lisaient effectivement, il ne nous reste qu'à raisonner sur ce qu'ils auraient *pu* (ou *n*'auraient *pas* pu) lire.

Après avoir demandé conseil à des spécialistes du livre, j'ai donc écrit en 1993 à plusieurs bibliothèques anglaises et je me suis retrouvé avec les 14 catalogues de la figure 68. Comme ces catalogues suivent l'ordre alphabétique par titre, j'ai sélectionné les cent premières entrées de chaque liste pour avoir des corpus comparables et j'ai commencé à les étudier. Avec un seul espoir, et des plus simples : trouver le plus de différences possible. La géographie

2. Avec une exception, qui fait l'objet d'une excellente étude de Jan Fergus, « Eighteenth-Century Readers in Provincial England : The Customers of Samuel Clay's Circulating Library and Bookshop in Warwick, 1770-1772 », dans *The Papers of the Bibliographical Society of America*, vol. LXXVIII, n° 2, 1984.

Figure 68. *Circulating libraries*

Catalogues consultés : Elbers' (Londres, 1838) ; Literary Society (Madras, 1839) ; Lovejoy's (Reading, 1845) ; Collumbell's (Derby, 1845) ; Public Library (Norwich, 1847) ; Public Library (Beccles, 1847) ; Hewitt's (Derby, 1849) ; Davies' (Cheltenham, 1849) ; Henriques' (Cheltenham, 1849) ; Kaye's (Newcastle-upon-Tyne, 1852) ; Plowman's (Oxford, 1852) ; Vibert's (Penzance, 1855) ; Athenaeum & Mechanic Institute (Wolverhampton, 1856) ; British Library (Londres, 1861).

se nourrit de différences (si les fleuves et les villes et les montagnes étaient partout distribués de façon uniforme, les cartes géographiques seraient inutiles et la géographie n'existerait pas). Et puis la notion de « littérature nationale » ne m'a jamais convaincu et je comptais donc sur une distribution très différenciée pour la dissoudre dans un archipel de circuits ou de marchés distincts.

Bien. J'avais le corpus et je devais l'étudier. Mais comment ? Pour moi, l'unité d'analyse idéale aurait été le genre littéraire : mais la taxonomie du récit du XIXe siècle est tellement confuse et les titres de ces catalogues sont souvent si obscurs qu'une analyse par genres était hors de question pour le moment. Je commençai donc à évaluer la « mise à jour » des différentes bibliothèques, mais je ne trouvai rien d'intéressant. Je passai alors à un autre indicateur qui était, au sens large du terme, une mesure de la présence du « canon » dans les différents catalogues : sur les cent romans de chaque corpus, combien avaient été écrits par des auteurs mentionnés dans le *Dictionary of National Biography* (DNB). Le DNB est loin d'être parfait, naturellement (et il est aussi beaucoup plus vaste que le « canon » romanesque courant), mais c'est un index riche et digne de foi : Raymond Williams l'avait déjà utilisé avec succès dans les années soixante et, plus récemment, Gaye Tuchman et Nina Fortin l'ont consulté pour leur analyse de la formation du canon (et des exclusions que celui-ci comporte)[3].

À ma grande satisfaction, le DNB fit ressortir tout de suite de très amples oscillations : dans certaines bibliothèques, les romans écrits par des auteurs « canoniques » représentaient moins de 40 % du total ; dans d'autres, plus de 80 %. Enfin les différences étaient apparues et elles ouvraient la voie à cette technique statistique – la corrélation – qui est à la portée du dilettante que je suis : expliquer un groupe de données sur la base d'un autre groupe de données[4]. Sur

3. R. Williams, « The Social History of English Writers », dans *The Long Revolution*, 1961 ; G. Tuchman et N. Fortin, *Edging Women Out*, Yale U.P., 1989.

4. Rappelons-nous les phrases de Peirce citées dans l'introduction : « Les opérations sur les diagrammes [...] équivalent aux expériences sur les choses réelles de la recherche physique et chimique. Les chimistes parlent depuis longtemps de leurs expériences comme de questions posées à la nature. *Eh bien, les expériences menées sur les diagrammes sont des questions posées à la nature des rapports en question.* »

Figure 69. Le canon dans les *circulating libraries*

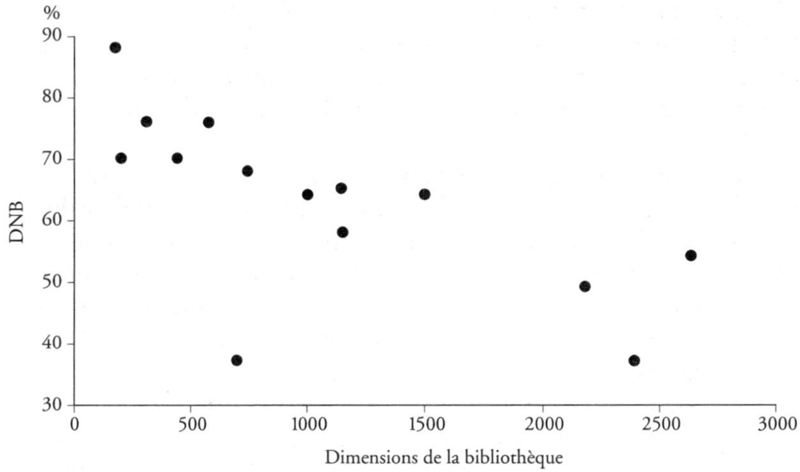

un axe cartésien, les présences dans le DNB ; sur l'autre, les dimensions de la bibliothèque, et le résultat est la figure 69. Certaines données ne sont pas alignées, c'est vrai, mais la tendance générale est extrêmement claire : plus le catalogue est petit, plus la présence du DNB est massive. *C'est-à-dire que plus le catalogue est petit, plus il est canonique*[5]. Margaret Cohen dit la même chose à propos du canon universitaire : sa rigidité est proportionnelle à la brièveté des cours : dix, douze ou quinze semaines : toujours trop peu pour que l'on se

5. On m'a fait remarquer que cette formulation semble attribuer aux petites bibliothèques de la province victorienne une faculté prophétique (comprendre le canon d'aujourd'hui avec un siècle d'avance!) absolument invraisemblable. Il n'en est rien, naturellement, et cette méprise provient d'une manière inexacte (et très répandue, en particulier aux États-Unis) de considérer le canon romanesque *comme une création de l'institution scolaire.* C'est faux, il a fallu des générations pour que l'école « accepte » vraiment le roman, et quand elle l'a fait, elle s'est limitée (à de très rares exceptions près) à adopter les romans *qui avaient déjà été sélectionnés par le marché.* Donc, si nous trouvons aujourd'hui le canon entier dans les bibliothèques commerciales du milieu du XIXe siècle, c'est parce que celles-ci se comportaient en fonction du marché – comme le fera plus tard, bonne dernière, l'école.

sente libre de vraiment changer. Et il en va de même pour les petites bibliothèques : elles n'ont que dix ou douze rayonnages et elles les remplissent donc de livres « sûrs ». En France, les bibliothèques privées du début de l'époque moderne suivent le même principe : quand il n'y a qu'un seul livre à la maison (ce qui arrive très souvent au XVIIe siècle), le choix n'est jamais laissé au hasard (ici la littérature, là-bas la religion, ailleurs encore l'histoire ou les récits de voyage) et c'est toujours le même qui prévaut : un ouvrage de dévotion[6]. La logique est invariable : dimensions réduites égalent choix sûrs. Plus cyniquement : dimensions réduites égalent formes hégémoniques ; comme si le poids, la masse critique manquaient pour résister à la force de gravité de l'hégémonie culturelle. S'il n'y a qu'un seul livre, religion. Et s'il n'y a qu'un seul rayonnage, le canon.

Ceci nous amène à avancer une hypothèse de caractère plus général : les questions quantitatives ne sont presque jamais *seulement* quantitatives. Une petite bibliothèque, ce n'est pas la même chose qu'une grande bibliothèque à une échelle simplement plus réduite : c'est une bibliothèque *différente*. Différente en raison de l'importance que prend le canon, comme nous l'avons vu ; et différente aussi car, lorsque les dimensions sont plus réduites, quelque chose se perd. Ainsi, quand on mesure la présence des littératures étrangères (et bien que les données en ma possession ne révèlent aucune orientation générale), une tendance semble certaine : dans la moitié des petits catalogues – et là seulement – les traductions diminuent presque jusqu'à disparaître complètement. La Hewitt's Circulating Library de Derby n'a que deux romans étrangers parmi ses cent premiers titres (*Gil Blas* et *Les Mystères de Paris*) ; la Literary Society de Madras, un seul (*Don Quichotte*) ; la bibliothèque de Vibert à Penzance, aucun (fig. 70). Ici, le changement de dimensions a influé sur la structure même de la bibliothèque : moins d'espace ne signifie pas *moins* de romans étrangers, mais *strictement aucun*. Et une bibliothèque sans romans étrangers… c'est quelque chose de tout à fait particulier.

6. Sur ce point, voir R. Chartier, « Stratégies éditoriales et lectures populaires », dans H.-J. Martin et R. Chartier (sous la dir. de), *Histoire de l'édition française*, vol. I, Paris, Promodis, 1983, p. 585-603.

Figure 70. Les littératures étrangères dans les *circulating libraries*

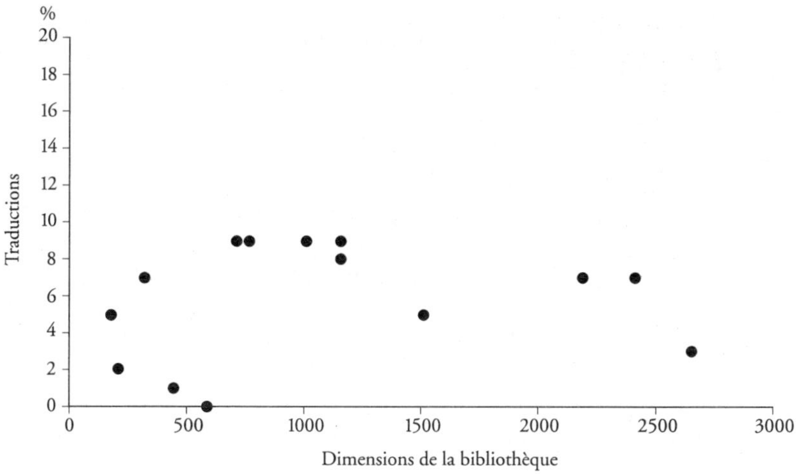

2. *Interlude théorique : IV. Littérature normale*

D'accord, m'a-t-on souvent objecté, d'accord, les petites bibliothèques sont hypercanoniques. Et alors ? En fin de compte, cela signifie qu'elles ont tous les grands livres et que les livres médiocres en sont exclus. Qu'y a-t-il de mal à cela ?

Eh bien, ce qu'il y a de mal, c'est l'idée implicite que la littérature se développe en passant d'une grande œuvre à l'autre, en suivant une sorte de fil direct ininterrompu. Alors qu'elle suit en réalité une voie oblique et brisée : la « canonisation de la branche cadette », comme l'appelait Viktor Chklovski. *Théorie de la prose* :

> Dans la succession des écoles littéraires, l'héritage ne se transmet pas de père en fils, mais d'oncle à neveu [...] Dans la couche inférieure de la littérature se créent des formes nouvelles qui remplacent les formes de la littérature ancienne [...] le vaudevilliste Belopiatkine devient Nekrassov [...] Alexandre Blok consacre thèmes et rythmes de la « romance tzigane » et Tchekhov introduit le journalisme humoristique

> dans la littérature russe. Dostoïevski élève à la dignité de norme littéraire les procédés du roman de boulevard[7].

Vaudeville, Tziganes, journalisme humoristique, roman de boulevard ; les blagues sur les bureaucrates et *Le Manteau* de Gogol ; les dessins humoristiques urbains et Dickens ; les romans coloniaux de quatre sous et *Au cœur des ténèbres* ; la publicité et *Ulysse*... Voici ce qui se passe quand une bibliothèque n'a d'yeux que pour le canon : en épurant la mauvaise littérature, elle prive son public de la matière première, du terrain un peu sale mais vivant d'où procède toute évolution littéraire. Elle devient scolaire, stérile, surtout si elle n'a pas de livres étrangers. (Et de se demander : la rigidité de tout « canon » n'est-elle pas directement proportionnelle à l'isolement provincial d'une culture donnée ?)

Une deuxième question se pose alors, encore plus abstraite. Comme je l'ai dit au début, ce chapitre est aussi un raisonnement de type quantitatif ; j'y travaille sur les romans « en gros », en négligeant leur singularité. Mais pour quoi faire ? Qu'est-ce qu'on y gagne ? Qu'est-ce que les méthodes quantitatives *ajoutent* à l'étude de la littérature ?

Pour commencer, l'histoire littéraire y gagne un contexte plus riche. Lorsque nous lisons, par exemple, que « le XVIIIe siècle [...] fut l'époque par excellence de l'essor de l'alphabétisation féminine »[8], il s'agit d'un état de fait purement quantitatif qui permet d'expliquer l'importance croissante des femmes écrivains (et des lectrices) pour le roman du XVIIIe siècle, ou encore la fortune de la forme épistolaire, ou la grande parcimonie stylistique de Jane Austen au tournant du siècle, comme si elle s'adressait à un public désormais mûr.

Mais au-delà du contexte extra-littéraire, il me semble que l'histoire sérielle est un excellent modèle analytique *pour l'étude de la littérature en tant que telle*, en particulier à la lumière de deux grands succès de l'école des « Annales », rendus possibles par le recours aux

7. V. Chklovski, « La littérature extérieure à la "fable" », dans *Sur la théorie de la prose*, trad. française de Guy Vernet, Lausanne, L'Âge d'Homme, 1973, p. 272-273.

8. F. Furet et J. Ozouf, *Lire et écrire : l'alphabétisation des Français de Calvin à Jules Ferry*, Paris, Éditions de Minuit, « Le Sens commun », 1977.

séries quantitatives. En premier lieu, l'élargissement du « territoire de l'historien » vers ce qui est quotidien, humble, non monumental, invisible même : comme énormément de livres des bibliothèques que j'ai essayé d'étudier (et que les gens lisaient à l'époque). Puis, parallèlement, la découverte de la *lenteur* de l'évolution de ce territoire nouveau et illimité : la découverte de l'*histoire immobile*, comme Fernand Braudel l'a appelée par provocation.

Voilà donc ce que peuvent nous apporter les méthodes quantitatives : un renversement de la hiérarchie entre la série et l'exception, le premier terme devenant – ce qu'il est d'ailleurs – la présence dominante dans le champ littéraire. Une histoire de la littérature comme histoire des règles, en somme : c'est-à-dire un panorama bien plus « plat » que celui auquel nous sommes habitués, à la fois répétitif et lent – ennuyeux, même. Mais ainsi va la vie (y compris la vie littéraire), et au lieu de « rédimer » la littérature de sa réalité prosaïque, nous devrions une fois pour toutes apprendre à la voir et à la connaître pour ce qu'elle est. D'ailleurs, si la science est essentiellement une « science normale » – qui « ne cherche pas de nouveautés [...] et, si tout se passe bien, n'en trouve même pas » –, de même *la littérature est essentiellement une littérature normale* : « petits nettoyages », dirait Kuhn, « tentatives d'emprisonner la [littérature] dans le réceptacle préconstitué et relativement inflexible du paradigme donné »[9].

Une littérature plus plate et ennuyeuse. Mais sommes-nous bien sûrs que l'ennui soit vraiment ennuyeux ? Quand nous les regarderons en face, nous prendrons enfin les conventions littéraires pour ce qu'elles sont : une énigme. Comment se peut-il qu'un genre littéraire sache deviner la forme qui lui convient, parmi cent tentatives fortuites, rivales, et souvent effroyablement mal faites ? Comment se fait-il qu'une convention change, ou plutôt : change-t-elle vraiment jamais ? Ne reste-t-elle pas plutôt stable sous mille

9. T. Kuhn, *The Structure of Scientific Revolutions* (1962), 2e éd. augmentée 1970, Chicago U.P., p. 24 et 52. Le dualisme historiographique de Kuhn (longues périodes de science normale et révolutions scientifiques de courte durée) est structuralement identique aux « équilibres ponctués » de Gould et Eldredge, sur l'importance desquels, comme modèle historiographique, j'ai plusieurs fois insisté au cours des dernières années.

déguisements – jusqu'à ce qu'un beau jour elle s'effondre brutalement ? Et pourquoi résiste-t-elle ? Pourquoi se désintègre-t-elle ? Et comment est-il possible que la *même* convention fonctionne dans des pays *différents* – l'Écosse et l'Italie, le Danemark et la Hongrie ?

Je renvoie ces questions à un autre livre. Sauf la dernière, sur laquelle je reviendrai un peu plus loin.

3. L'Angleterre devient une île

Revenons un instant au graphique des traductions (fig. 70). Les dimensions sont déterminantes, d'accord, mais ici il y a encore autre chose de curieux : les romans étrangers sont très rares dans *tous* les catalogues. Deux, trois, cinq, sept, neuf pour cent, jamais plus. Ces données m'ont rappelé une recherche sur le roman européen que j'avais menée à Columbia en 1992 avec un groupe de

Figure 71. Romans étrangers dans les différentes littératures européennes, 1750-1850

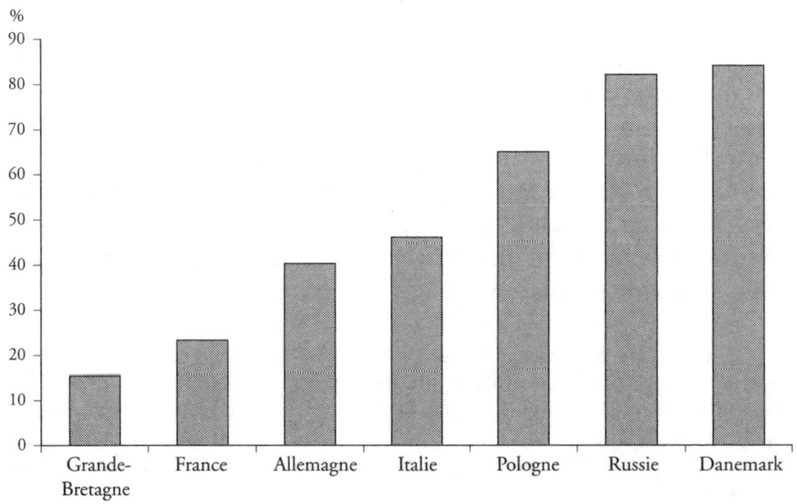

doctorants. À l'époque, nous nous étions servis presque exclusivement des bibliographies nationales (qui sont souvent peu fiables) et nous avions constitué nos corpus en ne prenant en compte que trois années par siècle ; donc, en termes absolus, nos résultats n'ont aucune valeur probante. Mais quand j'ai vu que les *circulating libraries* donnaient les mêmes résultats, j'ai eu un regain de confiance dans cette vieille recherche – dans sa valeur indicative, tout au moins.

Voici ce que nous avions trouvé en 1992 pour le siècle de l'essor du roman (fig. 71) et pour les deux années-échantillons de la première moitié du XIXe siècle (fig. 72). Comme on le voit, presque tous les pays européens importent de l'étranger au moins la moitié de leurs romans, tandis que la France et la Grande-Bretagne forment un groupe à part, avec de très faibles pourcentages d'importation : ce qui est logique, puisque ces deux pays *produisent* énormément de romans (et beaucoup de bons romans, qui plus est) et n'ont donc

Figure 72. Romans étrangers dans les différentes littératures européennes, 1816, 1850

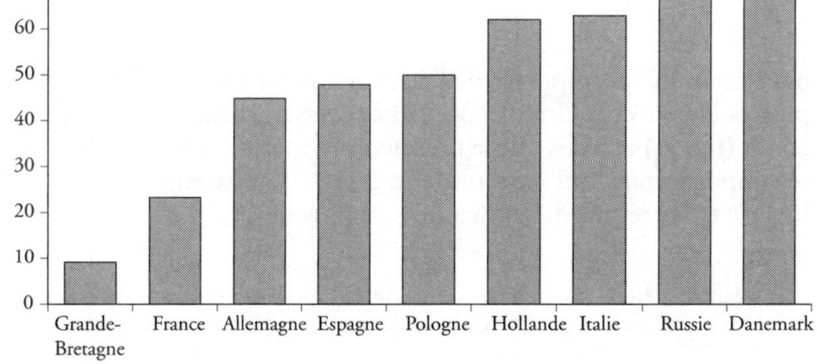

Figure 73. Romans étrangers dans les littératures française et anglaise

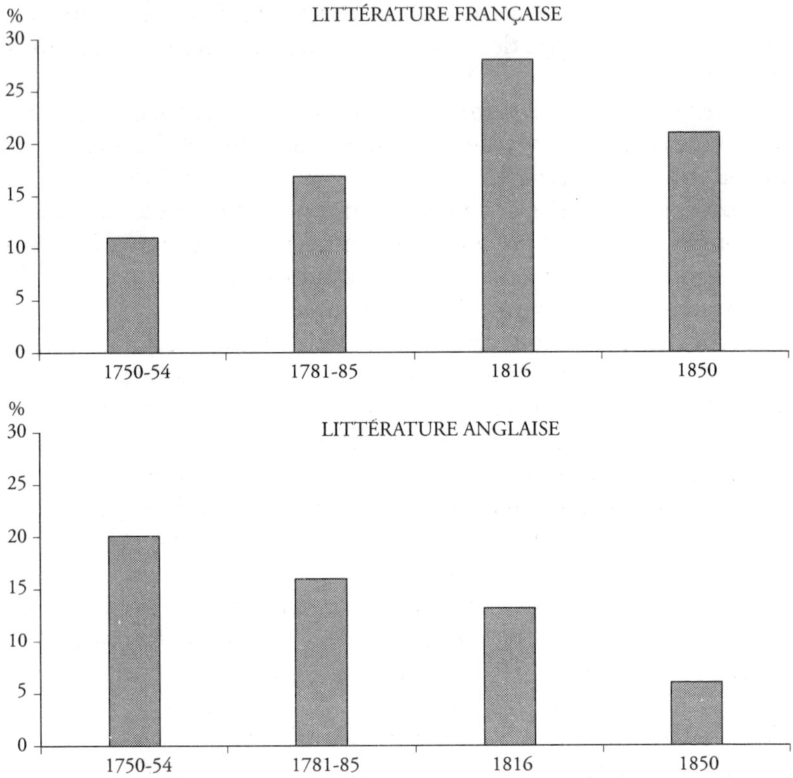

pas besoin de les importer de l'étranger. Mais à y regarder de plus près, la France et la Grande-Bretagne se ressemblent moins qu'il n'y paraît (fig. 73) : tandis que la première augmente considérablement ses importations, qui passent de 10 à 25 %, l'autre suit la tendance inverse et les réduit de 20 % à un peu plus de 5 % [10].

10. Mais peut-être – m'a-t-on objecté – peut-être que traduire les romans étrangers était inutile, vu qu'en Angleterre beaucoup de gens lisaient le français. Peut-être. Mais il est bien difficile de dire combien de gens exactement lisaient le français ; et puis, on

Ces trajectoires croisées étant curieuses, je décidai de contrôler d'autres sources. Je cherchai d'autres catalogues de « bibliothèques circulantes », en remontant dans le temps : la chute des importations anglaises réapparut, encore plus nette que je ne le croyais (fig. 74).

Puis je me rendis à la Bibliothèque nationale de Paris – qui possède un splendide recueil de catalogues de *cabinets de lecture*, l'équivalent français des *circulating libraries* – et je cherchai des données comparables pour des cabinets de lecture du XIXe siècle, de différentes dimensions : dans ce cas aussi, la présence des romans étrangers confirmait dans leurs grandes lignes les données de la bibliographie nationale anglaise (fig. 75 et 76).

« Comment l'Angleterre devint une île », a écrit Fernand Braudel dans *Les Temps du monde* ; eh bien, c'est à peu près la même histoire : l'Angleterre du roman devint une île en instituant l'autarcie victorienne et en répudiant la grande familiarité avec la culture française qu'elle avait connue au XVIIIe siècle [11]. Et si nous passons maintenant des séries quantitatives à quelques modèles qualitatifs exemplaires, nous obtenons le même résultat. *Eugénie Grandet* et *Le Père Goriot* sont traduits 26 ans après leur première publication ; *Les Affinités électives*, 45 ans après ; *La Chartreuse de Parme*, 62 ans après ; *Le Rouge et le Noir*, au bout de 70 ans. Dans la seconde moitié du siècle, *Madame Bovary* est traduit (par Eleanor Marx) 29 ans après sa publication ; *L'Éducation sentimentale*, 29 ans après ; *Les Buddenbrook*, 23 ans après (et à New York). Quatre des premiers grands romans russes (*Eugène Onéguine*, *Les Âmes mortes*, *Oblomov*, *Pères et fils*) doivent attendre en moyenne 20 ans pour être traduits

lisait aussi le français en Pologne ou en Italie, mais cela n'empêcha pas les éditeurs polonais et italiens de traduire énormément de romans français.

11. « Des catalogues comme celui [de la Collyer's Circulating Library] montrent que, dans les années de *Pamela*, les livres importants des "bibliothèques circulantes" étaient dans une large mesure traduits du français », écrit Alan Dugald McKillop (« English Circulating Libraries, 1725-1750 », dans *The Library*, 1933-1934, p. 484-485). Pour sa part, James Raven a démontré qu'entre 1750 et 1770, « sur les vingt romanciers les plus populaires d'Angleterre, six étaient français » (*British Fiction, 1750-1770*, Delaware U.P., 1987, p. 21). Dans leurs études sur les origines du roman anglais, John Richetti et Lennard Davis ont également souligné le rôle du roman français.

Figure 74. Romans étrangers dans les *circulating libraries*, 1766-1861

La disparition (relative) des romans étrangers du marché littéraire anglais se concentre en deux phases : les années 1790-1800 et 1825-1830. Dans le premier cas, l'hostilité à l'égard de la Révolution française est l'explication la plus probable (d'ailleurs corroborée par la « francisation » de la figure du *villain* déjà rencontrée dans la fig. 10). Dans le second cas, il faut probablement rechercher le facteur décisif dans le développement autonome de la production littéraire : vers 1820, la fiction narrative anglaise met en effet au point un ensemble de formes (roman historique, *silver-fork novels* ; histoires de guerre, *nautical tales*, récits orientaux) qui saturent très probablement le marché, réduisant d'autant l'espace pour les importations étrangères.

Catalogues consultés :
Lowndes (Londres, 1766) ; Clay (Warwick, 1772) ; Bell's (Londres, 1778) ; John Smith (Glasgow, 1785) ; Sanders (Derby, 1788 ?) ; Lockett (Dorchester, 1790) ; Phorson (Berwick, 1790) ; James Sibbald (Édimbourg, 1791 ?) ; Sael (Londres, 1793) ; Yearsley (Bristol, 1793) ; Mariott (Derby, 1795) ; A. Brown (Aberdeen, 1795) ; Angus and Son (Aberdeen, 1799) ; Booth (Norwich, 1802) ; Turner (Beverley, 1803 ?) ; Rennison & Tarry (South End, Essex, 1810) ; Turner (Beverley, 1817) ; Wilkins (Derby, 1817) ; Ford (Chesterfield, 1820 ?) ; A. Watson (Aberdeen, 1821) ; Johnson (Beverley, 1832) ; Wyllie and Son (Aberdeen, 1833) ; Jones & Parry (Carnarvon, 1835) ; Ebers' (Londres, 1838) ; Literary Society (Madras, 1839) ; Lovejoy's (Reading, 1845) ; Columbell's (Derby, 1845) ; Public Library (Norwich, 1847) ; Public Library (Beccles, 1847) ; Hewitt's (Derby, 1849) ; Davies' (Cheltenham, 1849) ; Henriques' (Cheltenham, 1849) ; Kaye's (Newcastle-upon-Tyne, 1852) ; Plowman's (Oxford, 1852) ; Vibert's (Penzance, 1855) ; Athenaeum & Mechanic Institute (Wolverhampton, 1856) ; British Library (Londres, 1861).

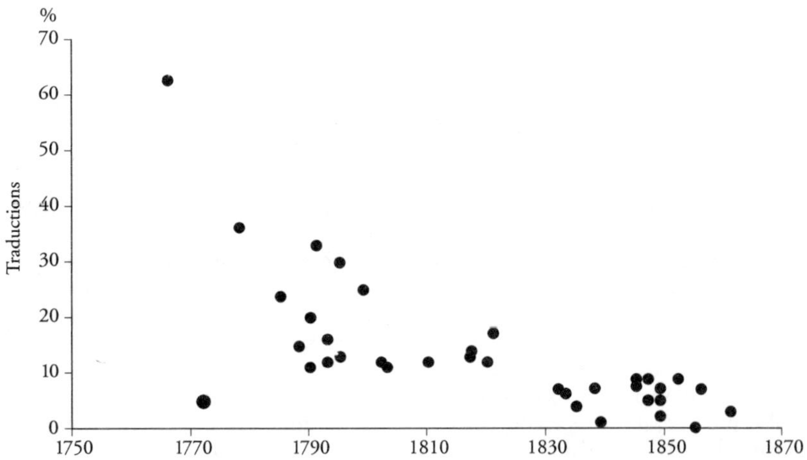

Figure 75. Corpus de cabinets de lecture, 1810-1860

Catalogues consultés :
Galignani (Paris, 1809) ; Auzou (Rouen, 1811) ; Houze (Paris, 1811) ; Janet et Cotelle (Paris, 1811) ; Renard (Paris, 1811) ; Garnier (Paris, 1818) ; Goullet (Paris, 1821) ; Hautecœur (Paris, 1822) ; Mesdames Alexandre (Rouen, 1822) ; Ducrot-Desons (La Cappelle, 1823) ; Gondar-Roblot (Paris, 1823) ; Ridan (Paris, 1823) ; Cassegrain (Le Havre, 1824) ; Goujon (Paris, 1825) ; Goujon (Saint-Germain-en-Laye, 1825) ; M[lle] Charveys (Saint-Maixent, 1825) ; Malines (Saint-Jean-Pied-de-Port, 1825 ?), Rosier (Paris, 1825) ; Beauvert Fils (Clermont-Ferrand, 1827) ; Jocquinot (Paris, 1828) ; Galliot (Paris, 1831) ; Janotte (Paris, 1832) ; Jenotte (Saint-Cloud, 1832) ; Alloir (Chevreuse, 1833) ; Cochard (Rocroi, 1835 ?) ; Lemonnier (Dunkerque, 1835 ?) ; Leger (Saint-Omer, 1836) ; Campion (Guines, Boulogne, 1818) ; Fourny-Hairaud (Guéret, 1838) ; Piltan (Paris, 1838) ; Combarel (Dole, 1840) ; François dit Violette (Cherbourg, 1840 ?) ; Caboche-Lebargy (Roubaix, 1841) ; Jeannot (Paris, 1842) ; Jeannot (Saint-Hippolyte-sur-le-Doubs, 1842) ; Ober (Douai, 1844) ; Boyer (Chalon-sur-Saône, 1845) ; Dortu (Châlons-sur-Marne, 1845) ; Cabinet central de lecture (Dijon, 1847) ; Pujo-Bergedebat (Cauterets, 1854) ; Duverge et Josset (Paris, 1855) ; Duverge et Josset (Saint-Denis, île de la Réunion, 1855) ; Mme Tesselin-Laguerre (Saint-Mihiel, 1855) ; Tumerel-Bertram (Saint-Omer, 1855) ; Barthes (Castres, 1856) ; Pate Aine (Charleville, 1856) ; Mlle Cattou (Roubaix, 1857).

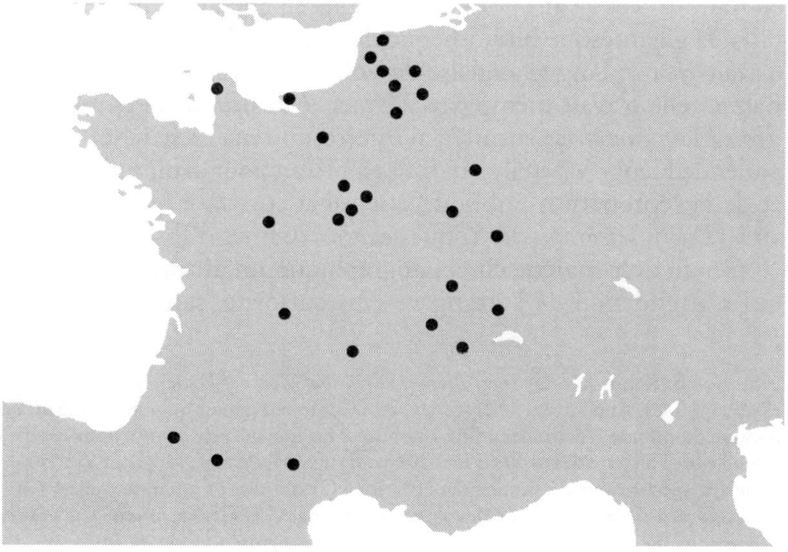

Figure 76. Les littératures étrangères dans les cabinets de lecture

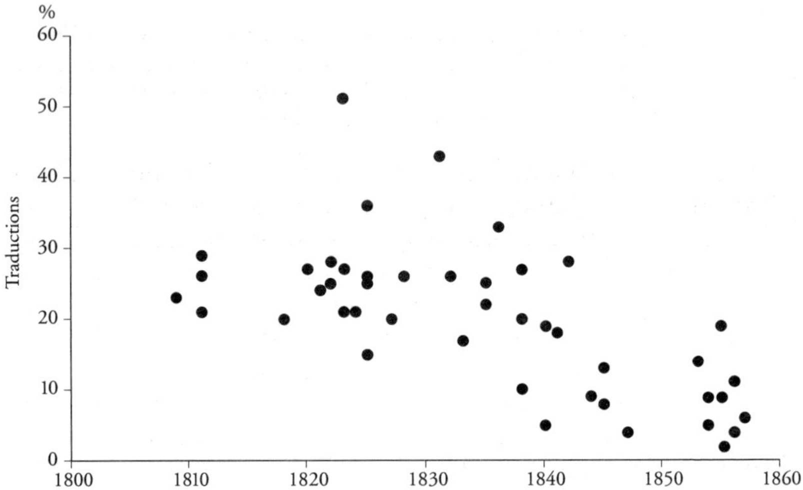

en français – et 43 ans pour être traduits en anglais. Ou encore : en 1869, la gigantesque bibliothèque de Mudie's, New Oxford Street, n'avait *rien* en langue anglaise de Voltaire, Diderot, Pouchkine ou Balzac (elle n'avait même pas *Werther*, *Les Affinités électives* et *Les Trois Mousquetaires*; ensuite j'ai interrompu ma recherche)[12]. Sans parler de Henry Vizetelly qui finit en prison pour avoir publié Zola, et de la réprobation publique qui s'abat sur cet « égout en plein air » (*Daily Telegraph*, 1891) que sont les drames d'Ibsen.

On dirait le marché cinématographique américain. Une culture qui n'attend rien de l'étranger; sans curiosité, sans intérêt. Pire

12. Voir S. Keith, *Mudie's Select Library : Principal Works of Fiction in Circulation in 1848, 1858, 1869*, Ann Arbor, Michigan, 1955. « Comment penser qu'une femme ou un homme du monde – écrit Geraldine Jewsbury dans une note de lecture pour Mudie's – veuille lire l'histoire des peines d'un marchand ruiné ? La lectrice moyenne s'intéresse-t-elle aux spéculations du monde des affaires ? » C'est-à-dire : s'intéresse-t-elle à *César Birotteau* ou à *Illusions perdues* ? (Jewsbury est citée par G.L. Griest, *Mudie's Circulating Library and the Victorian Novel*, Indiana U.P., Bloomington, 1970, p. 127).

encore : comme l'annonce la publicité de *The Novel Newspaper*, une collection de réimpressions économiques :

> En ce qui concerne les romanciers français de l'heure, Victor Hugo, Madame Sand, ou Paul de Kock, nous sommes fiers d'annoncer que l'exclusion totale de leurs œuvres du *Novel Newspaper* nous a valu les remerciements de nombreux chefs de famille[13]...

L'exclusion totale de leurs œuvres... on sent ici une *hostilité* à l'égard des formes étrangères qui rappelle les *villains* français du début du XIXe siècle et l'*invasion literature* de la fin du siècle (fig. 10 et 66) et qui doit avoir influé sur le roman anglais dans son ensemble : qui doit même l'avoir *appauvri* – comme lorsque Virginia Woolf dit, et elle avait raison, que *Middlemarch* est l'un des rares romans anglais écrits pour des adultes. En effet, peu de romans étrangers, cela ne veut pas seulement dire « peu de romans étrangers » : cela signifie aussi que maintes techniques, maints thèmes de l'époque (l'adultère, la politique, le ton « sérieux » d'Auerbach, l'effet de réalité, le naturalisme, le roman d'idées...) se voient de fait *interdits d'accès en Grande-Bretagne* ; alors que d'autres techniques (la structure de conte, le *happy end*, le moralisme sentimental, la dominante comique) jouissent d'une sorte de protectionnisme littéraire et survivent donc pendant un siècle entier sans être jamais réellement mises à l'épreuve. Les adultes lisent *David Copperfield*, et tant pis pour eux[14] !

13. *The Novel Newspaper* fut publié entre 1839 et 1842 et est décrit par Michael Sadleir dans *XIX Century Fiction. A Bibliographical Record*, Cambridge U.P., 1951, vol. II, p. 142-145.

14. Cet horizon international, déjà si limité, semble se rétrécir encore plus dans le cas de la classe ouvrière. En 1875, la bibliothèque de l'« Alliance Cabinet Makers' Association » possédait un seul texte étranger (de Gustave Aimard) sur soixante livres de littérature (S. Shipley, « The Library of the Alliance Cabinet Makers' Association », dans *History Workshop*, 1976). Et trente ans après, quand la *Review of Reviews* demanda au premier grand groupe de députés travaillistes quels auteurs les avaient le plus influencés, le seul étranger mentionné est Giuseppe Mazzini (J. Rose, « How Historians Study Reader Response : or, What did Jo Think of "Bleak House" ? », dans O. Jordan et R.L. Patten [sous la dir. de], *Literature in the Marketplace*, Cambridge U.P., 1995, p. 203-204).

4. Le marché inégal

Le *Dictionary of National Biography*. Les romans étrangers (et surtout français). Puis je décidai d'observer ce qui se passait du côté des réimpressions populaires.

La figure 77 est consacrée à la plus célèbre de ces collections : les 24 premiers volumes des « Bentley's Standard Novels », de 1831 à 1833. Comme on le voit, c'est un graphique à deux plateaux : les grandes bibliothèques ont presque tous les romans de Bentley's ; les petites, très peu. Et lorsque j'ai examiné ces dernières de plus près, j'ai reconnu un paysage qui m'était désormais familier. Les dimensions réduites avaient de nouveau joué en faveur du canon : les œuvres de Cooper et Jane Austen, qui formaient 33 % de l'échantillon de Bentley's, s'élevaient ici à 75 %. Quant aux romans européens, ils avaient de nouveau tous disparu. Puis, une autre particularité me frappa : trois des cinq bibliothèques les plus petites n'avaient acheté que les romans historiques de Bentley's ; une quatrième, seulement les romans sentimentaux. Elles avaient toutes misé sur une forme – et renoncé aux autres : pas de gothique, pas de romans jacobins, pas de *Frankenstein*, pas de romans régionaux…

C'est-à-dire : une petite bibliothèque ne choisit pas un nombre moins important de livres dans l'*ensemble* du spectre morphologique, elle réduit *l'étendue même* du spectre. La donnée quantitative a encore une fois une valeur formelle, morphologique. « Le nombre des espèces différentes présentes dans un territoire donné – écrit Stephen Jay Gould – est fortement influencé, sinon contrôlé, par l'extension du territoire lui-même. »[15] Il en va de même pour les livres : le nombre des formes présentes est influencé, et peut-être même contrôlé, par l'extension de la bibliothèque. C'est-à-dire par l'extension du marché. Adam Smith, *La Richesse des nations*, chapitre trois :

> Comme la division du travail a pour origine la faculté de l'échange, son étendue sera toujours limitée par l'étendue de celui-ci, c'est-à-dire par

15. S. Jay Gould, « The Great Dying », dans *Ever Since Darwin*, New York, Norton, 1997, p. 136.

Figure 77. Les « Bentley's Standard Novels » dans les *circulating libraries*

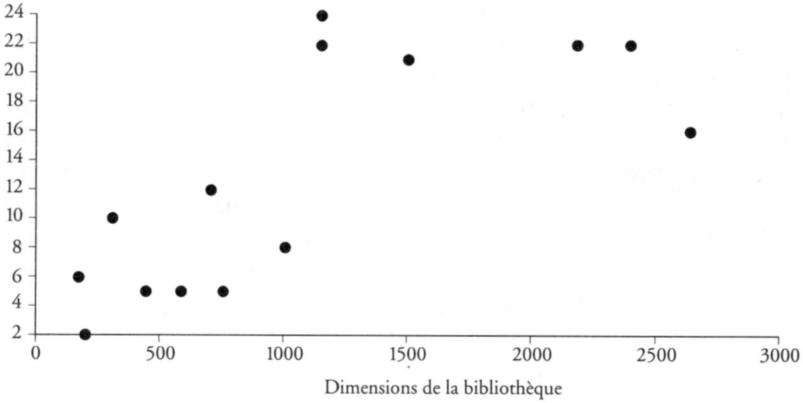

> l'étendue du marché. Quand le marché est très limité, il n'offre aucun encouragement à se consacrer entièrement à une seule activité [...] Il y a certains types d'activité, même de nature très humble, qui ne peuvent être exercés que dans une grande ville. Un porteur, par exemple, ne trouvera de quoi vivre dans aucun autre endroit. Un village serait un trop petit espace pour son activité, et même une ville de province n'est en général pas assez grande pour lui donner régulièrement du travail...

L'extension de la division du travail est toujours limitée par l'extension du marché... Voilà le problème. Une petite bibliothèque est le signe d'un marché limité : « un trop petit espace » pour la division croissante du travail du roman au XIXe siècle. Elle décourage ainsi les formes « spécialisées » (comme le roman jacobin, ou régional, ou les importations européennes), et préfère la forme passe-partout, « généraliste », du roman historique.

Et à propos de marchés limités, je compléterai cette ébauche rapide de sociologie de la littérature par un célèbre article de Kaufman d'il y a trente ans sur les *circulating libraries* de la fin du XVIIIe. J'ai ajouté à ses données celles de plusieurs catalogues retrouvés depuis et le résultat est présenté dans la figure 78 : en corrélant les livres et la population, on remarque que dans beaucoup de petites villes, soixante-dix, quatre-vingts et même quatre-vingt-dix pour cent des livres sont des romans. Cet état de fait n'est pas inévitable, bien entendu (remarquons la partie inférieure du graphique)[16], mais il est très fréquent – alors qu'il est en revanche impensable à Londres où les romans représentent au maximum un tiers du total des bibliothèques. Enfin, voici la carte de cet état de choses (fig. 79) : la hauteur des colonnes sombres indique le pourcentage de romans dans les différentes localités (les petites villes de Stamford et Dorchester, qui n'étaient pas incluses dans le recensement de 1801, renforcent la tendance de la fig. 78).

Dans les maisons où il n'y a qu'un seul livre, disais-je plus haut, nous trouvons la religion ; dans les bibliothèques avec un seul rayonnage, le canon ; et dans les villes avec une seule bibliothèque, le roman[17]. C'est une carte de la « romancisation » de la province :

16. Les bibliothèques des petites villes possédant le plus petit nombre de romans sont : John Allen's (Hereford, vers 1790 : moins de 5 %, incluant un nombre important de livres pour enfants qui influence le schéma) ; Ann Ireland's (Leicester, 1789 : 5 %) et Silver's (Ramsgate, vers 1787 : Kaufman lui attribue 20 % de romans, alors que ses propres données suggèrent plutôt 35 % sur le graphique). Encore une fois, l'explication la plus probable de ces différences réside dans *les tailles différentes de ces bibliothèques* : quand un catalogue ne dépasse pas 500 volumes, le pourcentage de fiction passe à plus de 70 % ; s'il a plus de 2 000 titres (ce qui est le cas d'Allen, Silver et Ireland), il ne dépasse pas 30 %. Comme on pouvait s'y attendre, les petites bibliothèques sont plus fréquentes dans les petites villes, et les grandes bibliothèques dans les grandes villes – mais cette corrélation est loin d'être absolue.

17. Conclusions analogues dans Fergus (« Eighteenth-Century Readers in Provincial England », *op. cit.*, p. 158 n) : « Les données en notre possession suggèrent qu'en général, les petites bibliothèques provinciales de la fin du XVIIIe siècle possédaient une très grande majorité de romans. » Un examen rapide de 23 *cabinets de lecture* de la première moitié du XIXe siècle situés dans de petites villes françaises a donné des résultats encore plus marqués : dans la plupart des cas, les romans constituent 100 % des livres au catalogue et dans deux cas seulement ils descendent en dessous de 85 %. Même situation, semble-t-il, en Allemagne : « Ces anciennes bibliothèques destinées *exclusivement au divertissement des lecteurs* étaient souvent tenues par des marchands de livres anciens, des relieurs ou des gens complètement étrangers à la branche, mais il y avait aussi *dans les petites villes* des libraires sérieux qui se voyaient contraints d'aligner leur offre sur ce genre de goûts. Dans le Wurtemberg, neuf dixièmes de toutes les bibliothèques de prêt dans les petites bourgades étaient des firmes de bas étage de ce genre avec un stock

Figure 78. Pourcentage de romans dans les *circulating libraries* de la fin du XVIIIe siècle

Bibliothèques mentionnées : Francourt (Londres, 1748) ; Lownds (Londres, 1755) ; Bathoe (Londres, 1757) ; Noble (Londres, 1767) ; Sanders (Derby, 1770) ; Bell (Londres, 1778 ?) ; Silver's (Ramsgate, 1787) ; Lucas (Birmingham, 1787) ; Ann Ireland (Leicester, 1789) ; Heavisides (Darlington, 1790) ; Allen (Hereford, 1790) ; Hookham (Londres, 1791) ; Corkhill (Whitehaven, 1793) ; Hookham (Londres, 1794) ; Mariott (Derby, 1796) ; Hazard (Bath, 1796) ; Lowe (Birmingham, 1796) ; Lane (Londres, 1796-1802) ; Gibbon (Bath, 1800) ; Sands (Newcastle, 1801) ; Weatherdon (Newton Abbot, 1804) ; Marshall (Bath, 1808).

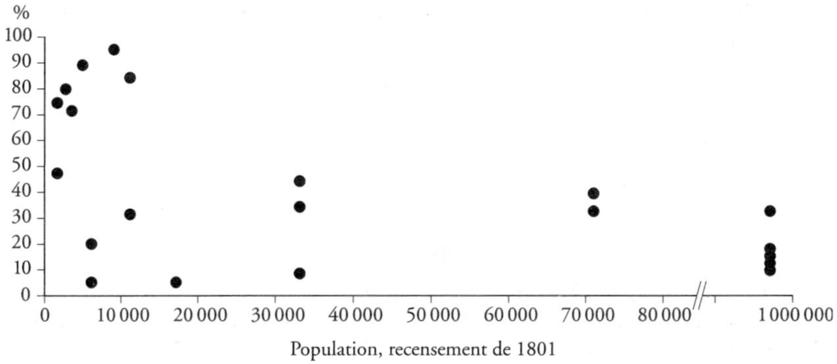

le contexte où va vivre Mme Bovary (qui emprunte elle aussi ses livres à un cabinet de lecture – et ce sont tous des romans). À la fin du XIXe siècle, les statistiques des prêts dans toutes les régions du

allant de 100 à 600 livres environ » (R. Wittmann, « Une révolution de la lecture à la fin du XVIIIe siècle ? », dans G. Cavallo et R. Chartier [sous la dir. de], *Histoire de la lecture dans le monde occidental*, Paris, Le Seuil, 1997, p. 359) (c'est moi qui souligne). Les données réunies par D. Kaiser pour les États-Unis dans les années 1765-1866 (*A Book for a Sixpence. The Circulating Library in America*, Pittsburgh, Beta Phi Mu, 1980, Appendices I et II) sont les seules à contredire la tendance générale, avec un pourcentage de « *Fiction* » et « *Literature* » qui est régulièrement plus élevé à Boston, Baltimore ou New York qu'à Portsmouth, Newburyport ou Waterville. Très souvent (mais pas toujours), les bibliothèques de province avec peu de romans ont beaucoup de livres dans le groupe « *Theology and Religion* » : ce qui suggère que l'affaiblissement de la dévotion au profit de la littérature de divertissement – un processus qui se déroule en Europe occidentale au cours de la seconde moitié du XVIIIe siècle – a lieu avec beaucoup de retard sur le territoire américain.

Figure 79. Pourcentage de romans dans les *circulating libraries* de la fin du XVIIIe siècle

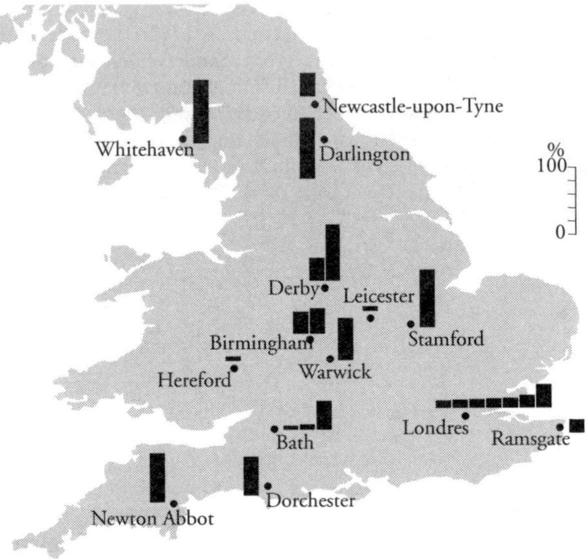

Royaume-Uni concordent sur ce point : en province, le roman est devenu la forme de lecture la plus répandue – et en réalité presque *la seule* forme[18]. Le roman n'est pas la « première étape » après laquelle (selon les termes du *Salford Public Library Parliamentary Return* de 1865) « les lecteurs délaisseront graduellement la lecture

18. « La commission de la bibliothèque [de Stockport] découvrit avec préoccupation que les romans s'élevaient à 73 % des prêts pendant la première année d'opérations et qu'ils avaient atteint 80 % deux ans plus tard » (T. Kelly, *A History of Public Libraries in Great Britain 1845-1975*, Londres, Library Association, 1977, p. 51). À Airdrie, « la commission de la bibliothèque aurait été ravie de voir descendre le pourcentage des romans empruntés, mais les chiffres refusaient de satisfaire ses désirs », écrit W. Craig Strang (« Airdrie Public Library, 1853-1894 », dans *Library Review*, 1985, p. 222). À Belfast, le rapport pour 1892-1893 indiquait 61 % de prêts pour la littérature en prose et 18 % pour la *« Juvenile Literature »*, qui était composée presque entièrement elle aussi de romans (*Our Readers and What They Read*, rapport présenté à la réunion annuelle de la Library Association, septembre 1894).

de délassement au profit des œuvres historiques et biographiques »[19]. Non, le roman ne se retire pas poliment : avec son succès *locks out*, il claque la porte au nez de presque toutes les autres formes de lecture[20].

Le pouvoir quasiment absolu qu'exerce le roman en province nous ramène à la question qui était posée au début de ce chapitre : littérature nationale – ou archipel de circuits locaux ? Un système, ou une pluralité de systèmes ? Je ne sais pas ce qu'il en est dans d'autres situations, mais pour le roman anglais la réponse peut uniquement être : un seul. Attention, ce n'était pas mon hypothèse de départ. Je m'attendais à des différences, à des difformités ; *je voulais* les différences, avec des circuits qui s'éloignent les uns des autres et me permettent de tracer de grandes et belles cartes. Mais tout convergeait au contraire vers un marché commun de la littérature : vers le *Dictionary of « National » Biography* ; les bibliothèques de province étaient même plus « nationales » que la capitale de la nation[21].

19. « Adieu belles espérances », commente Kelly après avoir cité le *Return* de Salford : vingt ans après, « le rapport pour l'année 1876 montre que les romans s'élevaient à 45 % des titres au catalogue et à 83 % des prêts » (*A History of Public Libraries, op. cit.*, p. 51). Et à propos d'autres *Returns* de la fin du XIXe : « Un échantillon de treize bibliothèques, qui comprend toutes les plus grandes et une sélection des plus petites, donne les résultats suivants : les romans représentent moins de 50 % des prêts dans deux cas seulement – Sheffield (30 %) et Manchester (48 %). Dans les autres cas, le pourcentage oscille entre 57 % (à Birmingham) et 83 % (à Bradford et Salford). Un échantillon analogue compilé en 1883 présente une oscillation comprise entre 55 (Plymouth) et 78 % (Nothingam) : ici, Manchester est monté à 57 %, et Sheffield à 63 % » (*ibid.*, p. 77).
L'écart entre le goût des lecteurs et les désirs des bibliothécaires était tout aussi net dans les bibliothèques pour travailleurs, comme par exemple dans la SPD allemande, qui voulait « conduire le lecteur d'une lecture de divertissement à une lecture d'ouvrages non romanesques », mais elle se heurta à une demande de romans qui, entre 1908 et 1914, arriva à 73 % (M. Lyons, « Les nouveaux lecteurs au XIXe siècle : femmes, enfants, ouvriers », dans *Histoire de la lecture dans le monde occidental, op. cit.*, p. 391).

20. Sur le mécanisme du *locking-out*, voir B. Arthur, « Competing Technologies, Increasing Returns, and Lock-in by Historical Events », dans *The Economic Journal*, mars 1989 (en particulier les pages 116-117, 126-128).

21. Entre le XVIIIe et le XIXe siècle, écrit John Feather, « les libraires avaient fini par créer une distribution de portée nationale. La signification politique, sociale et culturelle de ce processus fut infiniment supérieure à son poids économique. Bien que les cultures régionales continuassent à exister, l'uniformité des ouvrages imprimés créa

Un mécanisme unique, donc. Unique, mais pas *égal*. Nous avons vu au contraire à quel point il est déséquilibré, avec les petites bibliothèques qui finissent par avoir moins de livres, mais aussi moins de *choix* que les grandes. Le problème, c'est qu'un marché avec moins de choix ne constitue pas une alternative à un marché plus riche : il est encore plus insulaire, plus canonique, plus monotone.

Enfin, un mécanisme unique – *en Angleterre*. Kaufman voilà trente ans, et moi à l'heure actuelle, avons travaillé uniquement sur des données anglaises et comme je n'ai pas trouvé jusqu'à présent de catalogues irlandais, écossais et gallois du milieu du XIXe, je suis bien incapable d'affirmer si l'unification du marché littéraire a touché ou non l'ensemble du Royaume-Uni. Quelques catalogues écossais inclus dans la figure 74 (qui sont toutefois bien antérieurs), ou la collection économique « Parlour Library », de Simms et M'Intyre, qui comprend à ses débuts, quand elle est encore publiée à Belfast (1847-1853), environ 40 % de traductions (cinq fois la moyenne anglaise : pourcentage qui s'effondre quand la « Parlour Library » vient s'installer à Londres) : ces exemples suggèrent qu'il pouvait y avoir des différences très importantes à l'intérieur de la Grande-Bretagne. Mais avant d'avancer des hypothèses, nous avons besoin de nouvelles données.

---

au-dessus d'elles une culture de caractère national » (*Provincial Book Trade in Eighteenth-Century England*, Cambridge U.P., 1985, p. 123). Selon Donald Read, la « nationalisation des provinces » anglaises commence dans les années 1760-1770 (*The English Provinces c. 1760-1960. A Study in Influence*, Londres, Edward Arnold, 1964, p. 18 *sq.*) ; quant à la France, Martin Lyons écrit : « Au cours du XIXe siècle, les différences régionales disparaissent peu à peu. Le développement de l'alphabétisation abolit petit à petit les différences d'instruction [...] et les différents publics régionaux sont unifiés dans un seul grand public national » (M. Lyons, *Le Triomphe du Livre*, Paris, Promodis, 1987, p. 194). Puis, commentant les rapports préfectoraux de 1866 sur la lecture rurale : « La chose la plus intéressante de cette enquête, c'est que les mêmes titres ont du succès dans tout le pays. Les goûts littéraires des Hautes-Pyrénées ne sont pas différents, selon les préfets, de ceux de l'Allier, ou du Nord » (*ibid.*, p. 163).

5. Interlude théorique : V. Centre et périphérie

« Heureux homme – écrit Samuel Richardson, de Londres, à l'évêque Hildesley de Sodor et Man –, toi qui vis dans ta retraite, qui peux lire ce que bon te semble, que ce soit pour ton instruction ou ton plaisir… »[22] Ce que bon te semble ? Ce que nous avons vu jusqu'à présent laisserait penser le contraire. Kenneth Clark :

> L'histoire de l'art européen a été dans une large mesure l'histoire d'une série de centres ; de chacun d'eux a rayonné un style qui était métropolitain à l'origine et qui devenait plus provincial à mesure que l'on approchait de la périphérie […] On pourrait dire que le provincialisme ne fait qu'un avec l'éloignement du centre, où les standards techniques sont plus élevés et les commanditaires plus exigeants[23].

Je ne me prononce pas sur l'art européen ; mais l'histoire du roman donne sans aucun doute raison à Clark. La confiance que plaçait Bakhtine dans les « forces centrifuges » de l'écriture romanesque – une thèse déjà douteuse pour la géographie de l'imaginaire, comme nous l'avons vu dans les chapitres précédents – est contredite ici par une histoire éditoriale où c'est le centre qui mène

22. Cette lettre, qui date de 1761, est mentionnée par R. McKeen Wiles, « The Relish for Reading in Provincial England Two Centuries Ago », dans P.J. Korshin (sous la dir. de), *The Widening Circle. Essays on the Circulation of Literature in Eighteenth-Century Europe*, Pennsylvania U.P., 1976, p. 87.

23. K. Clark, *Provincialism*, The English Association Presidential Address, 1962, p. 3. Clark reprend ici presque mot pour mot une idée de Giorgio Pasquali selon qui « les innovations victorieuses irradient en général depuis un centre vers la périphérie, sans toujours atteindre celle-ci » (*Storia della tradizione e critica del testo*, Florence, Le Monnier, 1934, p. 7). Plus récemment, William McNeill écrit : « La diffusion de techniques et de connaissances d'une communauté à ses voisins constitue le processus fondamental de l'histoire humaine […] Avec le développement de la civilisation, les techniques supérieures furent concentrées dans quelques centres métropolitains » (« Diffusion in History », dans P.J. Hugill et D.B. Dickson [sous la dir. de], *The Transfer and Transformation of Ideas and Material Culture*, Texas A&M U.P., 1988, p. 75-76). La thèse de Clark sur la suprématie du centre a été attaquée avec beaucoup de verve par Enrico Castelnuovo et Carlo Ginzburg (« Centro e periferia », dans *Storia dell'arte italiana*, Turin, Einaudi, 1979, vol. I, p. 283-352), lesquels cependant – n'ayant pas trouvé ne serait-ce qu'*une* innovation durable qui ait eu son origine loin du centre – ont en réalité fini par la corroborer.

Figure 80. Lieux de publication du roman anglais, 1750-1770 (pourcentage)

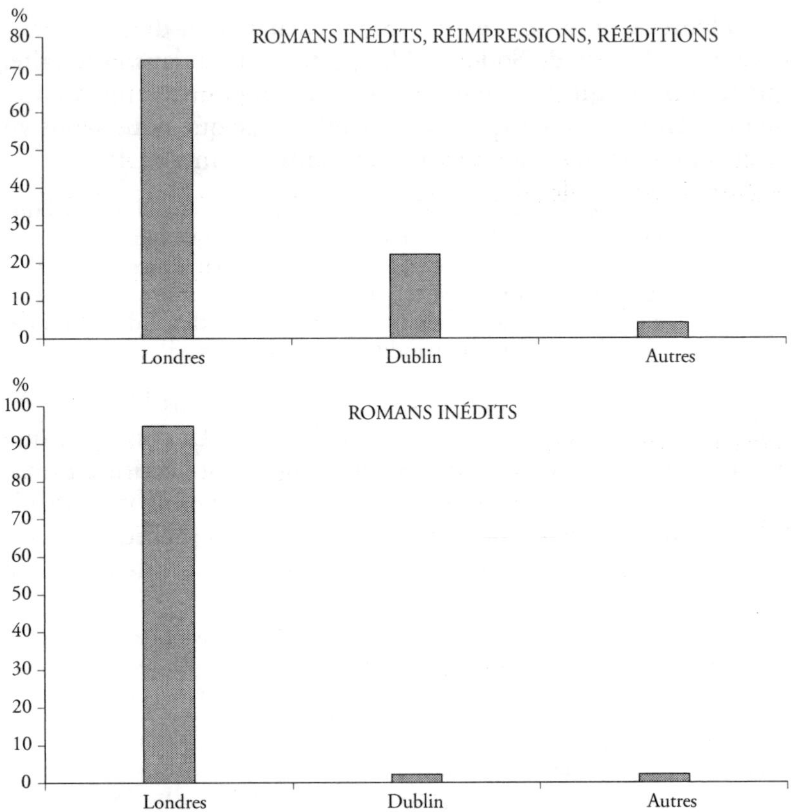

le jeu. Qu'il arrive de l'Angleterre du milieu du XVIIIe siècle (fig. 80) ou de l'Italie du milieu du XIXe (fig. 81), le message que nous recevons est toujours le même : le roman est *le plus centralisé de tous les genres littéraires.* Et plus le temps passe, plus la centralisation augmente : au début du XVIIe, quand le curé et le barbier décident de vider la bibliothèque de Don Quichotte de ses romans de chevalerie, ils en trouvent 17 exemplaires, imprimés dans neuf villes différentes, et aucune de ces villes n'exerce sur les autres une véritable hégémonie éditoriale ; deux siècles plus tard, ils auraient découvert

---

Figure 81. Lieu de publication des différents genres littéraires au milieu du XIXe siècle

Entre 1843 et 1845, 20 romans sont publiés en Toscane : tous à Florence. Par contre, 20 drames et 34 recueils de poèmes sont publiés dans douze autres villes toscanes. On obtient les mêmes résultats à partir d'un échantillonnage de livres publiés en Lombardie : 97 romans sur 98 sont publiés à Milan au cours de ces mêmes années (l'autre à Bergame), alors que 86 drames et 51 recueils de poèmes sont publiés dans sept autres villes de la Lombardie.

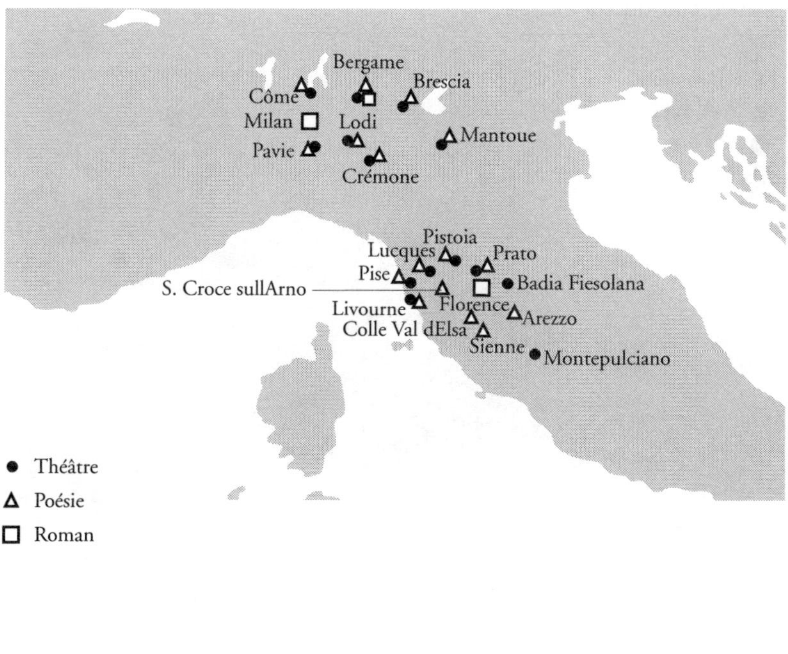

Figure 82. Lieu d'édition des romans de chevalerie lus par Don Quichotte

Figure 83. Lieu d'édition des romans étrangers publiés en Espagne dans la première moitié du XIXe siècle

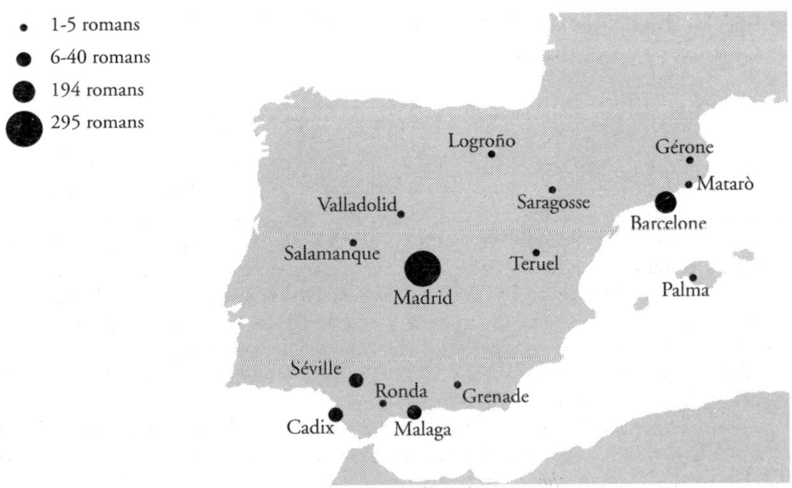

que Madrid publie autant de romans étrangers que tout le reste de l'Espagne (et avec Barcelone, presque 90 % : fig. 82 et 83).

Nous parlions de provincialisme – et nous avons dévié sur la centralisation. Est-ce paradoxal ? Non, ce sont les deux faces de la même médaille, car le provincialisme est moins une question de *différence* par rapport au centre qu'une *ressemblance forcée* (et toujours un peu retardataire)[24]. Le provincialisme comme un effet collatéral de la nationalisation de la culture, en somme : cette sensation toujours un peu triste que la « vraie » vie est à Paris (ou à Londres, ou à Moscou) – et que la vie de province n'en est que le pâle reflet. Et les romans qui arrivent du centre (et dans lesquels le malaise de la province devient un thème des plus populaires) renforcent de plus en plus ce rapport de dépendance[25].

Des romans dont la diffusion va du centre vers la province… Mais dans le cas présent, « diffusion » est-il le terme exact ? « Dans le rapport entre le centre et la périphérie – écrivent Castelnuovo et Ginzburg –, il ne s'agit pas de diffusion, mais de conflit. »[26] C'est vrai. C'est également vrai pour Kenneth Clark, qui parle du « pouvoir formidable de la tradition centrale – formidable et destructeur »[27] ; ou pour Torsten Hägerstrand, le théoricien des processus de diffusion spatiale, qui mentionne explicitement la « zone d'ombre » des innovations à succès, avec leurs « conséquences indésirables et souvent destructrices »[28].

24. L'insistance sur le retard est omniprésente dans les études sur la culture de province. Voir par exemple Roger Chartier, « Livre et espace : circuits commerciaux et géographie culturelle de la librairie lyonnaise au XVIIIe siècle », dans *Revue française d'histoire du livre*, 1971, n° 1, p. 103 (« l'écart, souvent remarqué, entre nouveautés parisiennes et public de province ») ; et encore R. Chartier et D. Roche, « Le livre », dans *Faire de l'histoire*, Paris, Gallimard, 1974, vol. III, p. 165 (« les provinces sentent toute leur arriération »).

25. La province semble se prêter particulièrement bien au roman d'adultère – *Madame Bovary, La Régente, Effi Briest, L'Illustre Maison Ramires, Les Vice-Rois…* – où l'opposition entre le mari et l'amant devient une sorte d'allégorie du contraste entre la platitude provinciale et le charme un peu louche de la grande ville.

26. E. Castelnuovo et C. Ginzburg, « Centro e periferia », *op. cit.*, p. 286.

27. K. Clark, *Provincialism, op. cit.*, p. 5.

28. T. Hägerstrand, « Some Unexplored Problems in the Modeling of Culture Transfer and Transformation », dans P.J. Hugill et D.B. Dickson [sous la dir. de], *The Transfer and Transformation of Ideas, op. cit.*, p. 231.

Conflit plutôt que diffusion, donc. Ou plutôt, diffusion *comme* conflit : entre les romans du centre et les formes culturelles qui sont typiques de l'édition de province. C'est-à-dire en premier lieu une littérature de dévotion. Au siècle de l'essor du roman, écrivent Julien Brancolini et Marie-Thérèse Bouyssy, « l'ouvrage religieux [...] est resté l'ouvrage de base, le "classique" de la province ». Et plus loin :

> [...] À en juger au moins par nos tirages provinciaux, « l'importance des fondements surnaturels du monde social » dont parle F. Furet à propos des privilèges dans les années 1723-1727 se maintient étonnamment au cours du siècle [...] Le milieu provincial apparaît donc comme caractérisé par une sorte de permanence de la curiosité religieuse[29].

Chaque fois qu'une nouveauté culturelle commence à se répandre, écrit A.L. Kroeber, elle se heurte à une « résistance [...] des matériaux et des systèmes de la culture-hôte qui sont [...] inconciliables avec les éléments envahisseurs »[30]. Et c'est probablement ce qui se produit aussi quand le roman « envahisseur » arrive en province et se heurte à la culture de la dévotion. Mais cette résistance fut faible et de courte durée. Nous avons déjà vu la « romancisation » de la province anglaise entre le XVIIIe et le XIXe siècle ; et voici comment Robert Darnton présente le panorama européen :

> L'essor du roman contrebalança le déclin de l'édition religieuse et dans presque tous les cas ce tournant peut être fixé au cours de la seconde moitié du XVIIIe siècle, surtout dans les années 1770, celles de la *Wertherfieber* [...] Les dernières phrases de *Werther* semblaient annoncer la naissance d'un public nouveau et en même temps la disparition de la culture chrétienne traditionnelle : « Des travailleurs portèrent [le corps]. Aucun prêtre ne l'accompagna. »[31]

29. J. Brancolini et M. Bouyssy, « La vie provinciale du livre à la fin de l'Ancien Régime », dans F. Furet (sous la dir. de), *Livre et société dans la France du XVIIIe siècle*, Paris-La Haye, Mouton, 1970, vol. II, p. 11-13.

30. A.L. Kroeber, « Diffusionism », dans A. Etzioni et E. Etzioni (sous la dir. de), *Social Change*, New York, Basic Books, 1964, p. 143.

31. R. Darnton, *The Kiss of Lamourette*, New York, Norton, 1990, p. 161. Comme l'observe Darnton, presque tous les historiens du livre concordent sur le fait qu'en Europe occidentale, l'édition du roman se développa au détriment de la littérature de dévotion. Cela dit, une question décisive reste encore ouverte : le roman se substitua-

Un public nouveau. Qui préfère les romans métropolitains à la dévotion provinciale ; et *les histoires longues aux histoires courtes.* Réfléchissant sur les limites incertaines qui séparent le roman et les autres formes narratives, James Raven parle des « œuvres de province, souvent très problématiques » : il était sans doute frappé par la brièveté de nombreux « romans » publiés en province[32]. Dans la France du XVIIIe siècle – écrit Geneviève Bollème à propos de la « Bibliothèque bleue » de Rouen, qui fut la plus grande entreprise éditoriale de la province européenne –, il existe un « âpre conflit » entre « les grands romans » et un autre type de livres, « que l'on pourrait à juste titre appeler "petits romans" (entre 24 et 48 pages) »[33] ; Martin Lyons découvre qu'il existe une géographie analogue entre 1816 et 1850, quand les éditeurs de province se spécialisent dans la publication de recueils de nouvelles plutôt que dans celle de romans ou d'autres ouvrages plus longs[34]. D'ailleurs, la « Bibliothèque bleue » avait depuis toujours soumis ses textes à une

---

t-il à la dévotion parce que c'était *une forme fondamentalement séculière* – ou parce que c'était *une dévotion sous d'autres formes*? Dans le premier cas, nous avons une opposition au vrai sens du terme et le roman ouvre une époque vraiment nouvelle de la culture européenne ; dans l'autre, nous avons affaire à un cas de transformisme historique où le roman contribue à la longue durée des conventions symboliques. Il est clair qu'ici les méthodes quantitatives ne nous sont plus d'aucun secours : elles peuvent établir le poids relatif des éditions romanesque et religieuse – mais elles ne peuvent pas nous dire si le roman *ressemble* à la dévotion, et de quelle manière. Seule l'analyse morphologique peut y arriver. C'est une autre tâche pour l'histoire littéraire du futur.

32. J. Raven, *British Fiction 1750-1770*, *op. cit.*, p. 5. Les six « romans » originaux publiés dans la province anglaise entre 1750 et 1770 (à Liverpool, Birmingham, York et Wolverhampton) ont respectivement 70, 117, 60, 352, 205 et 40 pages.

33. G. Bollème, « Littérature populaire et littérature de colportage au XVIIIe siècle », dans *Livre et société dans la France du XVIIIe siècle*, Paris-La Haye, Mouton, 1965, vol. I, p. 86.

34. 59,3 % des éditions des *Contes* de Perrault furent publiées en province ; pour les *Fables* de Florian, le pourcentage est de 47,1 % ; pour les *Fables* de La Fontaine, 45,9 % ; pour *Robinson Crusoe*, 38,3 % ; pour la *Jérusalem libérée*, 33,3 % ; pour *Paul et Virginie*, 28,1 % ; pour le *Théâtre* de Racine, 15,6 %. *Les Aventures de Télémaque* de Fénelon, avec 54 % d'éditions en province, est l'unique exception à cette tendance (M. Lyons, *Le Triomphe du livre*, *op. cit.*, p. 103).

Le corpus italien des années 1843-1845 révèle une distribution analogue et même encore plus déséquilibrée : les villes de province publient une dizaine de récits courts (ou leur recueil) et un seul roman.

réduction radicale à tous les niveaux : livres plus courts, chapitres plus courts, pages plus courtes, paragraphes plus courts, phrases plus courtes...

Le long contre le court. C'est-à-dire la culture écrite (qui peut facilement se permettre une certaine ampleur) contre la culture orale (qui est plus souvent contrainte à la forme brève). « Le triomphe du livre », écrit Martin Lyons,

> se fit aux dépens d'une littérature populaire orale qui contenait les ingrédients, en termes gramsciens, d'une vision alternative du monde, quoi qu'elle fût exprimée de manière asystématique et inarticulée. Les romans arrivèrent dans le sac du marchand ambulant avec les almanachs, avant que les chemins de fer et la librairie de village ne rendent ensuite superflu ce même marchand ambulant. La culture littéraire populaire ne pouvait survivre longtemps à l'industrialisation de l'édition, à la nationalisation du marché du livre et à l'homogénéité croissante de la consommation littéraire[35].

L'industrialisation du livre ; la « première révolution industrielle de l'art du divertissement » dont parle Peter Burke à propos de la fin du XVIIIe : quand, « comme dans d'autres secteurs de l'économie du XVIIIe siècle, les entreprises de grandes dimensions commencèrent à éliminer les entreprises plus petites »[36] – et les grandes villes, où il était plus facile de trouver les capitaux pour des entreprises (et des livres) de grand format, en tirèrent un avantage irrévocable. C'est dans ce contexte qu'il faut repenser l'essor puis le triomphe du roman : une lutte pour la conquête du marché où des forces qui n'ont rien d'« esthétique » jouent un rôle de tout premier plan. D'ailleurs, les formes culturelles de masse postérieures au roman – cinéma, radio, télévision – ont elles aussi accru à chaque fois la concentration de la production de culture : d'abord dans le cadre de chaque État-nation, puis à l'intérieur de systèmes d'États plus importants. À une consommation de culture *de plus en plus répan-*

35. M. Lyons, « Towards a National Literary Culture in France : Homogeneity and the 19th Century Reading Public », dans *History of European Ideas*, vol. XVI, n. 1-3, p. 250.

36. P. Burke, *Popular Culture in Early Modern Europe*, Harper & Row, New York, 1978, p. 249.

due correspond, en somme, une production de culture *de plus en plus centralisée*, avec une asymétrie inaugurée précisément par le roman, et en Europe. Voyons comment.

II

> Les anciens besoins qui étaient satisfaits par les produits nationaux font place à de nouveaux besoins qui réclament pour leur satisfaction les produits des pays et des climats les plus lointains. L'autosuffisance et l'isolement régional et national d'autrefois ont fait place à une circulation générale, à une interdépendance générale des nations. Et ce pour les productions matérielles aussi bien que pour les productions intellectuelles. Les produits intellectuels de chaque nation deviennent bien commun. L'esprit national étroit et borné est chaque jour plus impossible, et de la somme des littératures nationales et régionales se crée une littérature mondiale.
>
> Karl Marx et Friedrich Engels,
> *Manifeste du parti communiste*
> (Livre de poche, 1973,
> trad. Corinne Lyotard, p. 10)

6. Les trois Europes

Le roman en Europe ; et son premier best-seller : *Don Quichotte*. Son histoire éditoriale rappelle le phénomène classique du caillou dans l'eau, avec une série d'ondes qui irradient à partir de l'Espagne – des ondes de traduction, en quelque sorte (fig. 84 *a-c*). La première est immédiate, elle couvre une ou deux générations, en suivant une diagonale qui va de Londres à Venise (en passant par la Hollande, la France et les États allemands) : un marché commun précoce, déjà synchronisé au début du XVIIe siècle. C'est un début frappant (au XIXe, *Le Père Goriot* met trente ans pour aller de Paris à Londres !) ; mais ensuite, pendant plus d'un siècle, rien. On pense à un chapitre de *La Méditerranée* : « L'espace, ennemi numéro un ».

Figure 84 *a-c. Don Quichotte.* Traductions européennes

a)
1612-1656

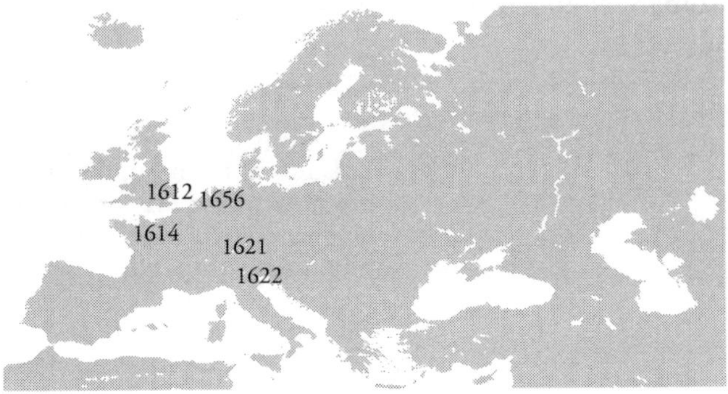

b)
1769-1802

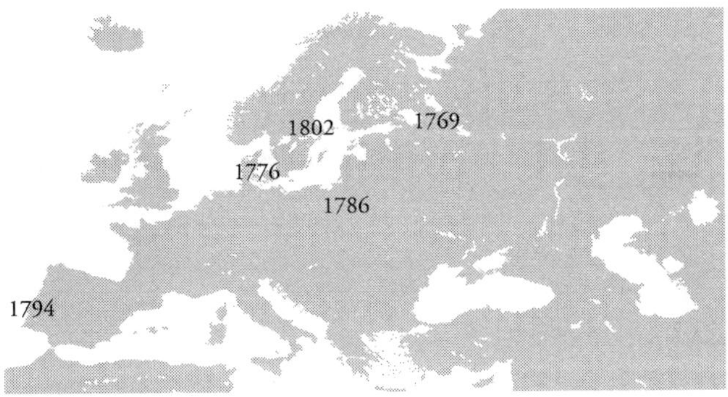

c)
1813-1935

Turquie, 1860/1875
Égypte, 1872
Chine, 1872
Perse, 1878
Inde (Gujarati), 1880
Inde (Hindi), 1881
Malaisie, 1883
Philippines, 1884
Japon, 1896

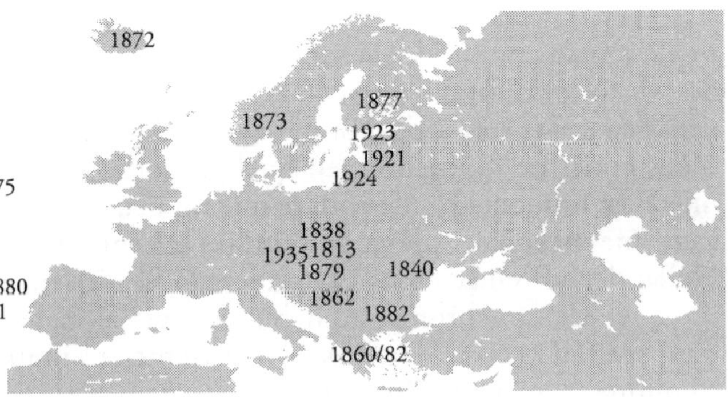

En France, en Angleterre, les éditions de Cervantès se multiplient, mais il faut attendre la fin du siècle pour voir paraître de nouvelles traductions : au Danemark, en Russie, en Pologne, au Portugal, en Suède (et l'on retrouve ici l'affinité entre le roman et l'État-nation). Puis une troisième vague, dans la Mitteleuropa (y compris une traduction en yiddish, en 1848), dans l'Empire ottoman et celui des Habsbourg, dans la périphérie septentrionale ; et puis encore, pendant le dernier tiers du siècle, dans un groupe important de pays asiatiques. Et la diffusion continue presque jusqu'à nos jours, dans des aires linguistiques progressivement plus réduites.

« L'espace est comme le cadran d'une gigantesque horloge », écrit Torsten Hägerstrand à propos de la diffusion de la technologie (et les formes littéraires sont elles aussi, à leur manière, des technologies) : l'espace est une gigantesque horloge et ces choses qui le traversent sont ses aiguilles[37]. C'est vrai. Comme ces trois ou quatre vagues de traduction qui nous montrent que les espaces culturels de l'Europe – bien qu'ils soient chronologiquement contemporains et géographiquement contigus – ne vivent pas *à la même époque littéraire.* Naturellement, on peut discuter du nombre de ces espaces puisqu'on peut découper le continuum historique et géographique de différentes manières. Par exemple, on peut prendre comme unité d'analyse la littérature nationale : l'Europe est alors divisée en vingt ou trente espaces distincts. Ou bien on peut accepter la thèse de Curtius, pour qui l'espace littéraire européen est un et indivisible. Enfin, et c'est ce que je ferai, on peut suivre la théorie du « système-monde » et prendre comme unité d'analyse non pas le continent ni la nation considérée individuellement, mais trois positions possibles à l'intérieur du système européen : trois Europes, disons. À une extrémité, ce que Wallerstein appelle le *core*, le « centre » du système : un groupe précoce, versatile et très réduit (comme ici la diagonale du début du XVIIe). À l'extrémité opposée, la « périphérie » : qui est au contraire un groupe très nombreux, mais doté de

37. T. Hägerstrand, « Some Unexplored Problems », *op. cit.*, p. 217. Hägerstrand cite ici Friedrich Ratzel (*Anthropogeographie*, Stuttgart, 1912, p. 411), dont l'ouvrage stimula de nombreuses orientations de recherche du début du siècle.

peu de liberté et de très peu de créativité. Et à mi-chemin, un ensemble hybride, fuyant, qui mêle certains aspects des deux premiers : la « semi-périphérie ». Espace de transition : de déclin depuis le centre (c'est le cas de l'Espagne ou de l'Italie) ; ou bien, au contraire (comme pour le roman russe du XIXe), de promotion depuis la périphérie vers le centre du système.

Les trois Europes étaient déjà présentes dans cette recherche de 1992 que j'ai évoquée plus haut. Ainsi, en quantifiant l'« essor » du roman européen, nous nous sommes aperçus bien vite que ce phénomène ne s'est pas produit pendant *une* période circonscrite, mais au moins en trois phases distinctes : la première vers 1720-1750 (au centre : la France, l'Angleterre et un peu plus tard l'Allemagne) ; la deuxième, vers 1820-1850 (dans une demi-douzaine de pays) ; et la troisième, plus tard encore, dans les autres pays. Même chose pour les flux de traduction : à un pôle, un groupe réduit (la France, l'Angleterre et l'Allemagne ; la France, l'Angleterre et la Russie) – un groupe réduit qui exporte énormément un peu partout ; au pôle opposé, un groupe très nombreux, lequel, vice-versa, *importe* beaucoup et n'exporte presque rien. Et à mi-chemin, des influences limitées, « régionales », comme les *Buddenbrook* de la figure 85 *a-b* : un succès immédiat et profond dans l'Europe nord-orientale ; mais jusqu'en 1929 (l'année du prix Nobel), pas même une traduction à l'ouest du Rhin ou au sud du Danube.

Deux, trois Europes. Avec la France et l'Angleterre toujours au centre ; la plupart des autres nations toujours à la périphérie ; et au milieu un groupe variable, continuellement mobile. Mais est-il possible de dépasser ce schéma général et de *mesurer* la différence entre ces trois positions ? Question décisive et difficile à laquelle je ne peux malheureusement apporter qu'une réponse partielle. Partielle, car mon corpus ne comprend que huit ou neuf pays ; et je me limite aux traductions, qui ne sont qu'*un* aspect de la question ; et je travaille avec les bibliographies nationales, qui ne sont pas toutes fiables au même degré. Et il y a ici tellement de variables qui entrent en jeu qu'il est difficile de leur rendre justice. J'ai néanmoins essayé.

Figure 85 *a-b. Les Buddenbrook.* Traductions européennes

a) 1903-1929

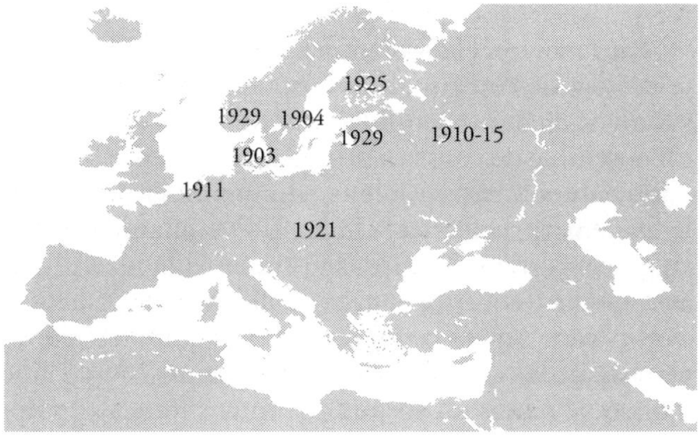

New York, 1924

b) 1930-1986

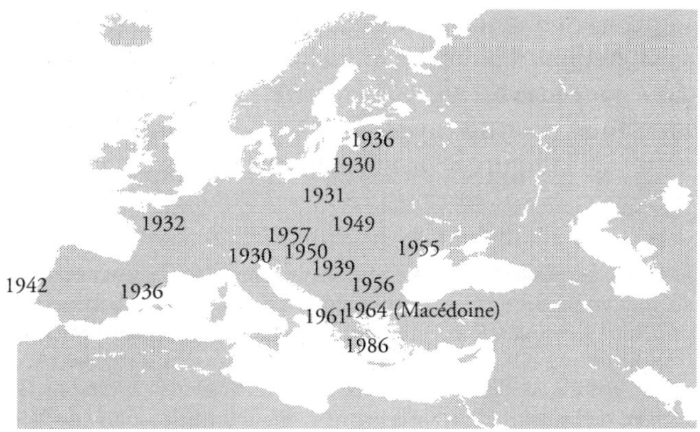

Tel-Aviv, 1930
Japon, 1932
Turquie, 1955
Égypte, 1961
Chine, 1962
Inde, 1978

7. Une enquête bibliographique

Pour mesurer l'articulation interne du système littéraire européen, je décidai de constituer un corpus d'environ cent romans anglais, subdivisé en quinze groupes[38], et de suivre ensuite leur fortune dans un ensemble de pays qui possédaient tous des bibliographies nationales fiables et susceptibles de donner des résultats assez différents : le Danemark, la France, l'Italie, la Pologne et la Hongrie. Je contrôlai quelle partie du corpus était traduite dans les différentes langues, avec quelle fréquence et avec quelle rapidité. Quand j'eus l'impression d'avoir repéré certaines tendances, j'effectuai un contrôle, en élargissant le corpus sur les deux versants. Avec l'aide de Margaret Cohen, je réunis un corpus de romans français comparable au corpus anglais (quoique de dimension plus modeste)[39] ; puis j'élargis le spectre des pays européens, en ajoutant aux cinq premiers pays la Grande-Bretagne, la Hollande, la Roumanie (dont la bibliographie s'est malheureusement interrompue, comme Mr Ramsay dans *La Promenade au phare*, à la lettre R) et l'Espagne (dont le meilleur répertoire pose un problème identique, car il s'arrête à 1850)[40]. Les cartes de la figure 86 *a-v* visualisent les résultats de cette recherche.

38. Ce corpus est ainsi constitué : neuf romans sentimentaux des années 1800-1815 ; six romans de Scott (trois de la première période et trois de la dernière) ; cinq *oriental tales*, cinq *nautical tales* et cinq romans de guerre (toutes ces formes sont très populaires dans les années 1820-1840) ; douze *silver-fork novels* ; huit romans régionaux ; cinq best-sellers historiques de Bulwer-Lytton, cinq d'Ainsworth et cinq de G.P.R. James ; sept romans de Dickens (deux de la première période ; deux contes de Noël ; trois de la dernière période) ; sept romans religieux du milieu du siècle ; dix romans sentimentaux publiés vers 1850 ; huit romans « industriels » et huit *sensation novels* de la période 1860-1870. En tout, 104 romans.

39. Le corpus français consiste en 53 romans, subdivisés en sept groupes : treize romans sentimentaux des années 1795-1810 ; huit romans historiques mineurs des années 1820-1830 ; sept romans « réalistes » de Balzac et de Stendhal ; quatre romans de Victor Hugo ; cinq « romans champêtres » de George Sand ; sept romans d'Eugène Sue ; quatre romans d'Alexandre Dumas.

40. J'ai consulté les répertoires bibliographiques suivants. Pour la Grande-Bretagne : *Nineteenth Century Short Title Catalogue*, série I (1801-1816) et série II (1816-1870), Londres, Unwin, 1986 *sq.* ; *British Library Catalogue.*

Commençons par l'extrémité supérieure du spectre : les grands succès du XIXe siècle. Walter Scott, Bulwer-Lytton, presque tout Dickens, les *sensation novels* du corpus anglais ; le roman sentimental, Dumas, Sue et Hugo dans le corpus français (fig. 86 *abcdpqrs*). C'est un dessin régulier, presque monotone : toute l'Europe lit les mêmes livres, avec la même opiniâtreté et plus ou moins au cours des mêmes années (sinon des mêmes mois). C'est-à-dire que toute l'Europe se reconnaît non pas dans le « réalisme » (il suffit de jeter un coup d'œil à la fortune de Stendhal et de Balzac pour voir ce qu'il en est) – non pas dans le réalisme, donc, mais dans ce que Peter Brooks a appelé l'« imagination mélodramatique » : une rhétorique des teintes fortes, qui mêle l'histoire, les émotions et le mystère, et qui sera perfectionnée par Dumas et Sue (pour ne rien dire de Verdi), les deux écrivains les plus populaires de l'époque.

Mais ce marché littéraire commun commence bien vite à se contracter. D'abord la Roumanie ; puis la Pologne et la Hongrie ; puis l'Italie et l'Espagne ; peu à peu, la partie orientale du continent,

---

Pour la France : *Bibliographie de la France*, Paris, 1811-1856 ; O. Lorenz, *Catalogue général de la librairie française, 1840-1865, 1866-1875, 1886-1890* (Paris, 1868, 1876, 1887, 1924) ; M.G. Devonshire, *The English Novel in France 1830-1870*, University of London Press, 1929.

Pour l'Italie : *CLIO, Catalogo dei libri italiani dell'Ottocento (1801-1900)*, Milan, Editrice Bibliografica, 1991.

Pour la Pologne : Karol Estreicher, *Bibliografia Polska*, Cracovie, 1881-1939.

Pour la Hongrie : Kertbeny, *Ungarns Deutsche Bibliographie ; Magyarország Bibliographiája, 1712-1860* (Budapest, 1890) ; *Magyar Könyvészet, 1860-1875, 1886-1900, 1901-1910*, Budapest, 1890-1917.

Pour la Hollande : *Alphabetische Naamlijst van Boeken, 1790-1832*, Amsterdam, 1835 ; *Alphabetische Naamlijst van Boeken, Plaat-en Kaartwerken, 1833-1849*, Amsterdam, 1858 ; *Brinkman's Catalogus der Boeken, Plaat-en Kaartenwerken, 1850-1882*, Amsterdam, 1884.

Pour la Roumanie : I. Bianu, N. Hodos, D. Simonescu, *Bibliografia Romaneasca Veche*, Bucarest, 1912-1936 ; G. Strempel, *Bibliografia Romaneasca Moderna, 1831-1918*, Bucarest, 1984-1989 (ce répertoire est actuellement interrompu à la lettre R).

Pour le Danemark : Erland Munch-Petersen, *A Bibliography of Translations into Danish 1800-1900 of Prose Fiction from Germanic and Romance Languages*, Copenhague, 1976.

Pour l'Espagne : J.F. Montesinos, *Introducción a una historia de la novela en España en el siglo XIX : seguida del Esbozo de una bibliografía española de traducciones de novelas (1800-1850)*, Madrid, 1980.

Figure 86 *a-o.* Diffusion européenne du roman anglais

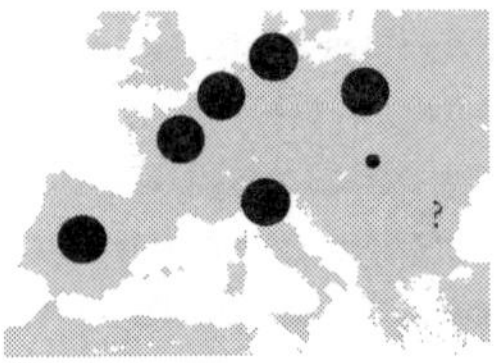

a) Scott

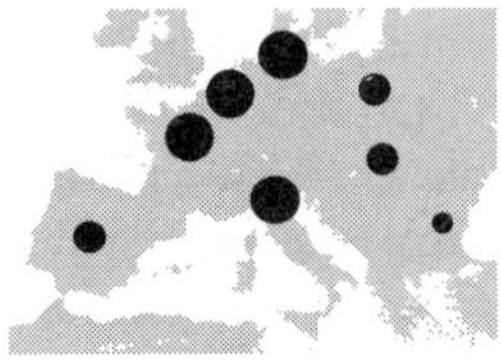

b) Bulwer-Lytton

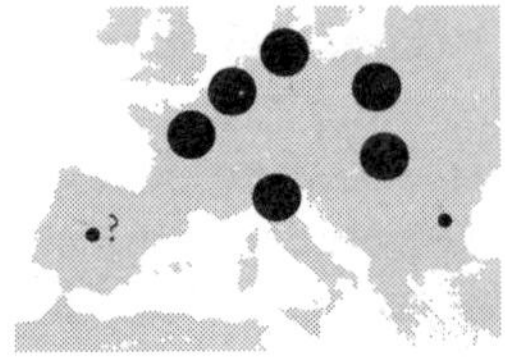

c) Dickens

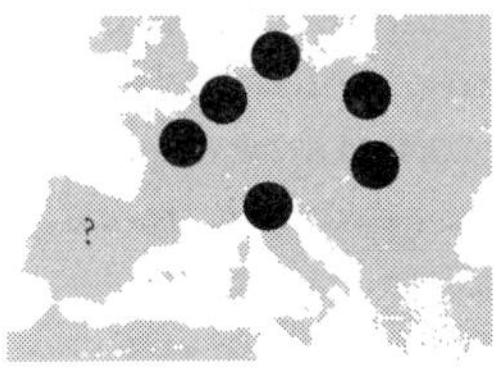

d) *Sensation novels*

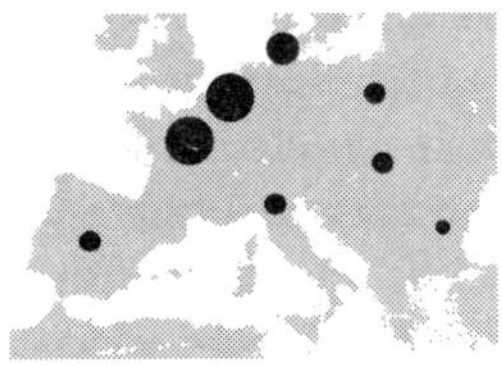

e) Ainsworth

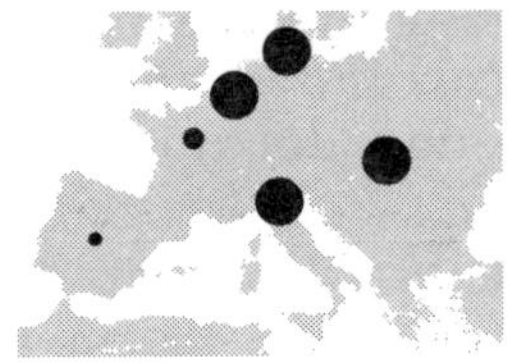

f) G.P.R. James

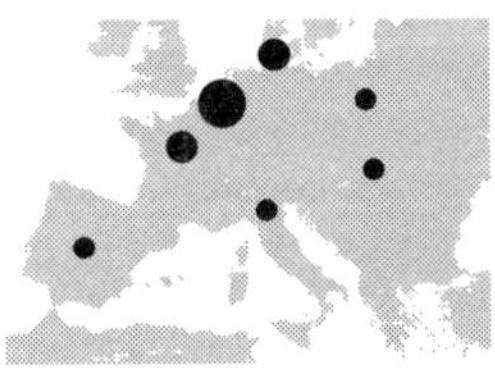

g) *Nautical tales*

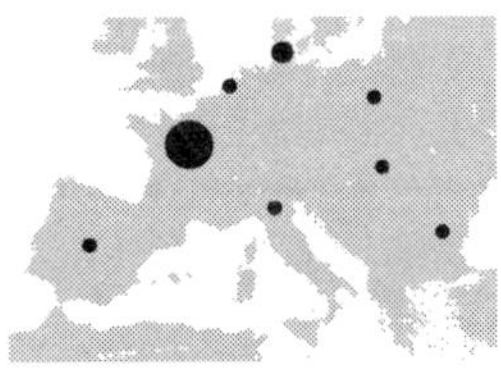

h) Romans sentimentaux vers 1810

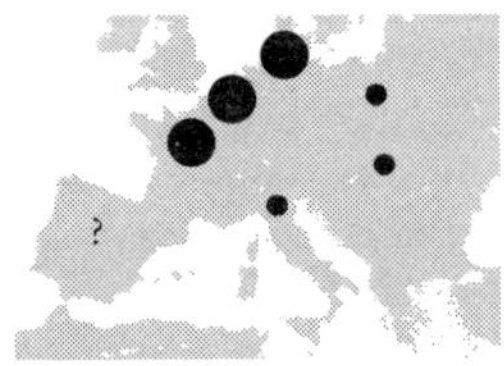

i) Romans sentimentaux vers 1850

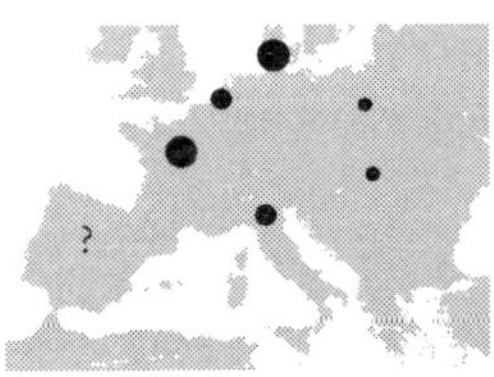

j) Romans industriels

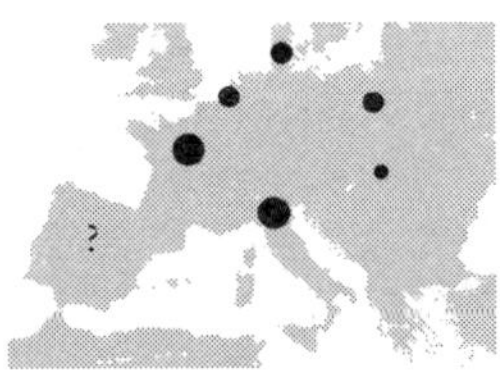

k) Romans religieux

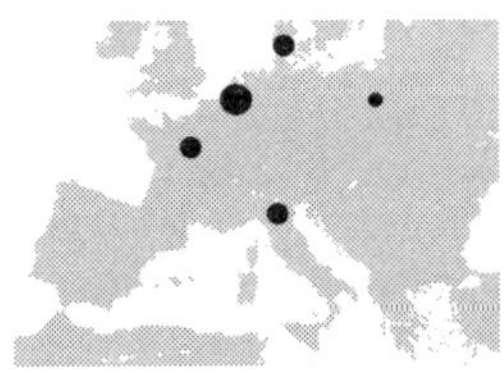

l) *Oriental tales*

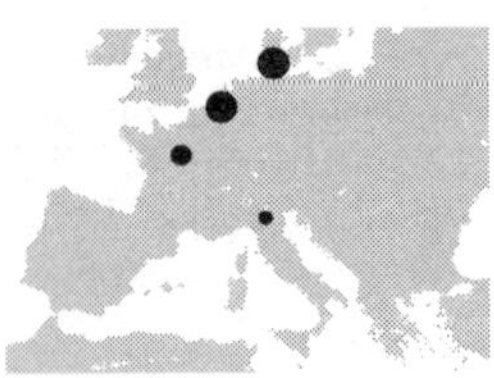

m) *Silver-fork novels*

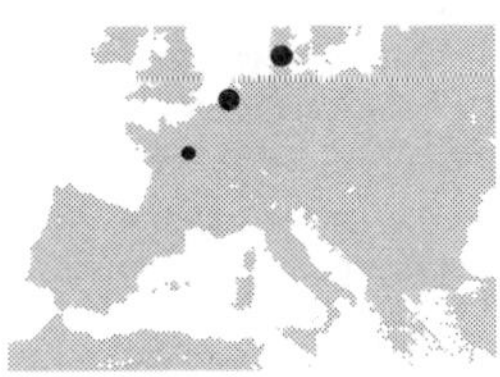

n) Romans régionaux

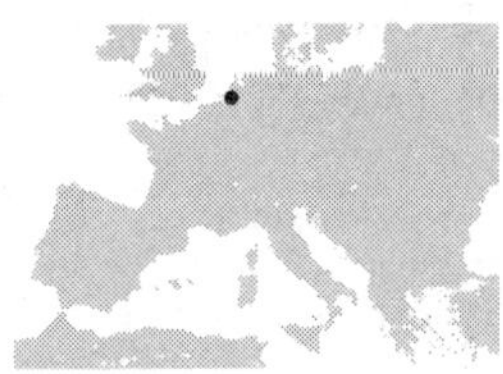

o) Romans de guerre

Figure 86 *p-v*. Diffusion européenne du roman français

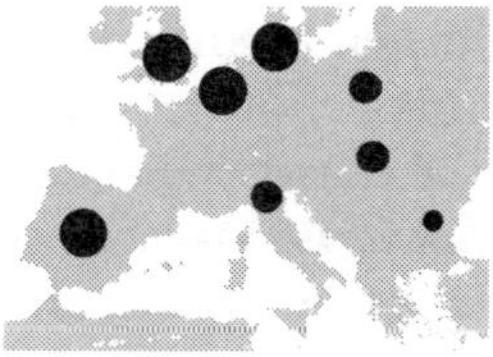

p) Romans sentimentaux vers 1810

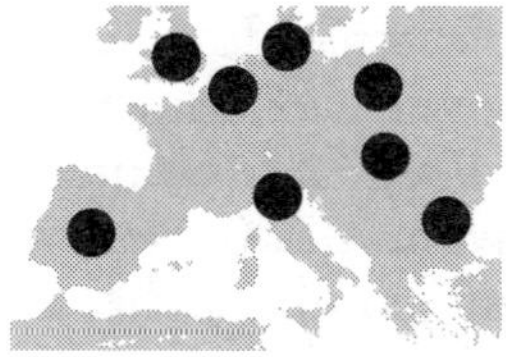

q) Dumas

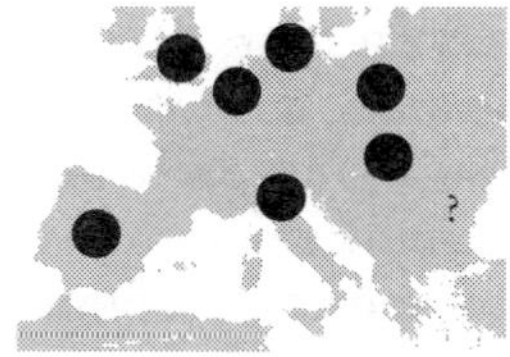

r) Sue

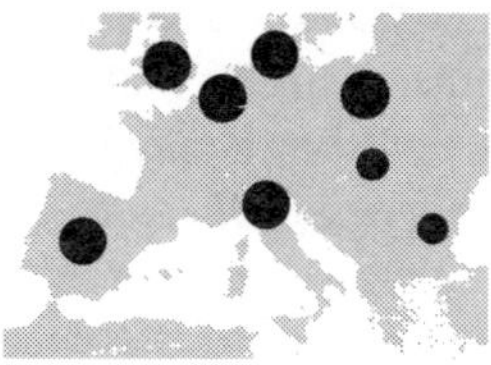

s) Hugo

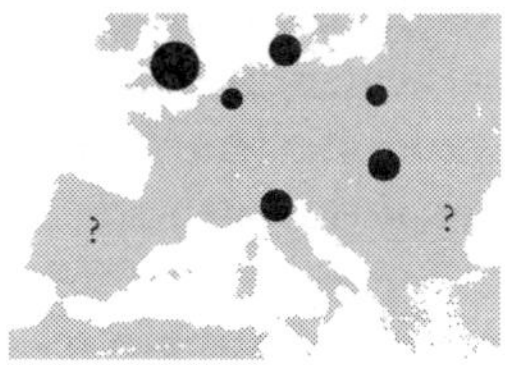

t) Sand, romans champêtres

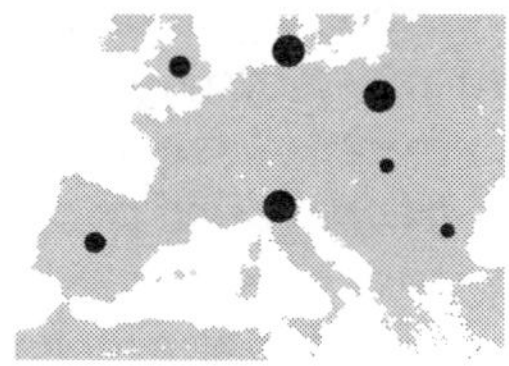

u) Stendhal, Balzac

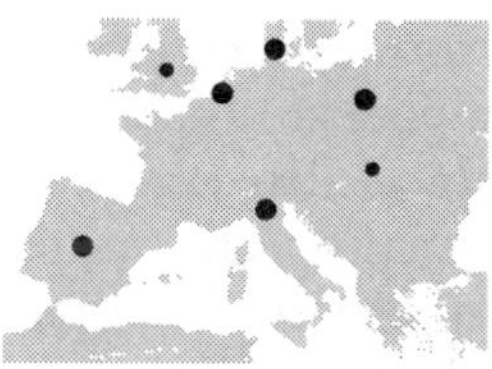

v) Romans historiques mineurs

- *Corpus entièrement traduit*
- *La majorité des textes inclus dans le corpus ont été traduits*
- *Environ la moitié des textes du corpus ont été traduits*
- *Un ou deux cas sporadiques de traduction*
- ? *Données bibliographiques non disponibles ou insuffisantes*

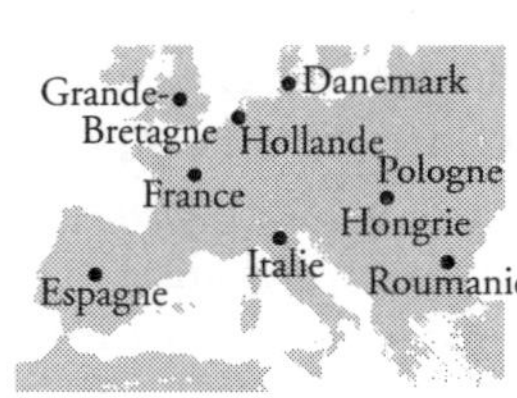

puis la partie méridionale disparaissent des cartes : de moins en moins de romans y arrivent et certaines formes n'y arrivent même pas du tout. Manque d'intérêt ? Je dirais plutôt, en premier lieu : *manque d'espace.* S'il circule en Roumanie moins de formes qu'en Italie, c'est parce que la Roumanie est un marché plus exigu : et un marché exigu, nous l'avons vu avec les *circulating libraries,* ne se comporte pas comme un grand marché, à plus petite échelle : il se comporte *de manière différente.* Au lieu d'importer un tiers, ou un dixième, de chaque forme disponible, il sélectionne un tout petit nombre d'auteurs, ou de formes, et « ferme la porte » à tous les autres. Ainsi, on a des avalanches de Dumas, Hugo, Bulwer-Lytton : mais pas de Capitaine Marryat, pas de *Our Village,* pas d'*oriental tales,* de romans industriels, de *silver-fork novels...*

Chaque année, les marchés roumain ou espagnol n'ont de place que pour un certain nombre de romans : une fois cette limite atteinte, les portes se referment. Mais comment se referment-elles ? Pourquoi ces marchés accueillent-ils certaines formes et en repoussent-ils d'autres ? En premier lieu, dirais-je, par pure et simple *saturation,* comme sur les cartes 86 *efv.* Ainsworth, G.P.R. James, les mille romans historiques français : les marchés européens ont été tellement envahis par ce genre littéraire qu'un rejet est désormais inévitable. De sorte qu'on traduit encore Ainsworth en France et en Pologne, mais peu ou pas G.P.R. James ; en Italie et en Hongrie, c'est exactement le contraire : beaucoup James et très peu Ainsworth. Y a-t-il des raisons spécifiques à ces choix ? J'en doute, Ainsworth et G.P.R. James se ressemblent beaucoup mais il y a désormais moins de place pour le roman historique *en général,* de sorte que, pour une raison quelconque, l'un des deux est mis sur la touche.

Au phénomène de la saturation s'ajoute la véritable *sélection* qui intervient dans le choix entre une forme et une autre. Sur les cartes 86 *g-o,* par exemple, il ne fait aucun doute que le marché italien se contracte ; il est pourtant encore très ouvert (et donc à contre-courant par rapport à l'Europe) au roman religieux (fig. 86 *k*). Examinons aussi la diffusion du roman sentimental anglais sur les cartes 86 *hi* : toujours importante en Europe du Nord, au début comme au milieu du siècle ; et toujours assez limitée dans le reste du continent. Dans ces cas-là, la distribution géographique suggère *une affinité culturelle entre une forme spécifique et un marché spécifique* : par exemple entre l'Italie catholique et *Fabiola* (ou *L'Église des catacombes*), œuvre du cardinal Wiseman, traduite trois fois en une seule année (à Milan, Turin et Naples). Ou entre l'« individualisme affectif » du roman sentimental et le riche nord-ouest de l'Europe où cette valeur est beaucoup plus répandue qu'ailleurs.

Si les dimensions du marché rendent la sélection inévitable (en fin de compte, aucun marché n'est assez vaste pour *tous* les romans du XIXe !), l'*orientation* du choix dépend quant à elle de forces culturelles spécifiques. C'est le catholicisme qui « sélectionne » en Italie le roman religieux, de même que l'émancipation féminine « sélectionne » dans les pays protestants des histoires de libre choix affectif. Cette sélection en positif a son pendant en négatif : le véritable rejet indiqué par les cartes 86 *mno*, qui nous montrent que des romans extrêmement populaires en Grande-Bretagne vivotent dans un ou deux marchés du Nord, mais sans plus. Et il semble que ces formes « malheureuses » (*silver-fork novels*, romans régionaux et, surtout, romans de guerre) aient un dénominateur commun : une *Britishness* exagérée et même un peu maniaque, qui a peut-être enthousiasmé le public anglais – mais qui doit avoir ennuyé et rebuté le public étranger.

Jusqu'à présent, j'ai considéré les cartes du point de vue des formes : les romans historiques ont partout du succès, les romans sentimentaux en ont dans le Nord, les romans religieux dans les pays catholiques, les romans de guerre nulle part… Mais l'on peut aussi changer de perspective et raisonner du point de vue des différents pays, en essayant de comprendre l'importance de leurs importations de littérature étrangère. Les deux matrices de la figure 87, élaborées sur le conseil de Serge Bonin, apportent un début de réponse. Si on les lit de gauche à droite, elles montrent en effet un premier groupe de pays qui ont accès à – presque – tous les romans du corpus : le Danemark, l'Espagne et la Grande-Bretagne pour les romans français ; la Hollande, le Danemark et la France pour les romans anglais. On passe ensuite graduellement au groupe opposé (la Roumanie ; et peut-être aussi l'Espagne pour les romans anglais) qui n'importe au contraire qu'un tout petit nombre de formes. Bien entendu, les séparations entre ces différents groupes sont loin d'être clairement marquées (en particulier dans la matrice française) : c'est un choix, une décision interprétative – ainsi, Serge Bonin voyait les choses autrement et proposait de « découper » les données de manière différente. Mais, indépendamment de ces choix, il reste la réalité d'un système divisé intérieurement : en particulier dans la matrice anglaise, qui est celle qui contient le plus de données.

Une Europe divisée. Mais est-elle vraiment divisée en *trois* groupes ? Cela dépend de ce que l'on « voit », littéralement, dans les matrices de la figure 87 et dans les diagrammes de la figure 88, qui montrent les pourcentages d'importation des différents pays européens.

Pour ma part, voici ce que je vois. Il y a trois pays qui semblent être *toujours* dans le groupe de tête : la France, la Grande-Bretagne et le Danemark : le centre, le *core* du système[41]. Deux ou trois pays qui présentent de forts écarts : l'Espagne (énormément de littérature française et très peu de littérature anglaise), la Hollande (le contraire) et en partie l'Italie. Puis, deux pays (la Pologne et la Hongrie) qui n'ont pas de pointes vers le haut et qui semblent importer avec régularité une demi-douzaine de formes, mais guère plus. Enfin, tout au fond, isolée, la Roumanie (à laquelle on pourrait raisonnablement associer, pour les données anglaises, l'Espagne, la Hongrie et la Pologne).

En somme : un petit groupe de tête qui a accès à une grande partie de la littérature européenne ; deux groupes intermédiaires qui suivent des voies très différentes mais qui finissent tous deux par avoir accès à la moitié environ des romans en circulation ; enfin, les

41. Entendons-nous : le centre du système *en ce qui concerne les importations.* Une variable différente (précocité de l'essor romanesque, quantité et variété de la littérature nationale, exportations, etc.) entraînerait probablement un résultat différent, où le Danemark serait remplacé tantôt par l'Espagne, tantôt par l'Allemagne, ou par la Russie. L'intégration de tous ces systèmes partiels ferait apparaître à la fin une image détaillée du « système romanesque européen » dans son ensemble. Malheureusement, ce projet est encore loin d'aboutir.

Figure 87. Diffusion du roman français et anglais en Europe au XIXe siècle

La matrice permet de suivre simultanément le succès des différents genres et l'étendue des différents marchés nationaux. L'homogénéité du système littéraire européen est la plus forte dans le secteur en haut à gauche des deux matrices, et elle décroît au fur et à mesure que l'on se déplace vers le bas et vers la droite.

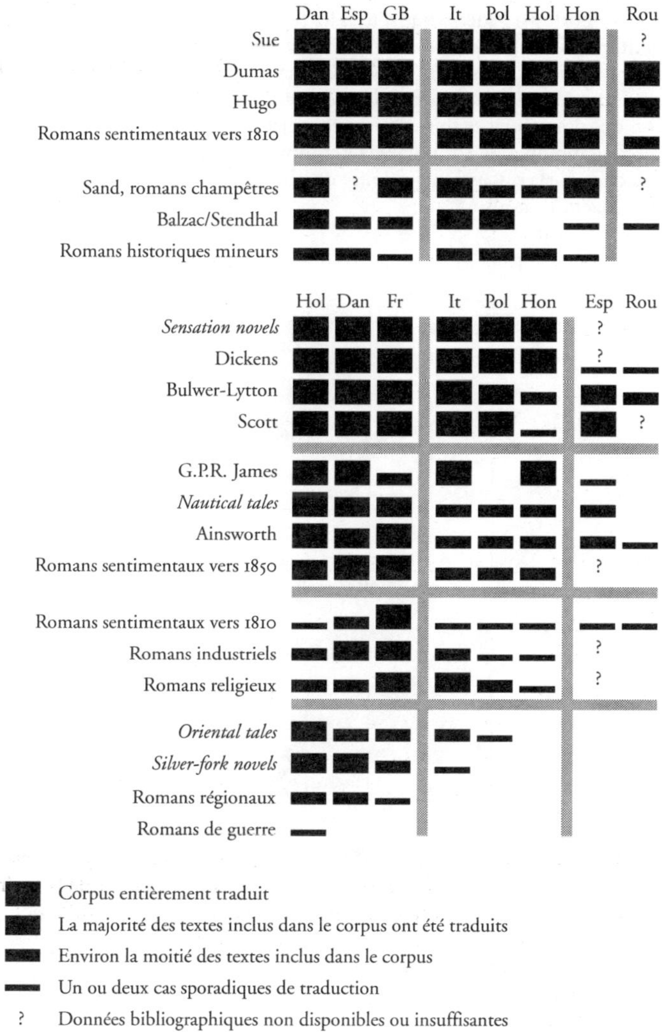

Figure 88. Pourcentages de diffusion du roman français et anglais

Les diagrammes visualisent simultanément l'importation des romans pris individuellement et des différents groupes des deux corpus. Le regroupement des pourcentages montre très clairement la division du système littéraire européen.

N.B. Dans ces diagrammes, et dans ceux de la figure suivante, un groupe n'est considéré comme importé avec succès que si tous les textes qui le composent (ou textes équivalents) sont traduits avant la fin du XIXe siècle. La figure utilise des pourcentages parce que certaines bibliographies sont incomplètes et l'emploi des données numériques simples serait donc extrêmement trompeur. Cela ne veut malheureusement pas dire que l'utilisation des pourcentages soit dépourvue d'erreurs : à part la dishomogénéité des sources bibliographiques, le corpus anglais comprend en effet – ce qu'il faudra garder à l'esprit au cours de la discussion qui suit – un plus grand nombre de formes « faibles » que son équivalent français.

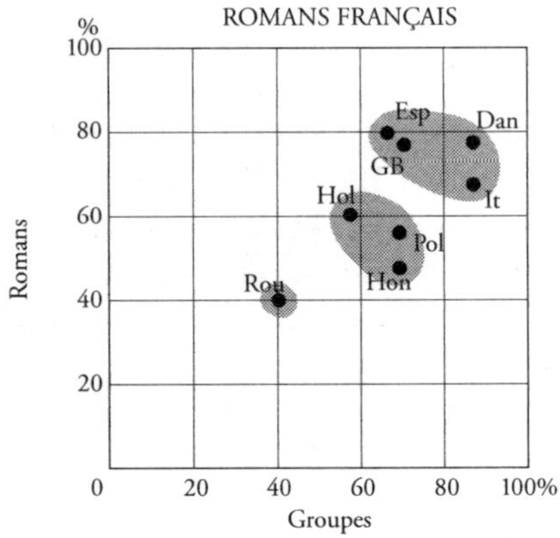

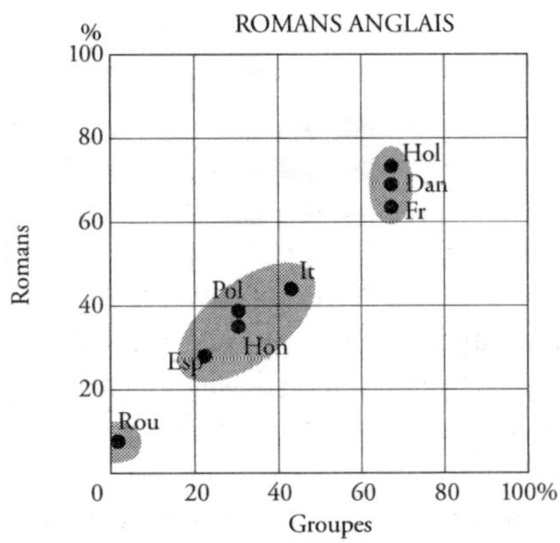

pays du groupe de queue où il n'arrive guère qu'une forme par génération. Un seul pays (dans la position « périphérique » où l'on s'attendrait à en trouver beaucoup plus), probablement pour la raison suivante : parce qu'à la périphérie de l'Europe les instruments bibliographiques que j'ai utilisés dans cette recherche n'existent pas, ou alors je n'ai pas pu y avoir accès (sans parler de mon ignorance totale de l'aspect linguistique du problème). Presque par définition, *la périphérie d'un système est le lieu où les données sont les moins nombreuses* : et c'est pour ce motif, je crois, qu'elle n'est « représentée » ici que par la Roumanie. Mais ces matrices révèlent bien qu'il y a une contraction du marché : c'est une tendance claire qui doit avoir aussi affecté les autres pays européens.

Trois Europes – probablement. Puis, dans toutes les trois, une longue rivalité qui oppose violemment deux véritables superpuissances littéraires. Observons que l'Espagne et la Hollande échangent leurs places aux figures 87 et 88 : l'Espagne est avide de romans français et fermée aux romans anglais, tandis qu'en Hollande c'est la tendance inverse qui domine. C'est le signe d'une compétition entre les littératures du « centre » qui divise le continent en zones d'influence symbolique : une lutte pour l'hégémonie qui semble vraiment s'être terminée par la victoire de la France (fig. 89). C'est comme si cette guerre interminable qui s'était achevée en 1815 par la victoire de la Grande-Bretagne s'était ensuite répétée sur le front culturel, avec un résultat opposé : en littérature, le vaincu a triomphé et Paris est devenu en quelque sorte l'Hollywood du XIXe siècle. Dans l'Europe méridionale et orientale, le roman français connaît une diffusion incomparablement plus forte que le roman anglais (en Italie, au milieu du siècle, le rapport est de sept ou huit contre un) ; même dans le Nord protestant, les deux rivaux sont à peu près à égalité (au Danemark, Alexandre Dumas est l'auteur le plus réimprimé du XIXe siècle). Et c'est dans le cas des formes parallèles que la supériorité française apparaît clairement : les romans champêtres de George Sand connaissent une diffusion beaucoup plus importante que celle de leurs équivalents anglais ; les romans sentimentaux du début du siècle sont traduits en masse un peu partout – alors que les romans anglais sont confinés en Europe du Nord.

Figure 89. Les succès respectifs des romans français et anglais dans l'Europe du XIXᵉ siècle

N.B. Toutes les données sont exprimées en pourcentage. On considère qu'un groupe est importé avec succès si tous les textes compris dans le corpus (ou textes équivalents) sont traduits avant la fin du XIXᵉ siècle.

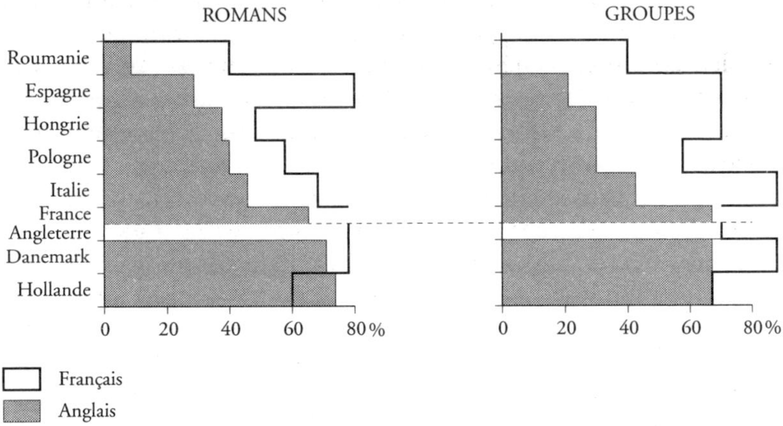

Je ne vois pas bien comment expliquer cette suprématie du roman français en Europe. Peut-être est-ce un contrecoup (et un juste retour des choses) de l'insularité anglaise, qui perd le contact (relativement, cela s'entend) avec les goûts européens. Ou la conséquence du fait que le français est la langue culturelle de l'Europe, ce qui permet aux livres publiés à Paris de voyager vite et d'occuper de nombreux créneaux culturels bien en avance sur leurs rivaux. Enfin, il pourrait bien s'agir aussi d'une différence morphologique entre les deux traditions narratives (de quelque façon qu'on veuille ensuite la définir). Mais pour incertaine que soit encore l'explication, le fait en soi me paraît ne pas laisser place au doute ; d'ailleurs, quand la télévision et le cinéma américains ont envahi les marchés européens (exactement comme l'avaient fait un siècle plus tôt Dumas et compagnie), la culture française s'est presque insurgée contre le nouveau maître. Grande chose que l'hégémonie symbolique ! et personne ne se la laisse arracher sans combattre.

8. « *Une dépendance universelle des nations les unes par rapport aux autres* »

Alors, le roman européen a un centre en France et un en Angleterre. Eh bien… nous le savions déjà. Nous le savions. Mais peut-être, comme le suggère la *Phénoménologie de l'esprit*, « ce qui est bien-connu en général, justement parce qu'il est bien connu, n'est pas *connu* »[42] : il est si familier qu'on ne le remarque même plus et que l'on n'examine jamais ses implications. Pourtant, à bien y penser, l'existence d'un centre réduit n'a absolument rien d'évident dans l'histoire de la littérature européenne. L'Europe des ballades, par exemple, ignore un tel phénomène : les folkloristes la décrivent comme une sorte d'échiquier où les formes se développent à l'échelle locale et ne bougent plus : elles sont limitées à « de petites communautés, à la fois stables et autosuffisantes », comme l'écrit William Entwhistle[43]. Ou encore, pour Peter Burke, l'Europe de la fin du poème épique oral est un système de frontières : de nouveau pas de centre, mais deux ou trois longues tranchées symboliques, comme celle qui sépare la Chrétienté de l'Islam[44]. Pour Dominique Fernandez, l'espace du baroque est une autre frontière, ou plutôt un croissant de lune qui sépare la Réforme de la Contre-Réforme (fig. 90). Dans d'autres cas, la géographie d'une forme peut très bien transcender les frontières européennes : ainsi, le récit court se développe dans un système qui est moins « européen » que « méditerranéen », avec une très forte composante indienne et arabe (ce qui explique peut-être que la nouvelle européenne soit si souvent située dans des pays orientaux : comme dans les figures 23 et 24 du premier chapitre)[45]. Observons encore

42. G.W.F. Hegel, *Phénoménologie de l'esprit*, 1807 ; Paris, Aubier, 1934, p. 28 (trad. Jean Hyppolite).

43. W. Entwhistle, *European Balladry*, Oxford, Clarendon, 1939, p. 7.

44. P. Burke, *Popular Culture in Early Modern Europe*, *op. cit.*, p. 57, 255.

45. « Dans le *Panchatantra*, Theodor Benfey […] démontra qu'au cours du Moyen Âge cet antique recueil de fables fut traduit du sanscrit en latin – en passant par le pehlevi, l'arabe et l'hébreu – puis du latin dans les différentes langues vulgaires » (C. von Sydow, « Geography and Folk-Tale Oicotypes », dans *Selected Papers on Folklore*,

la carte de *Cendrillon* dans la *Storia notturna* de Carlo Ginzburg (fig. 91) : dans une variante spécifique du récit, la Bretagne est séparée du reste de la France, ou la Sardaigne de l'Italie – alors qu'elle est reliée pour des raisons morphologiques au golfe du Bengale et au Sud-Est asiatique.

Formes différentes, Europes différentes. Chaque genre littéraire a sa géographie – sa géométrie, presque : *mais toutes ces figures sont dépourvues de centre.* Et voyez ici combien la géographie du roman est étrange et surprenante. Deux fois étrange, même. D'abord, parce que le roman ferme la littérature européenne à toute influence étrangère : il renforce et il invente peut-être même son caractère spécifiquement *européen.* Mais cette forme si profondément européenne prive presque toute l'Europe de liberté créatrice : deux villes, Londres et Paris, la dominent pendant un siècle entier, publiant la moitié (sinon plus) de tous les romans européens, dans une impitoyable et inflexible centralisation culturelle. Centralisation : le centre, cet état de fait ; mais vu pour ce qu'il est : non pas une donnée, mais un processus. Et un processus *imprévisible* : l'exception et non la règle de la littérature européenne.

Les bibliothèques anglaises et les bibliographies européennes nous transmettent donc le même message : avec le roman naît en Europe un *marché littéraire commun.* Un marché unique : en raison de sa centralisation. Et un marché *inégal* : pour le même motif. Car au cours des cent années décisives qui s'écoulent entre 1750 et 1850, dans presque toute l'Europe les romans sont tout simplement des livres étrangers en raison de la trame géographique spécifique de la centralisation. Les lecteurs hongrois, italiens, danois et grecs se familiarisent avec la nouvelle forme en lisant des romans anglais et français : ainsi, inévitablement, les romans anglais et français deviennent *des modèles à imiter.* « Et de la somme des littératures nationales et régionales naît une littérature mondiale », dit le

---

Copenhague, Rosenkilde et Bagger, 1948, p. 45). Voir aussi P. Burke, *Popular Culture, op. cit.*, p. 55 : « En réalité, ce serait une erreur de s'arrêter aux frontières de l'Europe [...] Des fables arabes comme celles du *Livre de Sindbad*, et des fables indiennes (comme celles du *Panchatantra*) circulaient en Europe bien avant 1500. »

Figure 90. Le croissant baroque

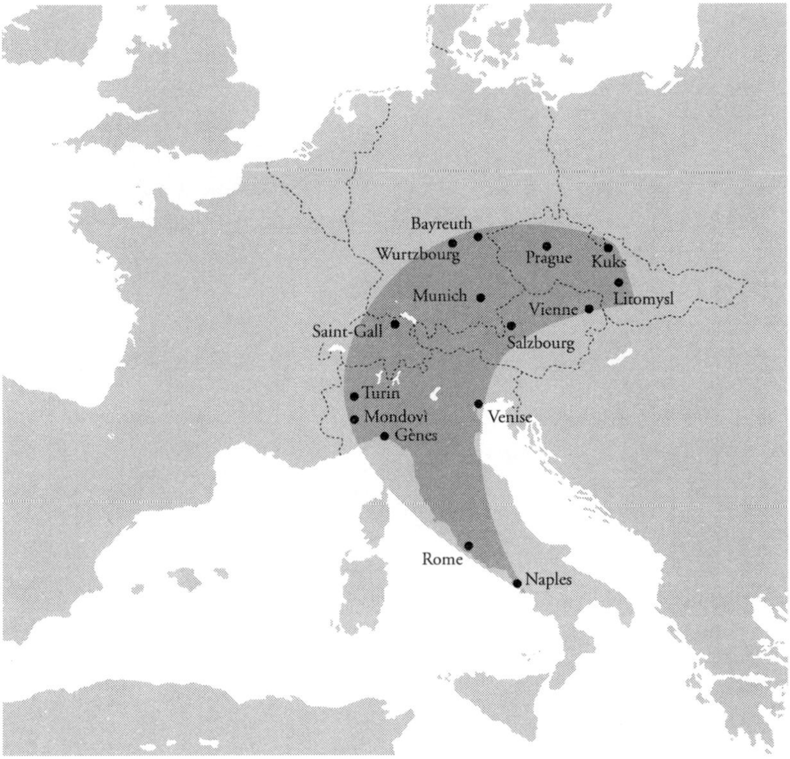

Déplions une carte d'Europe : la civilisation baroque y forme une sorte de croissant, dont la pointe sud-ouest se trouve en Italie méridionale et la pointe nord-est au-delà de Prague. Ce croissant englobe dans son arc Rome, Gênes, Turin, la Suisse orientale, Venise, l'Allemagne du Sud, l'Autriche et la Bohême. On explique la formation de cette barrière d'églises et de monastères par la nécessité d'opposer à la Réforme et aux austères commandements de Luther et de Calvin un front de monuments aimablement et richement décorés qui rendent à la religion catholique l'attrait qu'elle avait perdu.

DOMINIQUE FERNANDEZ, *Le Banquet des anges*

Figure 91. Le monde de Cendrillon

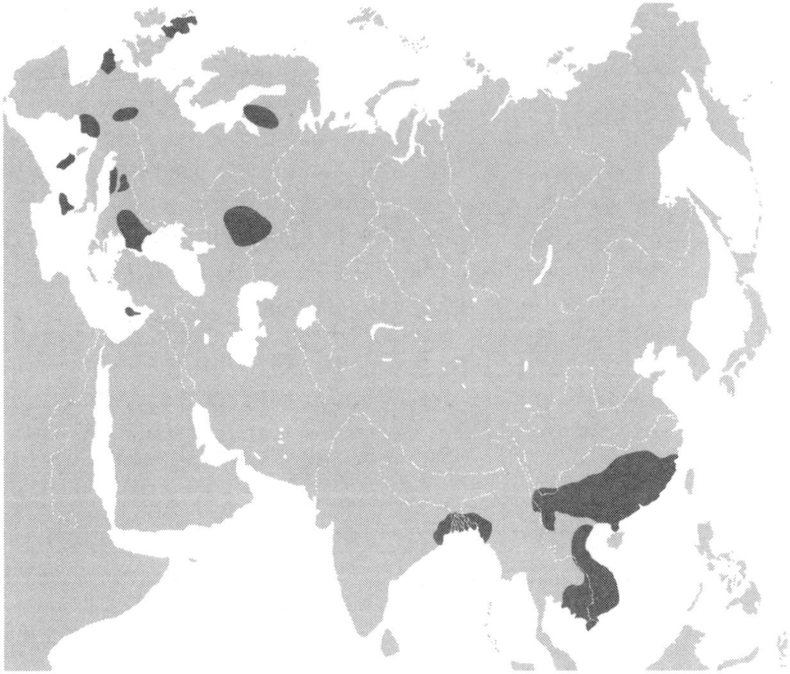

Dans la fable de Cendrillon [...] des versions comprenant la réunion des os sont répertoriées en Chine, au Vietnam, en Inde, en Russie, en Bulgarie, à Chypre, en Serbie, en Dalmatie, en Sicile, en Sardaigne, en Provence, en Bretagne, en Lorraine, en Écosse et en Finlande. Une distribution si large et variée amène à exclure l'éventualité que la présence du thème de la réunion des os dans l'intrigue de la fable soit le fruit d'une greffe occasionnelle. On peut même avancer une autre hypothèse : que la version comprenant la résurrection de l'animal tué est la plus complète, bien qu'elle n'ait été conservée que dans trois cas.

CARLO GINZBURG, *Histoire nocturne. Un déchiffrage du sabbat*

Manifeste du parti communiste; mais il se trompe : il y a plutôt une multiplication planétaire de deux littératures locales particulièrement heureuses. « On pourrait [...] s'amuser – observe Peter De Meijer – à écrire une histoire du roman en Italie sans parler du roman italien »[46] ; et Luca Toschi, à propos du marché du roman vers 1800 : « La demande exigeait une production étrangère, [...] et l'offre devait s'y conformer. »[47] Une génération plus tard, en Espagne, « les lecteurs ne s'intéressent pas à l'originalité du roman espagnol ; la seule chose qu'ils désirent, c'est que celui-ci s'adapte aux modèles étrangers devenus désormais familiers » ; et donc, conclut Elisa Martí-López, on peut affirmer qu'entre 1800 et 1850 *« la novela española se escribe en Francia »*[48].

Ce rapport de forces s'impose même en dehors de l'Europe. Pour Edward Said, « à un certain moment, quelques écrivains arabes remarquèrent le roman européen et commencèrent à écrire des œuvres semblables »[49]. « Le *feuilleton* brésilien peut être défini à bon droit une imitation servile du modèle français », ajoute pour sa part Marlyse Meier[50]. Et Roberto Schwarz, dans un formidable essai sur l'« importation du roman au Brésil » :

> Le roman existait au Brésil avant qu'existent des romanciers brésiliens ; ainsi, lorsque ceux-ci apparurent, il est naturel qu'ils aient suivi ces modèles européens qui – en bien ou en mal – s'étaient désormais installés dans nos habitudes de lecture[51].

46. P. De Meijer, « La prosa narrativa moderna », dans A. Asor Rosa (sous la dir. de), *Letteratura italiana*, III, 2: *Le forme del testo. La prosa*, Turin, Einaudi, 1984, p. 762.

47. L. Toschi, « Alle origini della narrativa di romanzo in Italia », dans M. Saltafuso (sous la dir. de), *Il viaggio del narrare*, Florence, La Giuntina, 1989, p. 19.

48. E. Martí-López, « La orfandad de la novela española : politica editorial y creacion literaria a mediados del siglo XIX », dans *Bulletin hispanique*, 1997.

49. E. Said, *Beginnings*, 1975, Columbia U.P., 1985, p. 81.

50. M. Meier, « O que è, ou quem foi Sinclair das Ilhas ? », dans *Revista do Instituto de Estudos Brasileiros*, 1973, n. 14, p. 46.

51. R. Schwarz, « The Importing of the Novel to Brazil and its Contradictions in the Work of Roberto Alencar », 1977, dans *Misplaced Ideas*, Londres, Verso, 1992, p. 41. Et encore : « La dette extérieure est inévitable en littérature comme dans tout autre domaine de la vie brésilienne, et ce n'est pas un aspect facilement éliminable de l'œuvre, mais son attribut complexe. La dette extérieure contribue de manière significative à l'ensemble de notre culture... » (*ibid.*, p. 50).

C'est naturel, bien sûr. « Emprunter est intrinsèquement plus facile qu'inventer », écrit William McNeill ; et Torsten Hägerstrand : « Les êtres humains exigent des solutions satisfaisantes, pas des solutions optimales [...] Une fois que l'on a trouvé une solution qui fonctionne, en général on ne va pas chercher plus loin. »[52] C'est vrai : si le modèle de Walter Scott fonctionne en Angleterre, pourquoi ne pas l'employer aussi en Espagne, en Hongrie ou en Italie ? On gagne du temps, on s'épargne bien de la peine et on évite probablement d'innombrables erreurs. Telles sont les racines profondes du phénomène de la diffusion : de cette grande force *conservatrice* de l'histoire humaine, comme l'a appelée A.L. Kroeber[53]. Exact, et tout à fait contraire à l'opinion commune : que l'on observe, que sais-je ? les cartes de la diffusion de *Don Quichotte*, par exemple, et on verra apparaître une série de mouvements, de changements ; mais ces changements, dit Kroeber, dissimulent un phénomène exactement inverse – l'*homogénéité* croissante du goût littéraire européen.

Et en effet, dès qu'une forme littéraire trouve un modèle « satisfaisant », son histoire bascule vraiment. À l'époque du premier essor du roman, vers 1750, ce modèle n'existe pas encore et le roman est un genre libre, diversifié, un peu fou même, pour tout dire : satire et larmes, picaresque et philosophie, voyages, pornographie, lettres, autobiographie... Mais cent ans plus tard, l'industrie anglo-française s'est mise au travail et le second essor est complètement différent du premier : romans historiques à la troisième personne, et pas grand-chose d'autre. Plus d'inventions morphologiques, mais la grande force conservatrice de la diffusion. *Une* forme, et une forme importée.

On voit donc ici que la géographie n'est pas un « réceptacle », mais une condition, et même une *contrainte* du développement historique – y compris du développement morphologique. Car nous savions, bien sûr, que la France et l'Angleterre étaient le centre

52. W. McNeill, « Diffusion in History », *op. cit.*, p. 76 ; T. Hägerstrand, « Some Unexplored Problems », *op. cit.*, p. 221.

53. A.L. Kroeber, « Diffusionism », *op. cit.*, p. 144.

du roman européen. Mais nous avions négligé les conséquences de cette configuration spatiale : le fait que, dans un marché intégré, les retardataires ne suivent pas le même chemin que les précurseurs, juste un peu plus tard ; ils suivent un chemin *différent.* Le succès des produits du centre les *oblige* à suivre une autre voie, plus étroite : on peut vraiment parler d'un « développement du sous-développement » dans le domaine littéraire. Ce qui n'est évidemment pas une heureuse conclusion. C'est pourtant bien ce que l'on trouve quand on étudie le marché.

9. Interlude théorique : VI. Le marché et les formes

Ce que je viens de dire est-il trop pessimiste ? L'idée fondamentale que je voudrais arriver à communiquer, écrivait Gunnar Myrdal il y a quarante ans,

> c'est qu'en général *le jeu des forces du marché ne tend pas vers l'égalité entre des régions différentes, mais vers l'inégalité.* « Rien n'a autant de succès que le succès » ; et j'ajoute pour ma part : rien n'échoue autant que l'échec. La version biblique de cette sagesse ancienne est encore plus abrupte : « Il sera donné à celui qui a, et celui qui n'a rien sera dépouillé du peu qu'il possède. »[54]

Il sera donné à celui qui a... Extrême *solidité* du succès sur le marché ; comme l'*inflexible box* du paradigme de Kuhn, ou les équilibres ponctués de Gould et Eldredge, ou les *increasing returns* de Brian Arthur. Ou, pour se servir encore une fois de l'histoire de la technologie :

54. G. Myrdal, *Development and Under-Development. A Note on the Mechanism of National and International Economic Inequality*, National Bank of Egypt, Le Caire, 1956, p. 27 (c'est moi qui souligne). Et un peu plus loin : « Si tout était abandonné aux forces du marché sans aucune interférence politique, la production industrielle, le commerce, la finance, les assurances, les transports internationaux et, en fait, presque toutes les activités économiques qui tendent à donner un profit supérieur à la moyenne dans une économie en développement, *et en outre la science, l'art, la littérature, l'instruction et en général toute la haute culture se concentreraient dans quelques villes et régions*, en laissant le reste du pays dans une sorte de grand marécage » (*ibid.*, p. 28 ; c'est moi qui souligne).

> Après une première période d'expérimentation, la structure de l'automobile se stabilisa vers 1902 et ne changea pas de façon radicale jusqu'en 1959. Pour employer la terminologie de Kuhn, une période de « technologie normale » fut alors suivie par une révolution technologique dont les prodromes avaient commencé à circuler dans les années vingt. Vice-versa, une nouvelle période de technologie normale commença dans les années soixante. Donc, de 1900 jusqu'à nos jours, deux types seulement d'automobiles ont été produits en série.[55]

Deux automobiles seulement ! Mais l'omniprésence de l'imitation, poursuit Hugill, « est dissimulée par la nature concurrentielle de l'industrie automobile. Aucune industrie automobile n'aime reconnaître que ses modèles ne sont guère différents de ceux de ses concurrents »[56]. Aucune industrie automobile ; et aucun éditeur, ou romancier, ou critique. Tous insistent sur l'originalité de leurs produits, exactement comme Fiat, et pour la même raison : pour vendre. Ce qui est humain, mais ne doit pas cacher l'océan de copies qui envahit le domaine littéraire – comme d'ailleurs n'importe quel autre domaine.

J'ai essayé de quantifier la diffusion littéraire ; d'analyser sa dispersion spatiale ; de trouver des modèles théoriques susceptibles d'expliquer sa rigidité. Pourtant, le processus dans son ensemble garde quelque chose d'énigmatique. Comment se fait-il que la diffusion du roman ait si bien fonctionné ? Comment a-t-elle fait ? Entendons-nous bien, cette diffusion *a eu lieu* et elle a été si vaste et si profonde qu'elle finit par sembler naturelle ; mais elle n'a rien de naturel. Des romans forgés par l'histoire anglaise ou par la géographie de Paris : comment peuvent-ils plaire à des lecteurs russes, italiens ou brésiliens ? Est-ce parce que nous sommes tous emportés par le même tourbillon cosmico-historique ? Naturellement – mais à un degré d'abstraction tel que cette explication ne nous est pas d'un grand secours. Et puis une autre question reste tout de même

55. P.J. Hugill, « Technology Diffusion in the World Automobile Industry 1885-1985 », dans P.J. Hugill et D.B. Dickson (sous la dir. de), *The Transfer and Transformation*, *op. cit.*, p. 110.

56. *Ibid.*, p. 135-136.

ouverte : *comment* fonctionne la diffusion ? Un romancier hongrois ou brésilien veut écrire comme Balzac : très bien ; mais que fait-il des aspects *techniques* de l'entreprise ? Que devra-t-il conserver du modèle original et que devra-t-il changer ?

Que conserver, que changer. En examinant « la réduction de la diversité à l'unité » dans la France du début de l'époque moderne, Robert Muchembled a trouvé une réponse élégante : la diffusion culturelle fonctionne, écrit-il, parce qu'elle mêle « syntaxe savante et vocabulaire populaire »[57]. Syntaxe savante et lexique populaire ; « modèle européen et situation locale », dit Schwarz à propos du roman au Brésil[58]. La forme, l'élément stable, vient du haut et du centre ; quant aux détails, ils sont libres de changer selon les lieux. Dans les limites de ce chapitre (et en simplifiant un peu les choses) : quand le roman historique se répand de la Grande-Bretagne à travers l'Europe et le monde, l'*intrigue* reste constante (et « britannique ») – alors que les *personnages* changent (et deviennent « locaux »). Ainsi s'explique, d'une part, la *solidité* de l'hégémonie symbolique (c'est une forme constante qui se répand à travers le globe) ; d'autre part, sa *flexibilité* (les détails locaux, variables, rapprochent la forme de l'expérience vécue de tel ou tel pays).

Intrigue constante, personnages variables. Au fond, c'est le modèle de la *Morphologie du conte*, où, pour Propp – dans les 450 contes de magie catalogués par Aarne –, « les noms (et avec eux les attributs) des personnages changent, *mais pas leurs actions, ou fonctions* »[59] : or l'élément fondamental, ce sont les fonctions, pas les noms. Toutefois, ce rapport entre constantes et variables présente lui aussi des complications. Comme le dit Lévi-Strauss dans sa célèbre polémique de 1960 :

> Propp a découvert – et c'est sa gloire – que le contenu des contes est *permutable* ; il en a trop souvent conclu qu'il était *arbitraire*, et c'est la

57. R. Muchembled, *Culture populaire et culture des élites dans la France moderne (XVe-XVIIIe siècle)*, Paris, Flammarion, 1978, p. 341-342.
58. R. Schwarz, « The Importing of the Novel to Brazil », *op. cit.*, p. 46.
59. V. Propp, *Morphologie du conte*, *op. cit.*, p. 26 (c'est moi qui souligne).

> raison des difficultés qu'il a rencontrées, car même les substitutions sont astreintes à des lois[60]...

Mais si les substitutions sont astreintes à des lois, alors, c'est clair, *certaines d'entre elles seront irréalisables* : les matériaux concrets d'une culture spécifique pourront très bien se révéler inconciliables avec le modèle importé – ce qui bloquera tout le mécanisme. De nouveau Roberto Schwarz :

> Le Brésil importait un modèle dont la conséquence involontaire fut d'élever le niveau des idées [du héros] et d'étendre leur rayon d'action [...] *d'une manière qui était incompatible avec la réalité brésilienne effective. C'est-à-dire, du point de vue de la composition : d'une manière qui ne pouvait pas s'appliquer aux personnages secondaires*, auxquels il revenait de fournir la couleur locale dans la structure générale de l'action[61].

Une contradiction entre le modèle et la réalité. « Rien n'est si typiquement brésilien que cette littérature semi-finie », ajoute Schwarz à propos d'Alencar : « où le style et la structure suivent des directions contraires », et c'est ce « désaccord entre la forme et les matériaux » qui est responsable de toutes les « incohérences », les « dissonances » et de tous les « défauts de composition du roman brésilien »[62]. Et pas seulement du roman brésilien : « Un des problèmes des premiers romanciers [indiens] – écrit Meenakshi Mukerjee – fut de concilier deux ensembles de valeurs : le premier tiré de la lecture de livres étrangers et l'autre de la vie de tous les jours. »[63] « La matière première de l'expérience sociale japonaise et les modules formels abstraits de la construction romanesque occidentale ne peuvent pas toujours être fondus de manière cohérente », écrit quant à lui Fredric Jameson à propos des *Origins of*

60. C. Lévi-Strauss, « La structure et la forme. Réflexions sur un ouvrage de Vladimir Propp », *Cahiers de l'Institut de science économique appliquée*, série M, n° 7, mars 1960, puis dans *Anthropologie structurale deux*, Paris, Plon, 1973, p. 161.

61. R. Schwarz, « The Importing of the Novel to Brazil », *op. cit.*, p. 55 (c'est moi qui souligne).

62. *Ibid.*, p. 65, 51, 43-46.

63. M. Mukerjee, *Realism and Reality. The Novel and Society in India*, Dehli, Oxford U.P., 1985, p. 7.

Modern Japanese Literature de Kojin Karatani[64]. Pour Masao Miyoshi, le roman japonais moderne « avait un projet irréalisable »[65] ; pour Karatani, « la fusion de la pensée démocratique et du *kambungaku* fut une tentative paradoxale » ; et d'autre part, « tous les romans de Soseki sont des échecs »[66]. Et encore, pour revenir en Europe, à la fois tout près et très loin du centre :

> En Irlande, les formes littéraires les plus anciennes sont héroïques, romantiques, fantastiques ; et l'écart entre ces formes aristocratiques et la vie de tous les jours n'est pas une bonne base de départ pour le roman[67].

Problèmes, contradictions, paradoxes, échecs, défauts, désaccords, produits semi-finis… Voilà, *c'est ainsi que le poids du marché se fait sentir sur l'élaboration formelle.* Dans le cas des littératures les plus faibles (ce qui signifie : dans presque *toutes* les littératures, en Europe et hors d'Europe) – dans le cas de ces cultures plus faibles, le succès du modèle anglo-français entraîne une infinité de formations de compromis. Et ces formations sont fragiles, instables : programmes impossibles, échecs et ainsi de suite. C'est, de nouveau, le « développement du sous-développement » du domaine littéraire : où la dépendance apparaît – malheureusement – comme la force décisive de la vie culturelle. Et un jour, qui sait, peut-être serons-nous capables de construire une historiographie à la hauteur de ce problème : une *morphologie historique comparée*, qui sache reconnaître dans le changement des formes et dans leur dispersion géographique la marque du pouvoir qu'exerce le centre sur une immense périphérie.

64. F. Jameson, « Foreword : In the Mirror of Alternate Modernities », dans K. Karatani, *Origins of Modern Japanese Literature*, Duke U.P., 1993, p. XIII.

65. M. Miyoshi, *Accomplices of Silence. The Modern Japanese Novel*, California U.P., 1974, p. x.

66. K. Karatani, *Origins of Modern Japanese Literature*, *op. cit.*, p. 42, 184.

67. T. Eagleton, « Forms and Ideology in the Anglo-Irish Novel », dans *Heathcliff and the Great Hunger*, Londres, Verso, 1995, p. 149.

10. « Soutenue par son arriération »

Et c'est tout ? Partout et seulement des copies « semi-finies » de quelques modèles à succès ? Oui, presque toujours. Presque. Encore Roberto Schwarz :

> En conclusion, si nous insistons sur la manière dont l'esclavage et le favoritisme déformèrent les idées de l'époque, ce n'est pas pour les éliminer du tableau, mais pour les décrire en tant qu'elles furent déformées – en désaccord avec elle-même. Cette déformation les rend typiquement brésiliennes. Ainsi [...] nous gardons en nous cette impression d'incohérence d'où nous étions partis : l'impression que le Brésil est quelque chose de mal assorti – contrastes inconciliables, disproportions, manque de bon sens, anachronismes, compromis scandaleux...

Jusque-là, c'est bien le panorama qui nous est désormais devenu familier. Pourtant, ajoute Schwarz, la discordance entre la réalité brésilienne et les idées européennes finit par *écarter* ces idées ; ainsi, par une bizarre pirouette de l'histoire,

> nos bizarreries nationales acquirent une dimension historico-universelle. Ce phénomène est comparable à ce qui se produisit dans la littérature russe – à côté de laquelle les romans du réalisme français, même les plus grands, semblent en quelque sorte naïfs. En effet, en dépit de leurs prétentions universelles, la psychologie de l'égoïsme rationnel et l'éthique des Lumières furent considérées dans l'empire russe comme une idéologie « étrangère », et donc relative. Soutenue par son arriération historique, la Russie obligea le roman bourgeois à se mesurer à une réalité plus complexe[68].

Soutenue par son arriération... La formule, ici, est à juste titre paradoxale. Il est *extrêmement* improbable que l'arriération soit un soutien : mais si cela se produit, pour quelque étrange motif que ce soit, c'est vraiment un nouvel horizon qui s'ouvre. Quand un « projet irréalisable » se réalise, le changement de paradigme est proche. Il n'est pas fortuit que Roberto Schwarz rapproche en quelques lignes les deux grandes ruptures du roman moderne : le roman

68. R. Schwarz, « Misplaced Ideas », 1973, dans *Misplaced Ideas, op. cit.*, p. 25.

russe d'idées (1860-1890) et le réalisme magique latino-américain (1960-1990)[69]. Et dans les deux cas, *le nouveau modèle est le produit d'un nouvel espace*: la semi-périphérie de l'Europe, la semi-périphérie du système-monde (de même qu'en son temps le roman historique était sorti de la semi-périphérie de la nation britannique). Un nouvel espace encourage les changements de paradigme, écrit Hugill, parce qu'il pose de nouveaux problèmes – et exige donc aussi de nouvelles solutions[70]. Il entraîne obligatoirement des combinaisons imprévisibles, téméraires : comme le roman d'idées (l'intrigue à teintes fortes du *feuilleton*, plus le sérieux de la bataille idéologique) ; ou comme le réalisme magique : cet oxymore, ce « projet irréalisable », vraiment, qui a réuni ce que le roman européen avait séparé avec un tel succès[71].

69. Pour être précis, Schwarz parle du modernisme brésilien, qui précède le « boom » du roman latino-américain d'une ou deux générations. Mais les changements de paradigme sont souvent précédés de précurseurs moins heureux qui tracent ses aspects essentiels ; je ne crois donc pas trahir les intentions de Schwarz en étendant la portée de ses phrases.

70. P.J. Hugill, « Technology Diffusion », *op. cit.*, p. 131 *sq.* Selon P. Hägg (*The Novel in Antiquity*, 1980, California U.P., 1991, p. 100 *sq.*), l'imagination technique du roman grec fut à son tour stimulée par le déplacement géographique qui eut lieu à l'époque hellénistique. C'est une idée que partage Oswyn Murray (*Early Greece*, Sussex, The Harvester Press, 1980, p. 81) : « C'est la rencontre entre deux traditions artistiques différentes qui a la plus grande probabilité d'avoir des effets révolutionnaires [...] en libérant au moins en partie la capacité de vision de la tyrannie des schémas hérités. »

71. Pourquoi le changement de paradigme a-t-il réussi en Russie ou en Amérique latine – et pas dans des circonstances analogues (au Japon, en Autriche, dans les pays arabes, aux États-Unis) ? Grand problème, qui exige toutefois une histoire littéraire bien différente du modèle courant : une morphologie historique comparée – sur le modèle, pour être clair, des *Origines sociales de la dictature et de la démocratie* de Barrington Moore ; ou des *Lineages of the Absolutist State* de Perry Anderson – qui n'existe pas encore. En attendant, on peut au moins rappeler deux choses. D'abord, que le succès et l'échec sont des résultats fortement *contingents* : avec des conditions initiales légèrement différentes – que sais-je : l'ouverture du roman aux formes orales de la tradition afro-américaine – les États-Unis du milieu du XIXe siècle auraient peut-être pu créer un formidable changement de paradigme : mais l'ouverture n'eut pas lieu et le paradigme ne changea pas. D'autre part, deuxième point, les changements de paradigme sont des événements extrêmement *rares*, et, ce qui doit donc être expliqué, ce n'est pas leur absence dans tel ou tel pays (*ce qui est exactement ce à quoi nous devons nous attendre*), mais leur présence (qui est au contraire quelque chose de très insolite).

Et puis, voici maintenant ce qui s'est passé avec les romans d'idées et le réalisme magique. Produites par un nouvel espace géographique, ces formes ont à leur tour produit *un nouvel espace de l'imaginaire* : la bataille européenne des idées dans le roman russe, la contemporanéité planétaire du non-contemporain du réalisme magique. Et que l'on y prenne garde : l'Europe, le monde. Comme dans une forme en clepsydre, le resserrement de l'univers narratif décrit dans les deux premiers chapitres de ce livre – depuis les utopies, les longs voyages outre-mer du XVIIIe siècle jusqu'à l'État-nation, puis la ville – semble avoir inversé le mouvement, en s'amplifiant dans un système narratif d'extension croissante.

D'un nouvel espace à une nouvelle forme – qui est aussi un nouvel espace. L'histoire et la géographie littéraire seront-elles toujours aussi intimement mêlées ?

Index des noms et des œuvres

C

D

N

O

P

Q

R

S

T

U

V

W

Z

Index des figures dans le texte

CHAPITRE UN

CHAPITRE DEUX

CHAPITRE TROIS

LISTE DES TRADUCTIONS CITÉES DANS LES LÉGENDES

Jane AUSTEN, *Orgueil et préjugés*, trad. V. Leconte et Ch. Pressoir, Paris, Christian Bourgois, « Domaine étranger », 1979.

Joseph CONRAD, *Au cœur des ténèbres*, trad. André Ruyters, Paris, Gallimard, « L'Imaginaire », 1948.

Charles DICKENS, *L'Ami commun*, trad. Lucien Carrive et Sylvère Monod, « Bibliothèque de la Pléiade ».

Charles DICKENS, *Oliver Twist*, trad. Francis Ledoux, 1958, « Bibliothèque de la Pléiade ».

Walter SCOTT, *Postface* à *Waverley*, trad. Defauconpret, Paris, Furne-Pagnerre-Perrotin, 1857.

Table générale

RÉALISATION : CURSIVES À PARIS
IMPRESSION : NORMANDIE ROTO S.A. À LONRAI
DÉPÔT LÉGAL : NOVEMBRE 2000. N° 38117 (002514)